Johannes Gross

Wie das Wunder in die Jahre kam

Johannes Gross

Wie das Wunder in die Jahre kam

Essays zu Deutschland

ECON Verlag
Düsseldorf · Wien · New York · Moskau

Inhaltsverzeichnis

Die achtziger Jahre

Die neunziger Jahre

Vorbemerkung

Der Neuabdruck von Kolumnen aus den vergangenen drei Jahrzehnten, die in den Wirtschaftsmagazinen *Capital* und *Impulse* veröffentlicht wurden, erfolgt aus der Einsicht, daß mit der Einheit Deutschlands und den Revolutionen in Osteuropa eine neue Zeitrechnung begonnen hat, die zum Rückblick einlädt. Die Beiträge sind bewußt nicht thematisch geordnet, sondern werden chronologisch präsentiert.
Jede neue Zeit sitzt über die vorangegangene zu Gericht. Niemand vermag heute zu sagen, wie die Jahre zwischen 1960 und 1990 in die deutsche Geschichte eingehen werden. Wird man von einer Epoche vor 1990 sprechen? Dazu würde gehören die Übereinstimmung des Lebensgefühls, eine Gemeinsamkeit der Moden, eine internationale Verständigung darüber, was als Stil, was als Essenz der Epoche gelten soll. Extreme Veränderungen des Zeitgeistes fallen in diesen Zeitraum, und doch ist diesen Jahren eine westdeutsche Befindlichkeit eigen, die weitgehend bruchlos sich entwickelte und die selbst der sogenannten 68er Bewegung nicht den Charakter einer Revolution, eher den eines beschleunigten Schubs zuschreibt, die den westdeutschen Stil entscheidend prägte.
Konrad Adenauers erstes Ziel war die Wiederherstellung Deutschlands in seinem frei gebliebenen Teil. Als ihm das, außerordentlich gut, gelungen war, galten seine Mühen der Einigung (des westlichen) Europas. Der Optimismus zu Beginn der Republik ist Deutschland leider nicht erhalten geblieben. Die Deutschen haben diese Zeit zum Wunder erklärt, schreiben sie sich demnach nicht wirklich zu und knüpfen auch nicht an sie an.

Der englische Historiker A. J. P. Taylor hatte, auf die Wirtschaftskrise der zwanziger Jahre gemünzt, die These entwickelt, »daß die Staatsmänner nichts richtig machen können, wenn die Wirtschaft nicht funktioniert, und nichts falsch, wenn die Wirtschaft läuft«. Diese Maxime galt für Adenauer, dem der Wiederaufbau und die Konjunktur den Weg ebneten, sie galt für seinen Nachfolger Ludwig Erhard, der in der Expansion alles richtig und in der Rezession so ziemlich alles falsch machte, und sie galt auch für die sozialliberale Periode, die an einer Rezession scheiterte, obwohl sie doch mit der Zuversicht angetreten war, die Krise durch moderne Wirtschaftspolitik steuerbar zu machen.

Mit Helmut Schmidt begann die apologetische Phase der westdeutschen Republik, die immer mehr Rhetorik für immer weniger Fortschritt benötigte. Das Verröcheln der kurzatmigen Reformpolitik, die Verabschiedung hochgespannter Erwartungen gelang Helmut Schmidt mit Hilfe einer Terminologie der Ernüchterung, die die Hoffnung nicht aufgab, aber mit dem Schlechtesten rechnete. Daran hat sich auch unter Helmut Kohl nichts geändert.

Der Wahl von der Machbarkeit und des ewigen Fortschritts wurde abgelöst durch den Glauben an die Nichtverschlechterungsgarantie, die Kohl der Republik der Besitzstandswahrer überzeugend versprach. Nun ist dieser Weg zu Ende. Die Einheit Deutschlands hat eine völlig neue Lage geschaffen. Ökonomie und Politik müssen vielleicht nicht neu erfunden, aber neu gedacht werden. Der »Berliner Republik« wäre weniger Griesgram und Larmoyanz, dafür mehr positives Denken zu wünschen. Auf Wunder, die schon vor vierzig Jahre keine waren, darf man nicht warten. Man muß sie herbeiführen.

Köln, im Frühjahr 1994 J. G.

Die sechziger Jahre

Die Grundstimmung der sechziger Jahre war die Zwanglosigkeit. Das macht den Zeitabschnitt im nachhinein sympathischer, als er tatsächlich war, denn diese Zwanglosigkeit kam in Deutschland, anders als in Amerika, verkrampft und provinziell daher. In vielem wurde mehr Abschied von den konservativ-restaurativ bestimmten Wiederaufbaujahren genommen denn ein Aufbruch zu neuen Ufern gewagt. Von der ökologischen Problematik war damals keine Rede, auch kein Gedanke daran, daß durch die Umweltzerstörung der Fortschrittsglaube sozialistischer Provenienz bis ins Mark erschüttert werden würde. Es wurden Autoritäten beschädigt, die freilich längst zu Pappkameraden degeneriert waren: die Generation der Kriegsteilnehmer, die Ordinarienuniversität, die Familie, die Kirche, die bürgerliche Moral. Die sechziger Jahre entdeckten nicht das Politische wieder, was den Deutschen in der weltpolitischen Lage des Kalten Kriegs ohnehin verwehrt war. Vielmehr gedieh das Gesellschaftliche zum Politikersatz. Die bürgerliche Gesellschaft wurde endgültig von einer Massendemokratie abgelöst, deren konservativer Teil bourgeoise Attitüden kultivierte, aber nicht mehr zu generieren imstande war, und deren proletarischer Teil den Hedonismus entdeckte und zum Lebenssinn erhob. Die Tendenz zur Nivellierung wurde bestimmend, und die Deutschen ließen sie sich gefallen, weil sie bei wachsendem Wohlstand stattfand. Ein neues Modell der Bundesrepublik stand Ende der sechziger Jahre nicht zur Wahl, dem schwedischen Vorbild sollte nachgeeifert werden: das Ideal der Betreuung durch Funktionäre, Behörden und Räte von der Wiege bis zur Bahre. Die Demokratisierung entpuppte sich bald als ein Selbstbetrug, weil sie die Freiheit, die auszuweiten sie versprochen hatte, beschränkte und den Weg in den Parteien- und Gremienstaat beschleunigte. Überall, wo die Demokratisierung eingeführt wurde, in Schule, Universität, Betrieb, Verwaltung, Armee, brachte sie nicht mehr Mitsprache der Betroffenen, sondern mehr Mitsprache der Funktionäre. Ein Jahrzehnt der Zwanglosigkeit können die sechziger Jahre dennoch genannt werden. Die Freiheitsgewinne wurden von Bereichen erzielt, die vormals nicht diese Rolle gespielt hatten: von den Konsumenten und von findigen Unternehmern, die den Modernisierungsdruck auf Staat und Parteien erzeugt hatten.

Die legale Korruption

Die Bundesrepublik ist das Land der legalen Korruption. Es gibt sie überall, weil nirgends die Mächtigen mit der Macht allein zufrieden sind und sich überall die Legalität ein wenig auf ihr fleischliches Bedürfnis zurechtschneiden. In nicht wenigen Ländern ist die illegale Korruption bedeutend. Der Beamte verlangt ein Bakschisch für die Amtshandlung, der Minister nimmt Prozente für den Regierungsauftrag, der Richter gibt dem Reichen Bewährungsfrist. Diese Art Korruption, die im altmodischen Sprachgebrauch die einzige ist, bleibt in Deutschland verpönt. – Als vom Bonner Korruptionssumpf vor ein paar Jahren die Rede ging, saß Richter Quirini unter allgemeinem Beifall über den Obersten Löffelholz von Colberg zu Gericht, der sich von Industriefirmen zu Feldbett und Frühstück hatte einladen lassen. Die Obrigkeiten der Bundesrepublik sind sowenig balkanisiert wie deutsche Obrigkeiten vor ihnen. Worin sie der Welt ein Beispiel geben, das ist die legale Korruption.

Öffentliche Bezüge werden fast grenzenlos kumuliert. Der Minister bezieht ein Amtsgehalt und die Abgeordnetendiäten dazu. Landesminister können außerdem Aufsichtsratsbezüge landeseigener Unternehmen behalten. Der ausgeschiedene Bundeskanzler bekommt nicht bloß sein Ruhegehalt, sondern obendrein generösen Ersatz der Kosten, derentwegen die Pension günstig bemessen ist. Das Anrecht auf Pension erwirbt der Minister schon mit vierjährigem Dienst. Die parlamentarischen Bezüge

bleiben steuerfrei und steigen, an die steuerpflichtigen Beamtengehälter gekoppelt, regelmäßig und überproportional. Die Parteien votieren sich selber ihre Gelder jeweils in der Form, die nach dem letzten Urteil des Verfassungsgerichtes noch möglich erscheint. Die politischen Pfründen werden unablässig vermehrt; inzwischen gehören Lehrstühle an Universitäten dazu, Vorstands- und Aufsichtsratssitze bei der Industrie. Die Tendenz zur Politisierung der höheren Beamtenschaft ist unter der Großen Koalition noch stärker geworden (demnächst soll es bis zu den Ministerialräten einiger Ressorts gehen). Unerschrockene Abgeordnete vertreten ein Interesse nicht bloß aus Neigung, sondern gleich ex officio, der eine die Kohle, der andere Zucker, der eine Krupp, der andere Flick. Entgelte für spezifische gesetzgeberische Leistungen waren bisher nicht üblich, vielleicht macht ein westdeutscher Landtag demnächst einen Anfang, indem die tatkräftigen Männer, die ein neues Institut ins Leben rufen, davon ein angemessenes Salär beziehen. Landesregierungen geben fette Prozesse an Anwälte, die zugleich ihren Staatsgerichtshöfen beisitzen.
Die legale Korruption hat durchaus Grenzen, nämlich dort, wo der Dispositionsbereich die politische Zuständigkeit verlassen wird oder wenn der Rechtsform nicht genügt wird. So schien der Öffentlichkeit Gerstenmaiers berühmtes Stuttgarter Grundstücksgeschäft verwerflich zu sein – denn ein Bundestagspräsident hat mit Immobilien von Amts und Rechts wegen nichts zu schaffen. Viel freundlicher war das allgemeine Urteil über Gerstenmaiers Mietgeschäft im Vierherrenwald: daß der führende Mann des Evangelischen Hilfswerks von diesem Vorteile empfängt, ist in diesem moralischen System legitim, daß der Bundestagspräsident von der Stadt Stuttgart dergleichen erhält, ist es aber keineswegs. Ein anderes Beispiel:

daß die Fraktionsvorsitzenden im Düsseldorfer Landtag ein Kopfgeld für ihre Fraktionsstärke kassierten, war, weil budgetrechtlich nicht gehörig ausgewiesen, bedenklich. Als die Zahlung auf die Verdreifachung der Diäten formalisiert war, wurde sie Rechtens.

Es mag stören, daß die sachlich und förmlich öffentlich Verfügungsberechtigten auch zu ihrem privaten Nutzen verfügen und daß fast alles rechtsfähig und rechtsförmig gemacht werden kann. Aber die gute Überzeugung der Handelnden, ihr massives gutes Gewissen ist unzweifelhaft und nicht selten mit dem Pathos hoher Rechtlichkeit vereinigt. Auch auf der Täterseite, auch im subjektiven Tatbestand ist unsere Korruption legal.

(September 1967)

Vor Demokratisierung wird gewarnt

Das Wort Demokratisierung wird in unserer politischen Sprache immer beliebter; ob auch die Sache, die es bezeichnen soll, ist zweifelhaft. Denn Demokratisierung als werbende Vokabel dient fast immer der Bauernfängerei oder dem Selbstbetrug.
Daß sich die Regime des Ostblocks demokratisierten, wäre natürlich gutzuheißen – es ist aber nicht zufällig, daß feinerer Sprachgebrauch solche Entwicklungen des Kommunismus zum Besseren unter Liberalisierung begreift und Demokratisierung westlichen Objekten vorbehält: Die römische Kirche wird und muß sich demokratisieren, wie der Zeitgeist fordert und erwartet; die Macht der Kurie muß beschränkt, der Einfluß der Bischöfe gestärkt werden, der Papst selber mehr auf die öffentliche Meinung hören. Die Wirtschaft muß demokratisiert werden; selbstherrlicher Unternehmensführung, der Machtballung in der Hand des Fabrikanten oder Managers muß durch Mitbestimmung und öffentliche Kontrolle begegnet werden. Auch die Hochschule bedarf der Demokratisierung; studentische Aktivisten wissen längst, daß der Feudalstatus des Ordinarius beseitigt, die Exklusivität von Fakultät und Senat aufgehoben werden muß, daß studentische Räte maßgeblich zu beteiligen sind. Demokratisierung ist ein Postulat für Schule und Familie, für die öffentliche Verwaltung, die Justiz und die Armee – sie gilt allen sozialen Institutionen. Wo sie noch nicht begonnen hat, noch nicht gefordert wird, liegt bloß ein zeitlicher Rück-

stand vor, aber kein grundsätzliches Nichtbetroffensein. Das gibt es nicht. Die Demokratisierung will das Totale und spart nichts aus.
Ein allgemeines Bedürfnis ist Demokratisierung freilich nicht, sondern nur sehr weniger, die die Allgegenwart des Wortes und den Prozeß der Demokratisierung selber besorgen. Demokratisierung hat nämlich nicht Demokratie im Sinn, was die natürliche Teilnahme der Menge erregen könnte, sondern bezweckt regelmäßig ganz anderes: neue Einflußprivilegien für eine neue, an der Macht bislang nicht oder nicht genügend beteiligte Gruppe.
Demokratie bedeutet, daß politische Herrschaft vom Volk abhängt, daß es die politischen Machthaber auswählt und daß alle Macht, soweit sie politisch wird, seiner Kontrolle unterliegt. Demokratisierung bedeutet im Regelfall nicht Demokratie, sondern Oligarchie. Es sollen ein paar neue Gremien eingerichtet, ein paar neue Räte besetzt werden. Ein Zusammenhang mit der Allgemeinheit wird entweder völlig ausgeschlossen oder möglichst indirekt, anonym und manipulierbar gemacht. Das Modell ist nicht die Revolution, die ein monarchisches Prinzip durch das demokratische ablöst, sondern die Art Reform, wie sie die Magna Charta von 1215 bezeichnet, als der König Johann ohne Land seine Macht mit den mächtigen Baronen teilen mußte, wovon das Volk aber gar nichts hatte. Was im Rückblick auf das 13. Jahrhundert als progressiv, als erste ungewollte Regung hin zur Demokratie erscheinen mag, muß aber in Zeitläufen, in denen Demokratie als politisches Prinzip ganz unbestritten herrscht, regressiv sein. In der Tat ist Demokratisierung, mitten in der Demokratie propagiert, rückschrittlich.
Gleichviel, mit Demokratie hat Demokratisierung nur selten und zufälligerweise zu tun. Daß die Diözesanbischöfe am Kirchenregiment beteiligt werden, mag der eine rich-

tig, der andere falsch finden – Demokratie ist damit in die katholische Kirche nicht eingeführt, die sich kraft göttlichen Rechts monarchisch verfaßt weiß. Sogar die Mitbestimmung mag Vorzüge haben – daß sie zur politischen Kontrolle wirtschaftlicher Macht durch das Volk führe, also Demokratie ausdrücke, wagt aber doch niemand zu behaupten. Daß Schule und Universität nicht bloß Sache der Eltern und der Lehrer, der Studenten und der Professoren sind, sondern des ganzen Gemeinwesens, ist unbestritten – doch stellt charakteristischerweise Demokratisierung darauf ab, die Herrschaft der partikularen, unmittelbar beteiligten Interessen zu befestigen und das öffentliche Interesse hinauszudrängen.
Zum Schutz der Demokratie wird vor Demokratisierung gewarnt.

(Oktober 1967)

Armer Springer

Axel Cäsar Springer, der hamburgische Großverleger, ist so mächtig, daß ihn jeder Oberschüler öffentlich verhöhnen, daß jeder Student seine Enteignung verlangen kann, daß die Polizei tatenlos zusieht, wenn seine Stände auf der Frankfurter Buchmesse um ihre Funktion gebracht werden. Axel Cäsar Springer kontrolliert einen hohen Marktanteil der Presse, aber außerdem offenbar nichts. Einer, der auszieht, das Fürchten zu lernen, kann an seiner Macht vorübergehen. Sie erzeugt keine Angst mehr, sie gebiert Happenings.

Keine Frage, daß der politisch ambitionierte und politisch bewegliche Verleger durch die Agitation seiner Gegner politisch bewegungsunfähig geschlagen ist. Für ihn, der sich so gern engagiert, engagiert sich niemand. Auch die Regierung, auch die großen Parteien nicht, denen er doch beistand; sie schützen, nach bewährter Regel, niemanden, der ernstlich in Schwierigkeiten kommt.

Gelegentlich hilft Springer noch ein »Übergriff« der Gegner – wenn sie »zu weit gehen« und dem Bürger das Kopfschütteln kommt. Ein solches großes Verdienst um Springer hat der gute Grass, der, vor Verantwortung schwitzend, auf Faschistensuche von Gemeinplatz zu Gemeinplatz eilt: Als er im Fernsehen gegen Springer redete, waren viele fast bereit, Springers Arning zu vergessen (den Justitiar, der Journalisten zum Ausspähen von Belastungsmaterial gegen Fernsehbedienstete angestellt hatte).

Doch viel nutzen die Übergriffe der Gegner Springers nicht; er selbst erlaubt es nicht. Keinen Tag darf »Die Welt« ihre Leser vergessen lassen, daß sie ein Springer-Blatt in Händen halten, daß Springers Recht gut ist und seine Feinde böse sind, daß es Pflicht der Zeitung ist, das Publikum nicht bloß im allgemeinen zu unterrichten, sondern über die Querelen und Interessen des Verlegers im besonderen. Niemand soll vergessen, daß Springer kontrovers ist, daß er kein Monopol besitzt, wohl aber Augstein und die Rundfunkanstalten, daß er mit Grund ins Fernsehen drängt. So bleibt die Polemik lebendig, und wenn Springers Defensive nur mit gleicher Gewandtheit fortgesetzt wird, dann ersetzt sie am Ende die Attacke vollauf.
Springer vermutet den Grund für die Intensität des Kampfes gegen sein Haus nicht in der Sorge um Verfassung und Pressefreiheit, sondern in der Abneigung gegen die Politik seiner Blätter, vor allem ihren Antikommunismus. Damit hat er natürlich recht, aber es ist nur die halbe Wahrheit und eine banale dazu. Er hat zu viele Affekte aufgeregt und sich nicht um Verbündete gesorgt. Mit dem Zug zum Fernsehen brachte er das Establishment des Rundfunks gegen sich auf; das sogenannte Zeitungssterben (ein melodramatischer Ausdruck für eine unvermeidliche, auch nicht ausschließlich negative Entwicklung), daran er dem öffentlich-rechtlichen Fernsehen die Schuld geben wollte, wird ihm nun selber zur Last gelegt. Wen der moralische Rang der Aktionen Arnings nicht befremdete, den stimmte ihr Dilettantismus bedenklich. Die Politiker, deren guten Rat Springer gegen Honorar sich gesichert hatte, mochten ihm in der Krise nicht beispringen – die Charaktere waren doch zu lauter, die Entgelte zu gering gewesen. Das Haus Springer bot, von wüster Demonstration umstellt, selbst keinen appetitlichen Anblick.

Das Schlimmste, was der Streit um Springer uns bescheren könnte, ist nicht sein Sieg oder seine Niederlage, sondern die staatliche Sicherung und Kontrolle der Pressefreiheit, nach der von Gutwilligen gerufen wird und die doch der Anfang von ihrem Ende wäre. Die Gerichte genügen.
Es ist anzunehmen, daß Springer sich für einen Machthaber hält, daß seine boykottierenden Gegner sich mächtig dünken und daß der jeweilige Gegner ihnen übermächtig vorkommt. Das alles sind Irrtümer. Vor einer handlungsfähigen politischen Gewalt ist ein publizistisches Imperium bloß Schaumgebäck und der unorganisierte Protest wie Spreu vor dem Wind. Ein Glück für Axel Springer und seine Widersacher, daß es sie in Deutschland nicht gibt.

(November 1967)

Zwangloses Beisammensein

Die Amerikaner verwenden seit längerem den Ausdruck »Permissive Society« für einen Zustand der Gesellschaft, dem auch wir uns rasch nähern, den wir bloß noch nicht handlich benennen können – vielleicht bürgert sich die »zwanglose Gesellschaft« ein. Gemeint ist der Tatbestand, daß die öffentliche Moral, wie sie durch Jahrhunderte tradiert worden ist, zusammenbricht, daß die Gesellschaft auf Reglementierungen verzichtet, die bislang als »unverzichtbar« galten.

Die Pornographie ist öffentlichkeitsfähig geworden. Heiliggehaltene Autoritäten der Eltern, der Lehrer, der Professoren, der Polizei werden institutionell, methodisch in Frage gestellt, während die Autoritäten von der Autorität nicht mehr Gebrauch machen, sondern fortschrittsfreundlich und verständnisinnig das Gespräch mit den ehedem Gewaltunterworfenen suchen. Gegen die Universität stellt sich die »kritische Universität«; in Washington dringen Demonstranten ins Verteidigungsministerium ein, das zur gleichen Zeit einen Krieg zu organisieren hat; das Haus Springer organisiert den Selbstschutz, um die polizeilich geschützte Demonstrationsfreiheit nicht bis an die Rotationsmaschine herankommen zu lassen; der Bundestag muß den Notstand unter notstandsähnlichen Bedingungen diskutieren.

Es ist richtig, daß der weitaus größte Teil der Bevölkerung sich noch in traditionellem Verhalten bewegt und nur kleinere Gruppen, die studentische Jugend vor allem, die

zwanglose Gesellschaft in Anspruch nehmen. Es gibt retardierende Momente. Während die Universitätsverwaltungen den Verkehr der Geschlechter erleichtern, werden von der Justiz noch Eltern wegen Kuppelei bestraft, die den Freund der Tochter nicht abends hinaussetzen. Auch die Kirchen zieren sich noch vor dem Zeitgeist und reden schüchtern von Gewissen und Verantwortung, doch harsche Gebote und Verbote mögen sie der Klientel kaum zumuten. Die Richtung ist klar, der Hindernisse sind wenige, die zwanglose Gesellschaft dehnt sich aus. Zugleich dementiert diese Gesellschaft die Kassandraschreie der Kulturpessimisten. Die sozialen Strukturen bleiben bestehen, dic technisch-ökonomischen Abläufe gewährleistet. Auch politische Herrschaft bleibt möglich und aktualisierbar. Um so interessanter ist die Frage nach Grund und Grenze der Revolution des gesellschaftlichen Zustandes, um die es sich in der Tat handelt.
Eine Antwort heißt: Die meisten Primärerlebnisse sind den Menschen des Zeitalters verwehrt. Es gibt kein Sichausleben mehr. Eine Zivilisation, die auf dem Auto aufbaut, muß die rauschhaften Zustände kontrollieren und ins Private drängen. Das gilt für Alkohol, frohen Gesang und jugendlichen Übermut. Eine Weltlage, die den Krieg ausschließt und ihn damit kriminalisiert, schafft den Helden als Ideal, das Abenteuer als Lebensform ab. Die Gefahr der Überbevölkerung und die sie begleitende Psychose entziehen selbst die Zeugung der Laune der einzelnen; sie muß kalkuliert werden, und wiederum wird Spontaneität vernichtet.
Ein anderer Grund: Es gibt keine Zukunft mehr. Niemand vermag sich noch Zukunft anders zu denken als bloße Fortsetzung und Perfektion der Gegenwart. Der politische Status quo unter den Mächten ist festgezurrt, die Innenpolitik allenthalben durch den Pluralismus präfor-

miert. Niemand hat mehr eine Idee, nach der die Welt zu formen, niemand fühlt noch eine besondere Mission, durch die eine große Tat zu rechtfertigen wäre. Dergleichen ist dem Frieden gefährlich und daher tabuiert.
In dieser Lage muß alles freigegeben werden, was den Status quo nicht unmittelbar gefährdet. Das Prinzip der neuen Sittlichkeit heißt: Es ist alles erlaubt, was den Grund der Weltordnung unberührt läßt. Also: Sex vor allem. Doch darf auch die Jugend Revolution simulieren; sie darf den Lehrbetrieb in Disziplinen stören, auf die es ohnehin nicht ankommt. Weil keine Freiheit mehr in Räumen gewährt werden kann, in denen sie bisher zu Hause war, sind die Ausläufe geöffnet, an denen gestern »Verboten!« stand. Die Leute wollen ja leben.

(Dezember 1967)

Kunst – nicht gesellschaftsfähig

Denken wir uns einen Zeitgenossen, der keine Neuerscheinung der letzten zehn Jahre gelesen hat, von Walser, Johnson und Grass wenig mehr als den Namen weiß, der keine neue Musik gehört hat, weder Stockhausen noch Boulez, ganz zu schweigen von der elektronischen Musik und den Esoterikern Polens und der Tschechoslowakei; er verwechselt »Op« und »Pop« und folgt den Kunstmoden so interessiert wie denen des Gesellschaftstanzes, nämlich gar nicht. Ist das ein Banause, ein Philister? Durchaus möglich, aber keineswegs notwendig. Wenn er Schulen besucht hat, sprachlich gebildet und in einem allgemeinen Sinne zivilisiert ist, würde ihn niemand so nennen.

Die gegenwärtige Kunst ist in keinen Bildungskanon eingegangen. Es besteht keine gesellschaftliche Konvention, sie aufzunehmen, ja bloß wahrzunehmen. Wer Th. Mann, Brecht, Benn, Jünger, Strawinskij, Schönberg, Picasso und Max Ernst rezipiert hat, mag sich noch immer auf der Höhe der Zeit fühlen und kann ohne Makel den Krimi im Fernsehen dem Theaterabend vorziehen, weil er die Avantgarde auf der Szene ebenso langweilig findet wie den braven Mittelstand im Parkett. Die Kunst ist offenbar belanglos geworden.

Zumindest ist die Kunst nicht mehr gesellschafts-fähig. Sie hat nicht nur keinen repräsentativen Charakter, sie will ihn gar nicht mehr haben. Sie versucht auch keine Information der Gesellschaft; während der Roman des 19. Jahrhunderts Auskunft gibt über das soziale Milieu, die

Malerei der Renaissance, die geistesgeschichtliche Lage der Führungsschicht bezeichnet und jede Epoche sich durch einen »Stil« der Nachwelt mitzuteilen scheint, ist die gegenwärtige künstlerische Produktion zum Zeugnis der Zeit ganz ungeeignet. Der Künstler kommuniziert seine Subjektivität, nichts sonst.

Die Beschränkung auf die Subjektivität oder das formale Experiment ist nicht ohne Wert. Der Kulturpessimist wird ein Symptom für die Vereinzelung darin finden und dafür, daß sich der einzelne als Objekt der Manipulation begreift und vergeblich ihr zu entfliehen sucht. Da die Subjektivität keine Inhalte mitteilt und jedermann sie sich aneignen kann, erhöht sie sogar den Wert der Kunst, und zwar als Ware: die maschinell gefertigte Wohnungseinrichtung wird durch einen modernen Abstrakten personalisiert. Durch die Wahl des Bildes nämlich drückt der Wohnungsinhaber seinerseits Subjektivität aus und gewinnt geradezu ein Image. Vordem bewegten sich die Leute zwischen den Möbeln der Epoche, hatten die Bilder, die sie sich leisten konnten und die die Konvention empfahl; sie sahen ihre Persönlichkeit weder durch die Uniformität des Stils gefährdet noch fühlten sie das Bedürfnis, sie durch die Dekoration ihrer Räume auszudrücken.

Das Problem-Arsenal ist durchgespielt. Was die soziale Realität noch an Problemen bietet, ist entweder nur von technischem Interesse oder mit moralischen Imperativen besetzt. Der Vietnamkrieg und die große Bombe werden von den Künstlern nicht künstlerisch bewältigt, sondern mit Resolutionen und Manifesten kommentiert. Soziale »Probleme« und die Schicksale einzelner Seelen sind in die Trivialliteratur abgesunken. Die Kunst, die das Publikum verachtet, kann ihre Isolierung um so leichter erreichen, als sie nicht mehr interpretiert werden kann.

Daß die Künstler die Gesellschaft nicht mehr darstellen, wird ihnen nur vorwerfen, wer nicht erkannt hat, daß Gesellschaft im überlieferten Verstand nicht mehr besteht, sondern bloß noch als friedliches Beieinander wohlorganisierter Mitmenschen. Ein Bild von solcher Gesellschaft zu entwerfen ist nicht möglich, und der Zwang, sich mit dem zufälligen Milieu zu identifizieren, erzeugt nur Protest. Die Kunst dieser Gesellschaft kann nichts aussagen als sich selbst und wird, im wörtlichen Sinne, bedeutungslos. Die öffentliche Förderung der Kunst unterstreicht den Tatbestand. Die subventionierten Musentempel sind nicht mehr zu füllen, an den Fresken und Reliefs zum Schmuck der öffentlichen Bauten geht der Passant achtlos vorüber. Die Autoren bleiben mit ihrer Kunst allein.

(Januar 1968)

Konkurs der Kirchen

»Alles wandelt sich in Holland – außer Brot und Wein.« Der bittere Scherz über den progressiven Katholizismus der Niederlande trifft eine im nachkonziliaren Kirchenvolk verbreitete Stimmung, der eine ähnliche Unsicherheit, Verdrossenheit unter kirchentreuen Protestanten entspricht. Über den Kampf zwischen Orthodoxen und Neuerern, zwischen Entmythologisierern und Bekenntnistreuen in den Konfessionen wird die Öffentlichkeit unterrichtet. Fast unbemerkt bleibt der Niedergang der Institutionen und ihrer öffentlichen Wirkung. Auch für die Kirchen ist das Ende der Nachkriegszeit angebrochen.

Das Ende des Zweiten Weltkrieges brachte zwar kaum geistliche Erweckung, aber den Kirchen ein öffentliches Prestige, wie sie es in vielen Jahrzehnten nicht mehr gehabt hatten, nicht nur in der Bundesrepublik. Den Zusammenbruch so vieler politischer Institutionen hatten sie überlebt, waren weder in Widerstand noch in Kollaboration ausgezehrt. Unmittelbar politische Konsequenzen folgten daraus für die Bundesrepublik: Die Kirchen wurden gesellschaftlich und staatlich privilegiert wie in keinem anderen Land. Hohe Staatsdotationen, staatliche Einziehung der Kirchensteuer, Begünstigung der Kirche in der Wohlfahrtspflege, gesetzliche Sicherung des Öffentlichkeitsanspruchs der Kirchen – eine schwer überschaubare Reihe von Rechten und Mächten. Das alles eigentlich von den Kirchen nicht erfochten, sondern angeboten und bewilligt von einer wenig selbstbewußten

Staatlichkeit und einer Gesellschaft, die keinen Antiklerikalismus mehr duldete.
Das imponierende Gebäude der organisierten Religion steht noch immer unangefochten. Aber die öffentliche Deckung schwindet. Schon erregt die These, die Kirchen seien dem Staat gleichberechtigte Gebietskörperschaften, Amüsement; das »Wort zum Sonntag«, anspruchsvolle Experimente im Gottesdienst, treffen auf unerschütterliche Gleichgültigkeit. Der aufwendige Tagungsbetrieb hat die gleiche Mühe, sein Publikum zu organisieren, wie die anderen Werke und Einrichtungen der subsidierten Freizeitpflege und Erwachsenenbildung. Der Apparat funktioniert, doch für eine stetig wachsende Zahl von Zeitgenossen ohne Zweck.
Die Entwicklung hat gesellschaftliche und innerkirchliche Gründe. Auf die Frage, welchen Gedanken die Kirchen zur Wiederherstellung des Landes beigetragen haben, gibt es fast keine andere Antwort als Verlegenheit; unter den vielen phantasielosen Restaurationen war die Kirche am schlichtesten restaurativ. Ihre Liebestätigkeit verdient und gewinnt noch immer alle Bewunderung. Doch daß Inspiration von ihr ausgegangen wäre, die dem eigenen Anspruch genügte, läßt sich nicht belegen. Die neue Theologie, bei den Protestanten früher entwickelt als bei den Katholiken, die »Mythos« und »Triumphalismus« verwirft, desavouiert sich selbst, indem sie das prachtvolle Gehäuse mit ihren Privilegien weiter bewohnt. Wenn die Kirchenmänner nicht mehr von Jenseits-Hoffnung zu reden wagen, haben sie auch im Diesseits keine Autorität – ihre Erklärungen und Räte, Manifeste und Handreichungen sind nicht mehr als die einer anderen x-beliebigen Gruppe. Die Abkehr von der Individualethik (wo wird noch über die Zehn Gebote gepredigt?) hat sie nicht zu Lehrmeistern der Sozialethik werden lassen, zumal spezi-

fisch Christliches in den Beschlüssen über Vietnam und die große Bombe kaum zu erkennen ist. Die Neutralitätserklärung gegenüber den politischen Parteien hat nicht der CDU geschadet, wohl der katholischen Kirche selber: Auch im Taktischen läßt die Selbstsicherheit nach. Die Begegnungen von Theologen und Marxisten, die längst eigene Zirkel und Zeitschriften haben, schaffen den fatalen Eindruck, daß sich Hirten versammeln, derer die eigene Herde ziemlich überdrüssig geworden ist.
Die Kirchen bieten keinen österlichen Anblick. Ein chronischer Reformismus hat sie erfaßt, eine Engagementsbereitschaft, die vergeblich nach Objekten sucht – sie sind auf dem besten Weg, nichts als ein Teil der Societas Imperfecta zu werden, der unerlösten Gesellschaft. Sie wird ihnen Rechte und Mächte, Privileg und Status nicht lange belassen.

(April 1968)

Weimar als Alibi

Noch ist Bonn nicht Weimar – rufen uns die Konsuln und die Leitartikler zu. Aber leicht kann Bonn Weimar werden, wenn es in der zweiten Republik so weitergeht, wie es in diesem Frühjahr begonnen hat.

Weimar ist ein Schreckgespenst im genauen Sinn: ein Schrecken ohne Zweifel und ohne Frage ein Gespenst. Die Bundesrepublik, auch die des Jahres 1968, unterscheidet sich nämlich in ihrer politischen und sozialen Verfassung fundamental von ihrer Vorgängerin. Sie ist von ganz anderen Gefahren bedroht.

In der Weimarer Republik war die demokratische »staatstragende« Mitte schwach; die Verfassung war von mächtiger, prinzipieller Opposition links und rechts bedroht; die Mehrheit des Volkes dachte nicht überzeugt republikanisch; die öffentliche Meinung verhielt sich, wo sie am energischsten und intelligentesten formuliert war, feindselig.

In der Bundesrepublik ist all dies anders: Die demokratische »staatstragende« Mitte ist ungewöhnlich stark; eine prinzipielle Opposition, numerisch ohnedies schwach, gibt es rechts nur als Sammlung des Ressentiments und in der Hoffnung auf den »backlash«, den Rückschlag gegen linksradikale Provokation und die Unfähigkeit der Regierung, die linke Opposition ist lautstark, doch sektenhaft, ohne Programm und ohne Basis bei den Massen; die breite Mehrheit des Volkes ist solid fürs Grundgesetz und den darauf gebauten Staat; die öffentliche Meinung desgleichen.

Die Krise der Weimarer Republik folgte aus der mangelnden Zustimmung der Deutschen zu einer ungeliebten, fremd gebliebenen politischen Form. Die spezifische Gefahr für die Bundesrepublik liegt in der Krise an der Spitze, dem Versagen der Regierung, des Parlaments, der Parteien, auf die dann Enttäuschung und Abwendung des Volkes folgen können. Das Grundgesetz ist konzipiert im Gedenken an Weimar. Seine ganze Originalität liegt im Instrumentarium beschlossen, das die Krise von unten unmöglich macht: keine Direktwahl des Präsidenten und der Regierung, Parteienverbot und Fünf-Prozent-Klausel, Ausschluß prinzipieller Verfassungsänderung etc. An Mitteln des politischen Selbstschutzes und der Krisensicherung fehlt es nicht; nur gegen Funktionsschwäche der politischen Führung gibt es weder Schutz noch Sicherung.

Zur Demokratie gehört nicht bloß die termingerechte Akklamation der Regierten für die Regierenden, die Wahl unter den Möglichkeiten, die die Oligarchien bereithalten. Nicht weniger gehört dazu der Respekt vor der politischen Öffentlichkeit und ihren Kundgebungen, die Unterrichtung und Führung der öffentlichen Meinung, die Kunst der Regierenden, Falsches und Wahres in den Bewegungen der Öffentlichkeit zu erkennen und darauf zu antworten. Daran fehlt es allerdings. Ob Lübke oder Springer, Vietnam oder Notstand – die Diskussion der Öffentlichkeit wird gar nicht aufgegriffen, höchstens im letzten Augenblick vor unmittelbar drohender Krise raffen sich die Verfassungsorgane zu flauen Stellungnahmen auf. Der Generationenkonflikt darf nur außerhalb der Politik stattfinden. Die gesamtdeutsche Politik, ein Unternehmen von spektakulärer Erfolglosigkeit, wird tabuiert. Ja, wer an Kleinigkeiten Anstoß nimmt, wie an der nicht kleinlichen Diätenerhöhung, ist schon fast Feind

des Parlamentarismus, gehört fast schon zur NPD. Die Kommunikationslosigkeit zwischen aktiver Politik und politischer Öffentlichkeit ist ein erstaunliches, die Bundesrepublik von den anderen liberalen Demokratien sehr deutlich und negativ unterscheidendes Phänomen.
Kritik ist erlaubt, sagen die Honoratioren so ganz allgemein. Aber in dem einzelnen Punkt gilt sie gar leicht für illegitim und bleibt gewiß ohne Wirkung. »Vorsicht, Weimar!« – ist der Appell zum Wohlverhalten und Stillesein, nichts als ein Alibi. Bonn ist nicht Weimar.

(Mai 1968)

Generalstreik a. D.

Es war einmal ... die heroische Zeit der Arbeiterbewegung, in der das Menschenrecht gegen die Mächtigen auf der Straße erstritten ward, in der die Märtyrer der arbeitenden Klasse in Gefängnissen schmachteten, in der die Arbeiter vieler Länder solidarisch davon träumten, einen Frühling der ganzen Menschheit heraufzuführen. Das ist lange her; aber Selbst- und Sendungsbewußtsein der Gewerkschaften leben noch davon, eine Kampfbereitschaft besteht wenigstens theoretisch, und die Munitionslager und Waffenarsenale des sozialen Kampfes werden noch inspiziert; von einigen Waffen wird gelegentlich, wie dem regelrecht verkündeten, nichtpolitischen Zweck dienenden Streik, ein allerdings mehr ritueller Gebrauch gemacht.

Die jüngste Entwicklung in Frankreich weckt nun den Verdacht, daß die schärfste politische Waffe der Arbeiterbewegung ins Museum gehört. Der Generalstreik war die Geißel über dem Haupt allzu frecher Machthaber; an ihn dachten auch radikale Gewerkschaftsführer nur mit Schaudern oder als Ultima ratio, weil er nicht nur eine mißliebige Herrschaft, sondern den ganzen Staat verschlingen, weil er den Bürgerkrieg auslösen konnte. Immerhin, als Ultima ratio war der Generalstreik unentbehrlich, und deutsche Gewerkschaftler sprechen gern davon, daß man mit seiner Hilfe einst den unseligen Kapp zu Fall gebracht.

Die große Streikbewegung des Frühlings in Frankreich,

die schon rasch nach ihrem Beginn einem Generalstreik gleichkam, hat sich als ein gänzlich ungeeignetes Mittel erwiesen. Das Regime verschanzte sich einfach in seinen Burgen, ließ Müllabfuhr und Versorgung der Bevölkerung zusammenbrechen, Post und Verkehr ruhen, Fabriken und Schulen sich leeren. Nicht das Regime, nicht die Machthaber waren bestreikt: Das Volk bestreikte sich selbst.

Der Machthaber und sein Personal werden von der Notlage, die der Generalstreik künstlich schafft, am wenigsten betroffen. Niemand hatte mehr Benzin in Frankreich, außer der Armee. Viele konnten nicht mehr ihren Geschäften nachgehen, der Pflichterfüllung der Polizei und der hohen Bürokratie stand nichts im Wege. Wenn nicht einmal nur das Telefonnetz automatisiert ist, sondern das ganze Netz von Fernsehen und Rundfunk eines Landes notfalls von einer Handvoll Techniker gesteuert werden kann (und davon ist kein entwickeltes Land noch weit entfernt), dann ist der Generalstreik nur noch eine Frage an die Nerven des Machthabers und seinen politischen Überlebenswillen – er kann abwarten, wie schon de Gaulle abwartete, bis der »backlash« einsetzt, bis das Pendel zurückschlägt, sich die Volksstimmung gegen diejenigen kehrt, die ihm Entbehrung und Unbequemlichkeit auferlegen.

Gegen den Kapp-Putsch 1920 hatte der Generalstreik noch Erfolg. Es bestand damals noch nicht die technische Überlegenheit, die eine moderne Regierung gegenüber den Wirkungen der Arbeitsniederlegung hat; es stehen heute nicht mehr »alle Räder still, wenn ihr starker Arm es will«, der Arbeiterschaft nämlich.

Der Generalstreik ist diskreditiert; er trifft den politischen Adressaten nicht mehr, jedenfalls viel weniger empfindlich als selbst revoltierende Jugend oder zermürbender Widerstand einer aufsässigen öffentlichen Meinung. Nur der soziale Streik, der seinen Gegner, die Arbeitgeber, unmittelbar schlägt, verspricht noch Sieg und ertragreichen Kampf.

In Verbindung mit dem Wechsel der politischen Spitze wird der Begriff Generalstreik selten werden, am ehesten noch genannt als Präludium der revolutionären Aktion. Als gewaltlose Methoden, sich neue Vorsteher zu geben, stehen den Völkern künftig anscheinend nur noch zwei zur Verfügung: die Ablösung der Führung durch den Kampf der politischen Generationen im regierenden Apparat und die altbewährte freie und geheime Wahl.

(Juni 1968)

APO-Notstand

Erinnert sich noch jemand an die Notstandsdiskussion? Vor wenigen Monaten wogte die öffentliche Meinung, wogten demonstrierende Menschenmassen, warnten Gewerkschaftler und Theologen, Professoren und Studentenführer vor der Verabschiedung der Notstandsgesetze, die angeblich den Untergang der deutschen Demokratie einläuten sollten. Die Notstandsgesetzgebung war in der Tat politisch überflüssig und vom Grundgesetz her gesehen systemwidrig. Aber nicht auf dergleichen rationalen Einwand gründete sich Opposition und Demonstration gegen die Vorlage, sondern auf die Behauptung, es werde Diktatur vorbereitet, die Obrigkeit mißbrauche ihr Amt und rüste sich zu schrankenloser Herrschaft. Davon hört man nichts mehr. Die Notstandsverfassung ist verabschiedet; die Diktatur ist nicht eingetreten, und offenbar ist ihre Errichtung von der Regierung weder beabsichtigt, oder sie wird von den Opponenten nicht mehr befürchtet, oder beides.

Solche Agitationen haben ihren Sinn in sich selbst. Niemandem fällt es noch auf, daß die politische These, die sie verfechten, sogleich aufgegeben ist, wenn der formale Angriffspunkt entfallen ist. Genauso war es einst bei der »Ohne-mich-Bewegung« und der Opposition gegen den Aufbau der Bundeswehr. Vorher hieß es, das Pflänzchen Demokratie werde vom Militär erdrückt und Entspannungspolitik unmöglich, nach der Entscheidung fiel das, von sektenhaften Aufwallungen abgesehen, wohltätigem Vergessen anheim.

Konservative Kritiker sind leicht mit der Erklärung zur Hand, solche Oppositionen seien von Kommunisten ferngesteuert und würden einfach wieder abgeblasen, wenn unmittelbarer Einfluß auf den politischen Entschluß nicht mehr möglich ist. Kommunistische Einflüsse sind gewiß wirksam, können aber das Phänomen der periodischen »außerparlamentarischen Opposition« nicht erklären. Zuviel Rechtschaffenheit ist im Spiel, zuviel gewissenhafte Überzeugung vieler Leute – so viele nützliche Idioten im Sinne Lenins gibt es gar nicht, wirkliche Bewegungen im Volk auszulösen. Die Erscheinung erklärt sich politisch einfacher: Die prinzipielle Alternative, die grundsätzliche Opposition ist von stärkstem psychologischen Reiz und drückt sich in einer freien Gesellschaft genußvoll aus. Wenn die Regierung, wenngleich zuweilen fehlsam, auf Sicherheit und Schutz vor dem möglichen Feind oder ideologischen Gegner sinnt, dann kann entschiedene Opposition, die auf der Rechten tabuiert ist, sich nur links formieren in einem Sinn, der objektiv den Intentionen des Gegners, den die Regierung im Auge hat, sich nähert.

Gegenwärtig ist das Demonstrationsbedürfnis im Notstand. Es fehlt das neue Panier, um die alten und jungen Kämpfer zu sammeln. Vielleicht hätte sich aus dem Verlangen nach Anerkennung der DDR (für ruhige Köpfe ohnedies ein ernsthaftes Thema) eine ordentliche, das Establishment schreckende Kampagne machen lassen. Die Entwicklung in Prag und die repressive Reaktion der SED haben aber der DDR zuviel an Prestige genommen.

Aussichtsreicher wären Demonstrationen, die sich gegen die politischen Repressionen richten, die man den internationalen Bündnissen der Bundesrepublik nachsagen kann oder die sich in Staaten finden, zu denen die Bundesrepublik gute Beziehungen unterhält – Demonstrationen mit

dem Ziel der Veränderung solcher Bündnisse oder Beziehungen. Beispiele drängen sich auf: Persien könnte wieder aktualisiert werden; Griechenland ist aktuell; der Dollar-Imperialismus in Lateinamerika; die Präsenz amerikanischer Truppen nicht bloß in Vietnam, sondern in Asien überhaupt. Für die eigentliche Innenpolitik könnten Macht und Subventionierung der Vertriebenenverbände dienen, oder es möchte, wenn bloß die Arbeiterschaft ein wenig mitzöge, das Mitbestimmungsverlangen der Gewerkschaften durch ein solches nach Mitbestimmung durch Arbeiterräte übertrumpft werden.
Die Demonstranten, zur Zeit niedergeschlagen und still, brauchen nicht zu verzweifeln. Der soziale Kampf, den es nicht mehr gibt, bleibt seelisches Bedürfnis. Es findet wieder Ventile.

(September 1968)

Prager Lehrsätze

Was lernt man aus der Geschichte? Wenig, und aus der zeitgenössischen am wenigsten. Machiavelli erweckt den Eindruck, aus der römischen Geschichte des Livius Lehren zu entnehmen – in Wahrheit entnimmt er nur Beispiele für das, was er ohnehin weiß. Ohnehin, das heißt durch Menschen- und Weltkenntnis, Reflexion der Politik, die am Tage ist, und Resistenz gegen die Phrase der Wohlmeinenden. Auch die Geschichte der Prager Reform, vor der Invasion und danach, enthält die Lehren, die ohnedies auf dem Weg des Nachdenkens zu gewinnen waren.

① Die Sowjetunion steht vor dem Zwang zur permanenten Intervention. In ihrem ideologisch verbundenen, ideologisch motivierten Block (und im Weltkommunismus überhaupt) gibt es nämlich keinen Papst, keine institutionelle ideologische Spitze mehr, welche die Lehre verbindlich auslegt. Lenin war ein solcher Papst gewesen, noch Stalin hatte sich angestrengt, ideologische Beiträge zu erbringen; seit Chruschtschow ist jede Prätention entfallen, von Moskau aus den Marxismus-Leninismus ideologisch seriös zu interpretieren. Damit beginnt mit gewisser Notwendigkeit eine quasiprotestantische Entwicklung – es entstehen Sekten, es bildet sich Landeskirchentum. Der Zusammenhalt des Blocks oder Bündnisses kann ideologisch nicht mehr stabilisiert werden; fehlt der Druck von außen, so bleibt Rußland nur die machtpolitische Intervention, um die Führungsrolle zu behaupten.

② Die Moskauer Machthaber können ziemlich ungestört intervenieren (wenn auch, da alle ideologische Rechtfertigung fehlt, mit schlechtem Gewissen), weil der Westen den sowjetischen Großraum respektiert. Beliebig wiederholbar sind solche Interventionen nicht; es könnte ein Punkt erreicht werden, an dem die Versuchung zu einer Generalbereinigung durch einen europäischen Krieg mächtig wird. Auf Resignation, Selbstbescheidung, Sichabfinden mit dem zweiten Platz nach den USA darf man bei der amtierenden Generation in Moskau nicht hoffen – und wer weiß denn, ob es der zweite Platz sein würde, auf Dauer, nicht der dritte oder vierte? Wahrscheinlich bedarf es aber rasch wiederholter Interventionen in die sozialistischen Bruderländer nicht, die abschreckende Wirkung wird immer einige Jahre vorhalten.

③ Die Meinung ist naiv (dürfte in Moskau auch kein großes Gewicht haben), daß der Kommunismus durch Invasion der ČSSR bei seinen Anhängern im Westen diskreditiert, »unglaubwürdig« werde. Dergleichen währt ein paar Wochen, wie 1953 und 1956. Die »Auslandskommunisten« haben ja nichts, was sie hält, nicht einmal die Macht, sie brauchen den Glauben an die Sowjetunion so dringend wie ihre finanzielle Hilfe; die KPF und die KPI werden sich wieder beruhigen und arrangieren, sobald es die sowjetische Politik ihnen psychologisch gestattet.
Vom Einfluß der Auslandskommunisten in der Zentrale muß man skeptisch denken – es ist die arme Verwandtschaft, die wenig leistet und wenig einbringt und auf den Familienfesten den Etablierten auf die Nerven geht.

④ Die These, die Invasion sei militärisch gut, politisch schlecht vorbereitet gewesen, taugt nicht viel. Wie bereitet man denn die Besetzung eines befreundeten Landes politisch richtig vor? Die Prager Regierung war populär, einen Quisling gab es nicht, er hätte zudem die Dauerbesetzung, die sowjetische Militärdiktatur notwendig gemacht. Die Modelle Kádár oder Gomulka waren unanwendbar – die Reform war ja kein Aufstand gewesen, hatte sich unter den Augen der Russen allmählich entwickelt, die Alternative zwischen Stalinisten und Apostaten stellte sich nicht. So gingen die Okkupanten behutsam vor, ließen zu, übersahen, zauderten und gaben Volk und Führung die Zeit zur Erkenntnis der Lage und die Chance, zur honorigen Anpassung zu finden.

⑤ Merkwürdig die offizielle Reaktion der Bundesrepublik. Zunächst Vergangenheitsbewältigung, demütig bei den einen (»Schon wieder sind deutsche Soldaten...! Schon wieder wollen wir uns schämen...!«), auftrumpfend bei den anderen (»Seht, die Russen sind ebensolche Lumpen wie wir«), dann Ruf nach Nato, Nato-Gipfel, gar nach Europäischer Verteidigungsgemeinschaft – alles bei den Adressaten ungehört verhallt. Teils eitle, teils nervöse Schwatzhaftigkeit des politischen Personals, das mehr Sicherheit will, aber den Budget-Voranschlag nicht ändert und Fortsetzung der Entspannungspolitik propagiert, die als politisches Werben um die Satelliten aufs Handgreiflichste gescheitert ist. Von politischer Planung, die doch allenthalben betrieben wird, war nichts zu bemerken. Offenbar ist das Verhältnis unserer Führung zur Politik hauptsächlich theoretisch. Der Status quo wird verbal in Frage gestellt, nicht faktisch; es wird von Aussöhnung geredet, aber die Anerkennung der Oder-Neiße-Linie ausgeschlossen etc. etc. Das alles war bis jetzt eher harmlos, hatte in seinem Unernst sogar sympathische Züge. Allmählich reicht es nicht mehr.

(Oktober 1968)

NPD verbieten

Von der göttlichen Majestät sagte einst Duns Scotus, damit Lehren der Kirche beweisend: potuit, decuit, fecit – Gott vermochte es, es ziemte sich, also hat er es getan. Auf Menschen angewendet, bringt der lapidare Satz keine Feststellung, nur einen Imperativ hervor: Was möglich ist und sich ziemt, sollte geschehen. Die NPD zu verbieten, ist möglich; sie zu verbieten, ziemt sich; also sollte sie verboten werden.

Wie ist das Verbot der NPD möglich? Nur schwer, wenn die Bundesregierung sich weiterhin am Präjudiz der Verfahren gegen KPD und SRP orientiert. Diese beiden Parteien konnten durch handgreifliche Beweise der Verfassungswidrigkeit überführt werden, konnten selber nicht ernsthaft die These vertreten, sie seien legal im Sinne des Staatsverständnisses der Bundesrepublik. Die Sozialistische Reichspartei war eine plumpe Zweitausgabe der NSDAP, mit Führerprinzip und einer Dosis Antisemitismus, der Verherrlichung der Untaten des einstigen Regimes nicht abgeneigt. Auch bei der KPD war, nachdem die Regierung die Frage der Opportunität eines Verbotsantrags entschieden hatte, die Illegalität leicht zu beweisen; für sorgfältige nachrichtendienstliche Observation kein Problem, die Fernsteuerung der KP darzutun, das Fehlen von innerparteilicher Demokratie und die Zielsetzung des Umsturzes des auf dem Grundgesetz errichteten Rechtsstaates. Es kam hinzu, daß den Steuermännern der KP ein Verbot durchaus gelegen kam – sie konnten die Bundesrepublik als illiberal denunzieren, vermieden die Blamage offener Wahlniederlagen und konnten, im Untergrund erprobt, die wichtigsten Geschäfte weiter illegal besorgen. Keine solche Voraussetzung gilt für die NPD. Sie ist nicht einfach neonazistisch und bereit, für den Führer ein Martyrium hinzunehmen; sie will ein allgemeineres, rechtes Ressentiment zur Tat bringen. Sie ist auf die Legalität angewiesen. Mit dem Verbot verschwände sie nicht bloß von der Bildfläche, sondern gäbe Ungeist und Existenz auf. Nichts gibt es, was sie illegal erreichen könnte, nichts gibt es, was ihre Anhängerschaft illegal würde erreichen wollen. Darum stilisiert sich die NPD aus Berechnung wie aus Überzeugung auf Legalität und trachtet danach, der Behörde keinerlei Material zu verschaffen, das für den Illegalitätsbeweis à la KPD und SRP zu gebrauchen ist. Wer ihr mit dem Verfassungsschutz beizukommen hofft, folgt eben dem Plan, den sie für ihr Überleben entworfen hat, und macht das Grundgesetz zur Magna Charta des Verfassungsfeindes. Auch Hitler hatte die Legalität als politischen Weg gewählt; es ist ein Schauspiel von hoher historischer Ironie, die Bonner Demokraten gegenüber der auf ihrer Scheinlegalität beharrenden NPD hilflos zu sehen, obgleich doch das Grundgesetz soviel klüger hat sein wollen als die Weimarer Verfassung. Daß die NPD materiell verfassungswidrig ist, wird dabei von niemandem ernstlich bestritten, doch offenbar fehlt die Einsicht, daß die Feststellung dessen, was die politische Legalität ist, durch den Konsensus der demokratischen Parteien jeweils konkretisiert werden muß. Prozessual gesprochen bedeutet das, daß der Illegalitätsbeweis gegen die NPD nicht mit den Beweismitteln geführt werden kann, die nicht zu liefern die NPD ihre ganze Schlauheit und Energie einsetzt; sondern, beispielsweise, durch sachverständige Gutachten. Ein Verbot nach Artikel

22 GG schließt keinen Strafprozeß ab, sondern, um die einfache Wahrheit zu sagen, einen politischen Prozeß mit einer politischen Entscheidung. In dubio pro reo heißt nicht: in dubio pro legalitate.
Wieso ziemt sich das Verbot? Die NPD schadet im Inneren nicht viel, in der auswärtigen Politik unermeßlich. Warum sollte sich die Bundesrepublik von einer Partei, die durch keinen Kopf vertreten wird und selbst keinen einzigen Gedanken vertritt, schädigen lassen? Die liberale Toleranz, die Wohlmeinende empfehlen, weil Überwinden besser sei als Verbieten, wird von niemandem honoriert, wenn sie nach rechts geht; abgesehen davon, daß es noch keiner Gesellschaft gelungen ist, sich der Radikalität gänzlich zu entledigen.

(November 1968)

Morgenstund – kein Gold im Mund

Deutschland, technologisch und in der sozialen Organisation moderner als fast alle anderen, bleibt bäuerlichen Traditionen treu wie keiner seiner Nachbarn und Partner im Wettbewerb des Fortschritts. Die Industriewelt, in der die Deutschen sich so energisch und erfolgreich behaupten, hat ihre Seelen, scheint es, kaum berührt.
Den Fremden unbegreiflich, die unseren Hang zum Angestammt-Althergebrachten nicht kennen, ist zum Beispiel die nationale Leidenschaft des Frühaufstehens. Für den Bauern (und den Bäcker und einige wenige andere) hat Morgenstunde Gold im Munde – für niemanden sonst. Aber jeden Werktag erheben sich Millionen und aber Millionen gegen sechs Uhr oder noch früher und streben durch winterliche Nacht und Kälte durch die verschlafene Natur zum Arbeitsplatz. Deutschland hat die früheste Rushhour der Welt, nämlich zwischen sieben und acht Uhr, weil auch die Angestellten, ja sogar der gehobene Manager, um acht oder halb neun hinter dem Schreibtisch oder dem Tresen sein wollen. Rational zu begründen ist das alles nicht. Die Fabriken könnten wie in England, vom Sonderfall des Schichtdienstes abgesehen, um Stunden später anfangen. Die erste Stunde in den Büros wird ohnedies vertrödelt, weil der frühe Morgen nach der Anlage der meisten Menschen weder der Kommunikation noch der geistigen Leistung förderlich ist. Die Läden des gehobenen Bedarfs bleiben bis gegen Mittag ohne Klientel – Buchläden und Juweliere brauchten gewiß nicht vor elf zu

öffnen und sollten abends länger geöffnet sein. Banken öffnen um acht, schließen über Mittag und sperren das Publikum um halb fünf wieder aus.
In den Ländern des Erdkreises gehen die Kinder um neun zur Schule und kehren nachmittags zur Familie zurück. Bei uns werden sie vor acht zur Schule getrieben und sind schon zum Mittagessen wieder zu Hause; die Frauen und Mütter, die früher aufstehen müssen als irgendwer sonst (obgleich es dem Teint schadet) und mittags kochen sollen, tragen es ohne Murren. Die nationale Eigentümlichkeit der zur Nacht hin verlegten Halbtagsschule verdanken wir reformerischem Überschwang der Pädagogen, aber sie entspricht genau dem Bedürfnis einer bäuerlich-handwerklichen Gesellschaft nach »mithelfenden Familienangehörigen«.
Für das Frühaufstehertum wird die Rechnung ins Treffen geführt, daß die Erwerbstätigen in der Mehrzahl schon zwischen vier und sechs abends wieder zu Hause sind. Wenn wir ein Volk von Nebenerwerbs-Landwirten wären, wäre es ein überzeugender Gedanke. Wir sind es aber nicht. Die Stunden zwischen fünf und sieben müssen in den meisten Haushalten als die für den Ernährer unproduktiven und unerfreulichen gelten, zumal das Fernsehen als fast einzige nationale Institution die Frühaufsteher ignoriert und sein Programmschema am Lebensrhythmus der Intellektuellen orientiert.
Während Religionen sich entleeren und Ideologien zerbrechen, steht die Anschauung vom Wert des Frühaufstehens als Tugend in voller Kraft. Der Langschläfer ist ein Faulpelz, auch wenn er bis in die Nacht hinein Vortreffliches vollbringt. Arbeit, vor Sonnenaufgang getan, ist von höherer Moral. Weil fast niemand gern früh aufsteht, hat das Frühaufstehen asketisch-heroische Züge und wird mit moralischem Selbstwertgefühl kompensiert. Wer früh

aufsteht, darf sich für fleißig und tüchtig halten, auch wenn er gleich den ganzen Tag nichts Gescheites produziert.

Zur mittelalterlichen Seelenlage, der bäuerlich-handwerklichen Erbschaft, der die lieben Deutschen anhängen, die ansonsten in Großstädten leben und politisch-soziale Formen höchster Modernität verwenden, gehört auch die Sparsamkeit als Tugend. Die Grille, die im Sommer tanzt und im Winter darbt, verhält sich lasterhaft im Vergleich zur Ameise, die soziales Ideal verkörpert. Der Landmann muß früh im Stall und auf dem Acker sein, der Landmann legt im Sommer zurück, was er im Winter braucht – und ein Volk von Industriearbeitern und Angestellten richtet sich danach.

Die Deutschen, in den politisch-sozialen Institutionen und Gesinnungen wandlungs- und anpassungsfähig wie kaum ein anderes Volk, ließen sich in den Lebensgewohnheiten kaum beirren, vom Westfälischen Frieden bis heute.

(Januar 1969)

Korrumpierte Ruheständler

Was haben deutsche und amerikanische Ruheständler aus Politik und Militär gemeinsam? Das Streben, amerikanischen Interessen zu dienen. Was unterscheidet sie? Die Deutschen tun's nur für Geld.

Im Ruhestand ein anderes Tätigkeitsfeld zu suchen ist in Amerika und England Tradition. General Eisenhower wurde, außer Dienst gestellt, Präsident der Columbia-Universität, ehe er Präsident des Landes wurde. General Gruenther, ehedem Nato-Oberbefehlshaber, stellte sich dem amerikanischen Roten Kreuz zur Verfügung. General McArthur übernahm einen einträglichen Posten in der Industrie. Sir Brian Robertson wurde Lord Robertson und Chef der Eisenbahn, nachdem er britischer Militärgouverneur in Deutschland gewesen war. Analog verhalten sich die Politiker. Ex-Vizepräsident Humphrey wurde Professor, der nicht gewählte Nixon betrieb eine gewinnträchtige Anwaltspraxis; und daß britische Parlamentarier hochdotierte Stellungen in Industrie oder City annehmen, wenn die politische Karriere zu Ende geht, ist selbstverständlich.

Dem in den angelsächsischen Ländern natürlichen Wechsel von der Staatsstellung in die private oder halboffizielle Position entspricht der genauso natürliche Wechsel vom Erwerbsleben in die Politik und selbst ins Militär. Die Kabinette amerikanischer Präsidenten bestehen in der Regel nicht aus Berufspolitikern, sondern aus Männern der Wirtschaft, Anwälten oder Wissenschaftlern, aus

deren Kreis auch vielfach die Botschafter genommen werden. Die Zahl der Generale der Reserve, die in Friedenszeiten ihren Geschäften nachgehen, ist in den USA beträchtlich. Ähnliches gilt für England, wenn auch weniger deutlich – beiderseits des Atlantiks besteht ein Austausch von Talenten zwischen der politischen und der nichtpolitischen Sphäre, eine Durchlässigkeit und Aufnahmefähigkeit der Strukturen, die wir nicht kennen.
Das beginnt sich zu ändern. Zwar dulden unsere Politiker keine Außenseiter, doch bauen sie wenigstens die Hemmung ab, selbst ins Erwerbsleben einzusteigen, wenn ihnen die Sonne politischen Erfolgs nicht mehr leuchtet. Wegbereiter ist der behende Mr. Cornfeld, der die IOS erfand. Ihm dienen bis jetzt Dr. Mende, immerhin ehemaliger Vizekanzler der Bundesrepublik Deutschland, Dr. Preusker, immerhin ehemaliger Bundesminister, Josef Moll, immerhin ehemaliger Inspekteur des Heeres. Fast hätte sich ein ehemaliger Bundeskanzler, Professor Ludwig Erhard, dem Kreis dieser Notabeln beigesellt.
Es ist erlaubt, hier von politischer Korrumpierung zu reden – nicht strafrechtlicher, die Herren sind ohne Zweifel Ehrenmänner. Aber sie verkaufen, im Gegensatz zu den angelsächsischen Parallelfällen, auf die sie sich berufen, einen ihnen von der deutschen Politik und den deutschen Wählern verliehenen Namen an ein auswärtiges ökonomisches Interesse. Mit der Devise: »Warum denn nicht?« wird fröhlich der schüchternen Kritik begegnet, die unsere Wirtschaftsgesellschaft noch gelegentlich an dieser Erwerbstätigkeit gewesener Anführer und immer noch Respekt heischenden Würdemänner äußert. Im Juste-milieu der Bundesrepublik und bei einer Generation, die sich den Luxus von Überzeugungen längst nicht mehr leisten kann, gilt als fast unanstößig, was anderwärts skandalös sein würde: Was tun die Redlichen, so

mag mancher kleinere Erwerbsstrebende denken, denn anders, als daß sie, statt für eine Partei, für ein Produkt Public Relations treiben und dafür einen dickeren Dollar einstreichen, als er selbst in der relativ gut bezahlenden deutschen Politik zu verdienen ist? In der Tat, in einer Gesellschaft, in der der Staat nichts gilt, die nationalen Ziele nicht entwerfen kann und die das enrichissez-vous zum kategorischen Imperativ erheben möchte, werden Mende und Mendes Genossen sich nicht bloß geachtet, sondern vorbildlich vorkommen.

Doch ist diese Gesellschaft nicht in Wahrheit und auf Dauer die der Bundesrepublik. Sie hat bloß episodischen Charakter, ist nicht mehr als das Bewußtsein einer Schicht, die den ökonomischen Wiederaufbau dirigierte unter dem milden Regiment des amerikanischen Siegers und die sich eine Rückkehr in die Geschichte nicht vorstellen kann. Undenkbar aber, daß etwa Adenauer sich von Cornfeld hätte anheuern lassen, undenkbar auch bei künftigen Alt-Kanzlern. Es ist übrigens unwahrscheinlich, daß Mende und Moll französisches oder britisches Geld nähmen – gegenüber diesen Mittelmächten besteht auch in der Aufbaugeneration eine Art Selbstbewußtsein, während den USA gegenüber keine Resistenz besteht – ihnen galt die bedingungslose Kapitulation.

(Februar 1969)

Wiedergutmachung statt Wiedervereinigung

In Deutschland hat schon sehr früh, nämlich im Preußischen Allgemeinen Landrecht von 1794, der Gedanke Gesetzeskraft gewonnen, daß der Staat denjenigen entschädigen müsse, der fürs allgemeine Interesse eine Einbuße erleidet. Dieser Gedanke ist in unserer Rechts- und Sozialgeschichte immer mächtiger geworden, so daß heute die Bundesrepublik sich als Modell eines totalen Entschädigungs- oder Restitutionsstaates darstellt. Ein Deutscher erwartet, und mit Recht, nämlich dem des gesetzlichen Anspruchs, Wiedergutmachung eines jeden denkbaren Schadens, der ihm durch direktes oder indirektes Handeln der Obrigkeit entstanden ist; er erwartet Entschädigung für ein Opfer, das er dem öffentlichen Wohl zuliebe bringen mußte. Voraussetzung ist natürlich, daß es sich um Schäden oder Opfer handelt, die alle gleichermaßen trafen, denn es geht um Ausgleich von Ungleichheiten. In anderen Ländern gibt es dergleichen umfassende Wiedergutmachung nicht, die bei uns höchstens in Einzelfällen versagt, nämlich dort, wo das private Interesse sich nicht zu einem sozialen herausstaffieren, es nicht zum »Geschädigtenverband« bringen kann.

Angesichts der Allgegenwart von Restitutionen bleibt manchmal der politische Sinn einzelner Wiedergutmachungsaktionen verborgen. Es spricht viel dafür, daß die spezifisch politische Bedeutung mancher Entschädigung von ihren Veranstaltern, den Beamten und Politikern, nicht erkannt wird und daß sie sie dementieren würden,

machte man sie darauf aufmerksam. Ganz sicher gilt das von zwei der größten und aufwendigsten Wiedergutmachungen der Nachkriegsgeschichte.
Der Lastenausgleich, eine wahrhaft monumentale Restitution, sollte die Flüchtlinge und Vertriebenen aus den »deutschen Ostgebieten unter polnischer und sowjetischer Verwaltung« für den Verlust an Haus und Habe entschädigen, wenigstens prinzipiell und ansatzweise. Natürlich spielte das Motiv eine Rolle, den heimatlos Gewordenen eine Starthilfe zu geben, sie der ärgsten Not zu entreißen, ihnen den Aufbau einer »Existenz«, wie man neudeutsch sagt, zu erleichtern. Daß es sich um echte Restitution und nicht nur um Wohlfahrt und Sozialpolitik handelt, geht aber daraus hervor, daß der verlorene Besitz nachzuweisen war und daß die Entschädigung prinzipiell nach der Größe des Verlusts festgesetzt wurde; ein ehemals reicher Vertriebener bekommt mehr als ein armer.
Ihrem Begriff nach werden Restitutionen nur für eingetretene und definitive Schäden, Verluste und Opfer gezahlt. Mit dem Lastenausgleich hat die Bundesrepublik den Verlust der Ostgebiete als endgültig unterstellt, was zu tun sie sich außenpolitisch beharrlich weigert. Die gesamte Restitutionspolitik gegenüber den Flüchtlingen, die in einer verräterischen Wendung auf »Eingliederung« abstellte, hatte den politischen Sinn (und Erfolg), die Frage der Grenzen von 1937 innenpolitisch zu entschärfen, den Rückkehrwillen der Vertriebenen durch die Verwurzelung im westdeutschen Milieu zu besänftigen. Die Bundesrepublik hat genau das Gegenteil von dem getan, was die arabischen Staaten bei den palästinensischen Flüchtlingen praktizieren, und ihr Handeln hatte auch den entgegengesetzten politischen Sinn.
Das Wahljahr hat uns eine neue Wiedergutmachung

gebracht, wenngleich zunächst nur als Wechsel auf die Zukunft. Es sollen auch die Sowjetzonenflüchtlinge, diejenigen, die aus politischen Gründen die DDR verlassen mußten, eine billige Entschädigung erhalten. Auch wenn ihr Verband und die Politiker, die diese Wiedergutmachung protegierten, entrüstet richtig- und klarstellen: Der Restitution für die Zonenflüchtlinge liegt der Gedanke zugrunde, daß Wiedervereinigung nicht mehr zu erhoffen oder zu erwarten sei – jedenfalls nicht in politisch überschaubarer Zeit.

(April 1969)

Preisfreudige Bundesrepublik

Die Bundesrepublik ist das preisfreudigste Land der Erde. Die Buchhändler verleihen den Friedenspreis, die Arbeitgeber den Raymond-Preis, die Kriegsblinden den Hörspielpreis, die Volkshochschulen den Adolf-Grimme-Preis, die Stadt Aachen den Karlspreis. Einige Preise sind von Gewerkschaften gestiftet und gehen an wackere Publizisten, die am besten ein bißchen links stehen; die Deutschlandstiftung in München verleiht Adenauer-Preise an umstrittene Herren, die sich rechts befinden. Die Vertriebenen zeichnen aus, der Bundesverband der Deutschen Industrie und vor allem der Staat. Es gibt Bundesfilmpreise und Preise für Gesamtdeutsches in Bild und Ton, Preise der Bundesländer für Kunst und Wissenschaft und zur Förderung junger Talente.

Bei der Zahl der Preise (100?, 1000?, niemand hat sie noch gezählet) ist es nicht verwunderlich, daß sie einzeln nicht sehr hoch dotiert sind, die meisten zwischen 3000 und 5000 Mark, und daß die meisten auch kein Prestige besitzen – anders als der Prix Goncourt oder der Prix Femina in Frankreich oder der Pulitzer-Preis in Amerika.

Mit den Preisen wird meist zweierlei angestrebt und erreicht – es geschieht etwas für den Geist, man zeigt, daß die gesellschaftlichen und staatlichen Institutionen der Intelligenz nicht fremd gegenüberstehen, und man erhält zugleich Gelegenheit, für sich selber, für die eigene Stadt, das eigene Land, den eigenen Verband, für die Person des auszeichnenden Funktionärs positive Publizität zu

machen. Nicht selten hat der Auszeichnende mehr vom Festakt als der Ausgezeichnete, nicht selten kostet die festliche Feier mehr, als der Preis wert ist.
Diese harmlose Betriebsamkeit könnte durchaus zu den liebenswürdigen Zügen Deutschlands gerechnet werden; der Anblick der vielen Honoratioren, die sich bemühen, mit dem Geist in ein geselliges Verhältnis zu treten, ohne sich doch eigentlich mit den Künstlern und Intellektuellen verständigen zu können, hat viel Rührendes, das sich von der rein kommerziellen Beziehung zu den Hervorbringungen des Geistes oder dem Zynismus der Machthaber gegen die Schreiberlinge in vielen anderen Ländern vorteilhaft abhebt. Der permanente Preisverleih war aber nur so lange liebenswürdig, harmlos und rührend, als das Ritual von den Beteiligten einigermaßen geachtet wurde. Nun kommt es aber immer häufiger zu Preisverleihungen makabren Charakters, bei denen auf der einen Seite ein vor gutem Willen und Anpassungsbereitschaft schwitzender Vertreter des Staates oder einer machtvollen Organisation einem geifernden Revoluzzer gegenübertritt, der zwar die gebotene Summe ergreift, doch zugleich dem hochgestellten Auszeichnenden herzhafte Verachtung bezeugt und dem »System«, das ihn auszeichnet, die baldige Höllenfahrt ankündigt; gelegentlich verfallen die Festakte sogar ins Handgreifliche, weil sich Preisträger und -verleiher um das Mikrofon streiten und vor dem festlichen Publikum Narrenpossen aufführen.
Es hat keinen Sinn, mit den Preisverleihungen fortzufahren. Die meisten Preise hätten nie gestiftet, verliehen oder angenommen werden sollen. Es ist nicht Sache des Staates oder gar der sozialen Interessenverbände, die einzelne intellektuelle Leistung zu prämiieren – dazu haben sie kein Mandat. Der Staat soll die geistige Leistung allgemein fördern und stimulieren, etwa durch Begünstigun-

gen im Steuerrecht, und er mag – nach dem Vorbild Preußens und Hamburgs oder der Westminsterabtei in London – die große Geistestat ehren, wenn sie ins kulturelle Erbe der Nation eingegangen ist.
Nur ein Preis, der mit der Propagandaabsicht von Verbänden, dem Repräsentationsbedürfnis des Staates und der Wichtigtuerei der Kommunalpolitiker nichts zu tun hat, sollte künftig bestehen und öffentliche Achtung finden. Ein Preis wie der Goncourt in Frankreich oder der Hörspielpreis der Kriegsblinden bei uns hat ein Ansehen, weil die Urteilskraft der privaten Jury respektiert wird. Wenn eine intellektuelle Zunftgenossenschaft ihren herausragenden Kopf und damit sich selber ehrt, dann bleibt der Geist, sofern er sich überhaupt materialisiert, mit seinen Preisen unter sich.

(Mai 1969)

Vom Hohen Haus zum Hochhaus

Den bisherigen Projekten zur Parlamentsreform liegt ein klares Prinzip zugrunde: mehr Geld für die Abgeordneten! Mit dem edlen Pathos, das dem ehemaligen Bundestagspräsidenten Gerstenmaier eigen ist, sind mehrfach, um die Unabhängigkeit unserer Deputierten wirklich zu sichern, drastische Diätenerhöhungen begründet worden; zum guten Ende wurde eine vorzügliche Altersversorgung hinzugefügt – mit einer finanziellen Scheinbeteiligung der Abgeordneten –, so daß die Bundesrepublik sich rühmen kann, nach den Vereinigten Staaten die am besten besoldeten Parlamentarier zu besitzen – und im Verhältnis zur Bevölkerung in Bund und Ländern die meisten dazu.

Unabhängigkeit ist aber nur ein Element parlamentarischer Würde und Effizienz; ein anderes ist die Chance zu vernünftiger Arbeit. Dafür wurde das Hochhaus am Rhein errichtet, um jedem Mitglied des Bundestages ein Einzelzimmer zu verschaffen. Einem energischen Vorstoß jüngerer Abgeordneter verdanken wir endlich die Bewilligung von Assistenten: Jeder Abgeordnete kann sich für 1500 Mark aus dem Steuergeld einen halten. Nimmt man die traditionelle steuerrechtliche und strafrechtliche Privilegierung der Abgeordneten, die über alles in anderen Ländern Übliche weit hinausgeht, hinzu, so können sich die Bürger der Bundesrepublik zu einer Ausstattung ihrer Parlamentarier beglückwünschen, die eine erfreuliche Vitalität der Volksvertretung erwarten läßt.

Doch leider ist der Bundestag, umgekehrt proportional zu seinen Selbstbewilligungen, kein besseres Parlament geworden. Ohne Übertreibung darf man sagen, daß der erste Bundestag besser war als der zweite, der zweite besser war als der dritte und so fort; und daß der Bundestag derzeit die Achtung verdient, die er findet. Es wäre aber naiv, diesen Zustand individuellem Versagen anzulasten. Zwar läßt sich beweisen, daß die Parteien immer mehr dazu neigen (und zwar in den unteren Gliederungen noch weit mehr als in den Parteileitungen), die zuverlässige Mittelmäßigkeit und die redliche Einfallslosigkeit zu bevorzugen, so daß die Jungen häufiger konformistischer wirken als die Alten. Aber das kann die Lage unseres Parlamentarismus ebensowenig erklären wie die völlige Erfolglosigkeit aller bisherigen Reformen. Es wäre gut, wenn Bundestagspräsident von Hassel, der sich mit bemerkenswerter Energie der Restauration eines Parlamentarismus widmet, der mehr sein will als gut funktionierende Gesetzgebungsmaschine, die Grenze des möglichen Erfolgs gleich einkalkulierte.

Von den Reformen ist auch künftig keine gute Folge zu erwarten. Die Abgeordneten, von Irr- und Einzelläufern abgesehen, bleiben Interessen- und Parteivertreter, ob sie 1000 oder 5000 Mark im Monat beziehen. Assistenten und wissenschaftlicher Hilfsdienst mögen vorzüglich sein – sie werden nur vorzüglichen Männern nützen und können Politikern keinen politischen Kopf aufsetzen, wenn er ihnen fehlt. Und der Zwang zur freien Rede macht die Rede nicht besser, und allzu viele Änderungen der Geschäftsordnung haben nur der Hinterbänkler Lust an der administrativen Bagatelle gedient.

Wenn der Bundestag sich reformieren will, dann muß er politisch werden. Die Abgeordneten müssen die Hauptstadt Bonn zum Zentrum ihrer Existenz machen und nicht auf den Fahrplan schielen, ob sie den Zug noch kriegen. Der Bundestag muß das Ausschußunwesen abbauen und viel mehr Plenardebatten ansetzen; er muß wiederentdecken, daß die Öffentlichkeit das erste Element der Demokratie ist und die Diskussion das zweite. Der Bundestagspräsident allein kann das nicht erreichen, zumal es gegen die Tendenz des Zeitalters geht. Überall sind Parlamente auf dem Rückmarsch, die Regierungen im Vordringen und, wo es gut steht, die Medien der öffentlichen Meinung. Überall ist eine Neigung, Diskussion durch Demonstration und andere Formen des psychischen oder physischen Terrors zu ersetzen. – Grund genug, an Parlamentarismus zu retten, was zu retten ist, auch wenn es Geld kostet, auch unsinnig ausgegebenes, an Unwürdige ausgezahltes Geld.

(Juni 1969)

Das Recht auf Orgasmus

Die sexuelle Emanzipation der Frau nähert sich ihrem Abschluß.

In den fortgeschrittenen Ländern westlicher Zivilisation ist die früher selbstverständliche sogenannte »doppelte Moral« schon zusammengebrochen, in den lateinischen ist sie auf dem Rückzug: Das Jungfräulichkeitsideal wird selbst von den Theologen nicht mehr verteidigt und mutet viele bereits so komisch an, wie es das von der Reinheit des Jünglings schon immer war; der Ehebruch der Frau wird nicht nur in den Gesetzen, sondern auch in den sozialen Anschauungen so schwer- oder so leichtgenommen wie der des Mannes; die Scham, als Tugend wie als Bezeichnung eines Körperteils bislang dem weiblichen Geschlecht zugeordnet, verschwindet aus dem Sittenkodex wie aus der Umgangssprache; eine kommerziell angetriebene Propaganda sorgt dafür, daß die Massen das neue Recht der Frau auf den Orgasmus respektieren.

Wer wollte den auftrumpfenden Fortschritt nicht billigen, besonders wenn er das größte Glück der größten Zahl bewirken will! Doch dürfen wohl die flankierenden Entwicklungen erwähnt werden, auch wenn sie nicht von der Art sind, die Begeisterung erweckt.

Die geschlechtliche Gleichberechtigung der Frau kann sich mit einer gewissen Leichtigkeit in ihre Vorherrschaft verwandeln. Gewinnt nämlich die Frau einen sozialen Anspruch auf geschlechtliche Befriedigung, so wird das Kriterium für die geschlechtliche Leistungsfähigkeit des

Mannes verändert: Seine Leistungsfähigkeit wird durch die Lustfähigkeit der Frau bestimmt. Da aber, dank der bekannten Laune der Natur, die Fähigkeit der Frauen, Glück zu empfinden, größer ist als die der Männer, Augenblicke des Glücks zu schenken, so wird eine Situation wahrscheinlich, die die Männer zu Neurosen disponiert: Sie müssen befürchten, den echten oder vermeintlichen Ansprüchen nicht mehr zu genügen. Die Figur des Casanova wird dann komisch oder museal; er kann keine Nachfolger mehr haben – nur noch Geschlechtsgenossen, die ihrer Pflicht genügen oder versagen.

Eine solche Entwicklung, für die sich erste Symptome in den skandinavischen und den nordamerikanischen Gesellschaften finden, wäre angesichts des Zuwachses an Freiheit und Glück für die Damenwelt mit Gelassenheit hinzunehmen, wenn nicht für das Selbstbewußtsein des Mannes seiner geschlechtlichen Potenz eine so mächtige Bedeutung zukäme. So erfreulich der Erfolg bei Frauen für einen Mann zu allen Zeiten gewesen ist, so gewiß war dieser Erfolg doch nie die wichtigste Säule seines Selbstgefühls und seines Prestiges – außer bei Gardeleutnants pp. und Bauernburschen.

Immanuel Kant, Thomas Carlyle und Adolph von Menzel waren nicht erheblich beeinträchtigt dadurch, daß sie zum physischen Umgang mit dem anderen Geschlecht nicht geschickt waren. Im Zug der Egalisierung aber treten die Primärfunktionen des Menschen, darin ein jeder, unabhängig von Herkunft, Rasse und Religion, exzellieren oder versagen kann, stärker hervor; fast unmöglich wird es für einen Mann, sein Versagen als Mann durch irgend etwas anderes zu kompensieren.

Vielleicht gewinnen in Zukunft die Homosexuellen Zuzug, der Gesetzgeber handelt zur opportunen Stunde; wahrscheinlich werden die kühlen Frauen attraktiv. Die katholischen Kleriker, die so gegen das Zölibat wüten, sollten jedenfalls noch einmal nachdenken. Die Sonderstellung, die sie noch haben, das Ansehen, das ihnen geblieben ist (auch im Vergleich zu ihren protestantischen Amtsbrüdern), beruht ja nicht auf einer Überlegenheit an Bildung, die sie nicht haben, nicht auf den Weihen, die kaum einer versteht, sondern auf der einen Tatsache, daß der Verzicht auf die Geschlechtsfunktion sie aus dem Zeitgeist (und seinen Fortschritten) ausklammert, wo er unwiderstehlich ist.

(Juli 1969)

Iß nicht Fisch mit Messer

Bekanntlich irrt, wer meint, mit Klugheit, Tüchtigkeit und Fleiß allein sei Karriere zu machen. Die Vermutung, daß es auf »Beziehungen« ankomme, ist verbreitet, ohne daß doch die Beziehungslosen wüßten, welcher Art die Beziehungen sein müssen. Es gibt keine umfassende Konspiration von guteingeführten Familien, die die fetten Posten einander zuschieben, oder von jenen Herren des CV, die über den Aufstieg junger Beamter befinden. Aber es gibt in der Bundesrepublik wie überall eine Art Oberschicht, die darauf hält, daß ihre Konventionen und Umgangsformen in Kraft bleiben und daß nur in sie aufsteigt, wer auch gesellschaftlich integriert werden kann.

Diese Oberschicht ist mittelständisch eingeebnet, nicht klassenhaft geschlossen, und stellt weder übermäßige Anforderungen an sich selbst noch an eventuellen Zuzug, so daß der strebsame junge Mensch sich leicht aneignen kann, wessen er noch bedarf. Insbesondere ist es nicht möglich, die dunkle Oberklasse nach dem geistvollen Vorbild der englischen Schriftstellerin Nancy Mitford, die sich auf Professor Alan Ross, Birmingham, stützt, nach sprachlichen Gesichtspunkten von der misera plebs abzuheben. Bei uns spricht ja kaum noch einer Hochdeutsch; ein leichter Dialektanklang, besonders ans Schwäbische, Bayerische oder Hamburgische, ist gesellschaftsfähig – bedenklicher wird es beim Berlinischen oder Sächsischen.

Auch die Bildung ist kein Klassenmerkmal zwischen Mittel- und Oberstand. Viele Führungskräfte in Wirtschaft und Gesellschaft können gar nicht auf allgemeinere Bildung Anspruch nehmen, wenngleich ein feiner Kunstverstand, die Liebe zur Numismatik, die unaufdringliche Kenntnis der alten Autoren nützlich sind und wenigstens die mangelnde Neigung zu Bridge und Golf, dem Segeln oder der Jagd kompensieren, die doch manch einen langweilen.
Die Oberschicht sondert sich in aller Welt durch ihre Manieren und die Konvention der Kleidung ab. Bei uns bleiben diese Äußerlichkeiten fast das einzige Schibboleth. Was gesellschaftlich akzeptabel ist, ist freilich nicht aus den Verlautbarungen des Tanzlehrerverbandes zu entnehmen, der sich, eine deutsche Kuriosität, als arbiter elegantarium, als nationaler Schiedshof des guten Tons, mißversteht und Regeln mitteilt (Spargel jetzt auch mit dem Messer!), die nirgends gelten. Zu den Umgangsformen gehört, wenigstens nördlich der Mainlinie, die gesellschaftliche Tabuierung der Titel, außer geistlichen und militärischen. Wer außerhalb des Betriebes einen »Herr Direktor« anredet, ist auch imstande, »Herr Graf« zu sagen. Sich selbst richtet, wer zur Mittagsstunde »Mahlzeit« ruft oder »sehr angenehm« murmelt, wenn man ihm jemanden vorstellt. Unter Aristokraten ist das »Du« weit verbreitet, weil sie von der (meist fiktiven) Großsippe nicht loskommen. Im übrigen ist das Duzen unter Deutschlands besseren Leuten so selten wie in Frankreich – die Zeremonie der Verbrüderung gehört in der Tat zu den größten Peinlichkeiten. Auch die Tischsitten enthalten manch unterscheidende Feinheit: Wer aufsteigt, wird auf der richtigen Seite auslöffeln, mit Messer und Gabel nie nach oben zeigen und keine Soße auf die Kartoffeln tun. Hingegen ist das Fischbesteck, anders als in Eng-

land, auch in den Kreisen verwendbar, die auf sich halten. Bei der Kleidung sind auffällige Unterscheidungen nicht möglich, weil die Deutschen im Durchschnitt nicht anspruchslos gekleidet sind. Aber natürlich trägt kein Mensch, der einer sein will, in der Stadt Sandalen oder eine reverslose Jacke. Der kleine Mann macht sich sonntags fein, während die Leute, die werktags korrekt gekleidet ihre Kanzlei aufsuchen, sich zum Wochenende salopp geben.

In Deutschland kann man aus gesellschaftlicher Unsicherheit eine Überzeugung machen, alle Form verwerfen und den guten Kern hinter der rauhen Schale hervorkehren. Sogar in Geburts- und Todesanzeigen spricht sich Abneigung gegen gesellschaftliches Einvernehmen und der angestrengte Wunsch aus, originell zu sein. Wer aber aus seinem Stand und Vaterland ins Weite, in die Höhe strebt, wird sich anpassen an das, was draußen, was oben gilt.

(August 1969)

Zielloser Reformismus

Die Bundesrepublik Deutschland, die soeben aufwerten mußte, weil sie im Welthandel zu erfolgreich war, hat eine modernere Sozialverfassung als die Nachbarn gleichen Ranges; ihre politische Stabilität ist erneut zu rühmen, seit sich der Regierungswechsel zum ersten Male eigentlich in klassisch demokratischer Manier in der deutschen Geschichte als fast geräuschlose Ablösung alter durch neue Machthaber vollzog; ihre Gesellschaft ist so liberal und tabufeindlich wie nur irgendeine. Diese Republik bietet sich selbst und der Umwelt den merkwürdigen Anblick unbedingten Reformwillens – so als gälte es, einen total verrotteten Staat an Haupt und Gliedern zu reformieren, eine korrupte, leistungsunfähige, kraß ungerechte gesellschaftliche Ordnung von Grund auf umzustülpen.

Das Volk der Bundesrepublik, das mit seinen Zuständen – von immer notwendigen Reparaturen und Verschönerungen abgesehen – sich herzlich zufrieden zeigte, wäre nicht Zufriedenheit als monströs, unsozial, unchristlich und undemokratisch verpönt, steht einer politischen Führung und einer öffentlichen Meinung gegenüber, die einem ebenso grenzen- wie ziellosen Reformismus huldigen. Es ist, wenn man den Leitartikeln und den amtlichen Verlautbarungen glauben will, die Justiz ebenso der prinzipiellen Reform bedürftig wie das Unterrichtswesen, die altmodische Verwaltung ebenso wie die Kirche, der Bundestag wie die CDU, das Eigentum wie die Volksgesundheit, wobei für den Schutz des einen weni-

ger, für den Schutz des anderen mehr getan werden muß.
In Wahrheit ist die Bundesrepublik immer reformfreudig gewesen, hat ihren Verfassungstext wie die Verfassung selbst bereitwillig und behend jeweils dem Tag angepaßt, sich Gesetze gegeben immer schon mit dem Blick auf die übernächste Novelle; und hat – wie beispielsweise bei den Renten – vielfache Automatismen eingeführt, welche erwünschte Korrekturen aus sich selbst heraus erzeugen. Sie fand zudem eine postfaschistische Gesellschaft vor, weitgehend eingeebnet und egalitär, die sich den Klassenkampf hatte verbieten lassen und die der konfessionellen Zwietracht wie anderer Teilungen überdrüssig geworden war. Der Unterschied von arm und reich, von mächtig und einflußlos, bestand zwar wie überall fort, aber doch gemildert durch die allgemeine Einigung auf einen mittelmäßigen Geschmack, einen gesellschaftlichen Umgang, der Anspruchsvolles und Vornehmes ebenso ausschloß wie Proletarisches; die Volksgenossen hatten das Reich ja überlebt. Um so merkwürdiger dieser entschlossene Reformwille, diese Verachtung des Vorhandenen, dieser Marsch nach unbekannten Zielen!
Denn ziellos ist der Reformismus allerdings. Keiner der Reformatoren hat ein Bild der künftigen Gesellschaft vorzuweisen, etwa ein selbstentworfenes Modell oder ein anderwärts schon entwickeltes – der beliebte Hinweis auf Schweden ist ein soziologischer Kalauer, dieses schöne Land ohne politische Existenz hatte an sozialer Ausstattung vor zwanzig Jahren uns gegenüber einen Vorsprung von fünfzig Jahren und heute noch den von vielleicht einer Legislaturperiode.
Der Reformismus kann natürlich gar kein Ziel haben, er ist um seiner selbst willen da; er dient der rhetorischen und ideologischen Erhöhung der kleinen Schritte, die tat-

sächlich möglich sind und tatsächlich getan werden, die sich aber ohne die überschießende Innentendenz von gutem Willen und Zukunftsglauben ein wenig erbärmlich ausnehmen. Die Unmöglichkeit, Großes zu vollbringen, wird durch den Willen zur großen Reform überspielt. Es steckt auch in dem Reformwillen, der alle westlichen Gesellschaften heimsucht, doch die deutsche besonders, das ethische Engagement der Geistlichkeit, die, nachdem die theologischen Positionen geräumt sind, sich auf die Weltverbesserung stürzt – sehr aufschlußreich zu sehen, wie heutzutage die Sanftmütigen gegen die Gleichmütigen wüten, die Friedfertigen die Nichtpazifisten bekriegen, wie die Leute mit dem massiven guten Gewissen die Lauen aus- und anspeien, also diejenigen, auf denen die Funktionsfähigkeit jeder Gesellschaft beruht. Es kommt auch der alte faustische Unfug hinzu, das ewig Strebende. Auch Faust hatte den großen Reformwillen und baute sich zum Schluß eine freie Gesellschaft auf dem dem Meere abgewonnenen freien Grund – doch, wie man weiß, bloß in der Einbildung. Er baute keinen Graben, bloß ein Grab.

(November 1969)

Die siebziger Jahre

Die siebziger Jahre sind das Jahrzehnt der apologetischen Terminologie. Ölkrise, Wirtschafts- und Umweltkrise verdüsterten das Bild, indessen fehlten Instanzen, die gesagt hätten, was denn anders zu machen wäre, welche Perspektiven sich außer der Fortsetzung halbherziger Reformen angeboten hätten. Das gilt insbesondere für die Bundesrepublik, die Ende der sechziger Jahre auf eine Schiene gesetzt worden war, die nur durch eine Existenzkrise des Staates hätte umgeleitet werden können. Die Vereinigung hat Deutschland diese Existenzkrise beschert, in den siebziger Jahren war die Wiedervereinigung dem politischen Horizont der Deutschen bereits weit entrückt.
Was damals weltpolitisch ganz langsam näherzukommen begann, schien aus der Perspektive der siebziger Jahre in immer weitere Ferne zu entschwinden. Die Illusion löste den Realismus der Nachkriegszeit ab. Es wurde an einer Reformpolitik festgehalten, die erkennbar in die falsche Richtung ging, aber den Zeitgeist hinter sich wußte. Tendenzen, die Staatsbetreuung der Bürger auszudehnen, die vermeintlichen Geschenke an die Wähler zu vermehren, gewannen die Oberhand gegen die Erhardsche Ordnungspolitik der Wirtschaftswunderjahre.
Eine geheime große Koalition gab dem Sozialstaat die Priorität, der so famose Einrichtungen wie die Mitbestimmung, die dynamische Rente und Abertausende von sozialen Einzelwohltaten erfand, deren Finanzierung völlig ungesichert war (und ist). Die schlechte Laune zog

in Deutschland ein, eine Unzufriedenheit, die sich im Affekt gegen die Leistungsgesellschaft entlud, auch in der Verdrießlichkeit einer Freizeitgesellschaft, die begann, an apokalyptische Szenarien zu glauben.

Die nutzlosen Bürokraten

Die Bezeichnung »parasitäre Bürokratie« empfiehlt sich für solche Bürokratien, die nicht Personen oder Sachen verwalten, sondern einen Glauben oder eine Ideologie. Das Beiwort parasitär dient nicht der Abwertung oder der Polemik, sondern der Beschreibung – eines Zustands nämlich, in welchem Ideologie oder Glaube sich vorzüglich als Verwaltung darstellen, ohne eine darüber hinausgehende soziale Funktion noch zu besitzen. Die großen Stifter und Gründer geistiger Bewegungen, ihre Heiligen und Märtyrer sind natürlich nicht parasitär gewesen; sondern, wenn auch nicht im materiellen Sinne, im höchsten Grade produktiv und haben die Weltgeschichte weitergedreht.

Doch kommt in der Geschichte des Geistes eine Zeit, in welcher der Glaube seine Gläubigen verliert und die Ideologie ihre Kraft. Wenn dann das organisatorische Gehäuse durch Privilegien genügend gekräftigt, durch Herrschaft befestigt ist, entsteht die parasitäre Bürokratie. Sie legitimiert sich zwar noch am überkommenen Anspruch, lebt auch noch darin in subjektiver Anhänglichkeit und Treue, aber sie fördert das Leben der Gesellschaft nicht mehr. Sie kann die gesellschaftliche Verfassung nicht mehr stabilisieren und dem einzelnen wie den vielen keinen Begriff vom Sinn des Lebens und der Geschichte mehr geben.

Sie wird im besten Falle soziales Ornament, Teil einer Tradition, die noch respektiert wird, aber zu nichts mehr verpflichtet, deren Verlautbarungen den obersten Rang der

Freizeiterfüllung besetzen, deren Rituale die Alltäglichkeiten des Daseins kolorieren.
Im schlimmeren Falle ist solche Bürokratie nicht nur parasitär in dem Sinn, daß sie sich von der Gesellschaft unterhalten läßt, ohne einen großen Nutzen als Entgelt zu bieten, sondern ist parasitär im Sinne der Schädlichkeit. Sie ist nicht nur intellektuell und materiell unproduktiv, sondern antiproduktiv. Sie hindert die Gesellschaft daran, sich praktisch, zweckmäßig nach eigener Selbstbestimmung sinnvoll zu verhalten. Diese parasitäre Bürokratie ist noch so mächtig, das Prinzip festzuhalten, daß der von ihr verwaltete und ausgelegte Glaube (und das heißt: die eigene Herrschaft) wichtiger ist als soziale Effizienz, die demgegenüber kaum einen Wert darstellt und deren innere Rationalität nicht anerkannt wird. Sie greift störend in gesellschaftliche Abläufe ein, schreibt der Forschung aus ideologischen Motiven Ergebnisse und der Wirtschaft Methoden vor und schadet dabei nicht selten sich selber, weil sie die materielle Basis beeinträchtigt, auf der ihr Wirken beruht. So verhindert die parasitäre Bürokratie der Kommunisten noch heute ein vernünftiges Wirtschaften. Sie hat zur Zeit Chruschtschows die biologische Forschung terrorisiert, zur Zeit Stalins Hungersnöte verursacht und durch Säuberungen den sozialen Apparat gelähmt. Die parasitäre Bürokratie im NS-Regime fesselte die Künste, jagte bedeutende Wissenschaftler aus dem Land, proklamierte den totalen Krieg – der auch total wurde in der Bösartigkeit gegen die Juden, aber sonst in keiner Weise, im Gegenteil, es wurde aus ideologischen Gründen der Arbeitsmarkt nicht ausgeschöpft, die Rüstungsindustrie befreite sich erst in den letzten Jahren von den störenden Interventionen der Partei, doch bis zuletzt gingen Energie und Mittel für Zwecke drauf, die mit denen des Krieges nichts zu tun hatten.

Freilich: Irgendwann wird jede parasitäre Bürokratie von ihrer Krise eingeholt und sich selbst fragwürdig. Es bricht Reformismus aus, man demontiert sich, baut Personenkult und Triumphalismus ab, sucht nach neuen, publikumswirksamen Legitimationen.
Eine historische Neuigkeit dürfte es sein, daß sich parasitäre Bürokratie installiert, ohne daß eine große Führerfigur zuvor eine Ära des Glaubens, Bewegung der Massen durch Charisma und Lehre begonnen hätte. In der soziologischen Disziplin stellt die Gesellschaft akademische Pfründe bereit für eine Unzahl von Agitatoren sanfter oder gewaltsamer Umwälzung, die in beamteter Sicherheit einen sonst auf die Jugendzeit beschränkbaren anarchischen Enthusiasmus in reife Jahre konservieren und die vielen Spielarten progressiver Ideologie der letzten Jahrhunderte im Schnellimbiß anbieten.

(Juni 1970)

Deutsche Intoleranz

Vor einigen Wochen trug auf Einladung der Universität Cambridge ein amerikanischer Sozialwissenschaftler seine Lehrmeinung vor, daß Neger von Natur aus mit geringerer Intelligenz ausgestattet seien als Weiße oder Gelbe. Es wurde ihm von anderen Anthropologen und Sozialpsychologen widersprochen, aber man hat ihn ausreden lassen, ihm die Ehre des wissenschaftlichen Disputs gegönnt. An welcher deutschen Universität wäre dergleichen möglich? Wo wäre nicht gegen einen solchen Gast und seine Gastgeber randaliert, der Vortrag gestört, der Ruf vom Faschismus erhoben worden?

Die Bundesrepublik Deutschland ist ein liberaler Rechtsstaat, ohne Zweifel. Der Staat – Gesetzgeber, Verwaltung und Gerichte – gefährdet die bürgerlichen Freiheiten nicht, sondern schützt sie nach Kräften, nicht selten sogar ganz ohne Rücksicht auf die Staatsräson.

Trotzdem herrscht in der Bundesrepublik ein Klima der Intoleranz. Es gibt eine Gesinnungszensur, die nicht vom Staat ausgeht, sondern die die Gesellschaft selbst erzeugt.

Dem Schriftsteller Horst Krüger wurde kürzlich der Thomas-Dehler-Preis verliehen. Krüger, ein bedeutender Literat, wurde mit dem Namen eines Politikers geehrt, den wenig bedeutend zu nennen zwar die Wahrheitsliebe, aber nicht die Klugheit empfiehlt.

Es gibt eine mächtige Übereinkunft der Parteien, Verbände und Gesinnungsgruppen, ihre jeweiligen Parteiheiligen zu achten. Die deutsche Öffentlichkeit steht dem hilflos gegenüber; in anderen Ländern von freier Bildung erhöbe sich Gelächter, wenn eine Bildungsstätte Karl Arnold, ein wissenschaftliches Kolleg Friedrich Ebert, ein politisches Monument Friedrich Naumann gewidmet werden sollte. Überall würden diese Personen nur als redlich und verdienstvoll gelten; doch das Bedürfnis, sie zu Heroen zu stilisieren, hat ein deutsches Tabu hervorgebracht.

Ein anderes Tabu wiederum deckt die mit moralischer Rechtskraft versehenen politischen Urteile. Und wer als Nazi festgestellt ist, bleibt einer, und bereue er es noch so innig; wer sich als Demokrat und Friedensfreund etabliert hat, bleibt im Genuß des Titels, würden gleich noch so viele Schandbarkeiten verspätet aufgedeckt. In die Liste unerwünschter Meinungen gehören unter anderem auch: negative Pauschalurteile über fremde Nationalitäten, nicht jedoch über die eigene; Antikommunismus; Verteidigung der Apartheidspolitik Südafrikas oder des Rechtes Portugals auf seine sogenannten Überseeprovinzen. Solche Gesinnungen würden freilich auch in England, Frankreich, in den USA nicht als gesellschaftliche Empfehlung gelten, ihre Äußerung wäre aber, vielleicht als exzentrisch belächelt, möglich. Bei uns hätte sie moralische Disqualifikation zur Folge.

Dieser Konformismus einer sich liberal dünkenden Gesellschaft ist wahrscheinlich als Stabilisator notwendig. Die politische Einheit sieht sich im Staat der Bundesrepublik nur unvollkommen ausgedrückt, ein nationales Interesse wird ungern bezeichnet; so findet die Gesellschaft der Bundesrepublik ihre Einheit auf der Basis einer zwanghaft durchgesetzten Grundanschauung von Humanität und Fortschrittlichkeit.

Die politische Funktion unseres Konformismus geht auch

daraus hervor, daß die Tabus auswechselbar sind, ja sich zum Gegenteil verändern, wenn die Lage es erfordert. Heute darf keiner, der auf sich hält, Antikommunist sein – vor fünfzehn Jahren war es umgekehrt. Derartige Veränderungen des Meinungsembargos wären schwerer durchzusetzen, wenn nicht eine gewisse Vertrautheit gegenüber der Manipulation öffentlicher Ansichten länger bestünde. Vor 1945 war Lessings »Nathan der Weise« unerwünscht, nach 1945 die »Emilia Galotti«. Ganze Bewußtseinsinhalte sind in diesem Jahrhundert ausgewechselt worden. Das Volk hat es eigentlich verständnisvoll hingenommen, jedenfalls ohne viel Murren.

(September 1970)

Vor schwedischen Gardinen

Was muß ein Sozialdemokrat tun, um sein Vaterland dem schwedischen Ideal zu nähern? Das Rezept ist einfach genug:

① Man beginne das Regierungsgeschäft am besten in einer Talsohle, werfe die Konjunktur an und lasse sie bis zur Vollreife, ja bis zur Überhitzung entwickeln. Obgleich dann die Regierung von allen, der Staatsbank, den handelnden Wirtschaftlern und der Opposition, zu energischem Handeln gedrängt wird, bleibe sie untätig, reagiere nur verbal und sehe dem Preisanstieg zu. Schließlich werden die Dinge so arg, daß zur Radikalkur gegriffen werden muß: Unter Zustimmung der Öffentlichkeit und selbst der Opposition kann man die Steuerschraube kräftig anziehen, sozial differenziert, versteht sich. Der Staat hat sich nun in den Besitz wesentlich höherer Geldmittel gebracht, seinen Anteil am Sozialprodukt gesteigert und den Plafonds der Einkommenssteuer hinaufgeschoben. Außerdem kann man sicher sein, daß die Maßnahme gegen die inflationäre Entwicklung wenig bewirken wird.

② Darauf folgen drastische Lohnerhöhungen, denen die Regierung wohlwollend zusieht. Sie bedeuten Unterwerfung auch der Arbeiterschaft unter höhere Steuern. Dadurch wird wiederum eine erhebliche Steigerung des Budgets möglich. Die Inflation schreitet voran, aber in einem Ausmaß, das nicht als skandalös empfunden und von der Wählerschaft noch nicht negativ beurteilt wird. Mit den nun zur Verfügung stehenden Geldern können umfangreiche innere Reformen in Szene gesetzt werden, die zugleich die Legitimation für die Festschreibung des erreichten Sozialzustands liefern. In dieser Phase zeichnet sich bereits eine Mehrheitsbildung zugunsten dieses »freiheitlichen Sozialismus« ab, weil bisher widerstrebende Schichten, Handwerker und kleine Selbständige, durch das Gewähren staatlicher Sozialgarantien versöhnt werden.

③ Dieser Fortschritt wird von einer außenpolitischen Parallelaktion begleitet, die von den in der ersten Phase auftretenden innenpolitischen Schwächen ablenkt und die künftig vorgesehene Neutralitätspolitik des Landes einleitet. Unser Staatsmann wird eine Politik entwerfen, die auf allgemeinen Beifall hoffen darf, weil kein Gutgesinnter sich mehr ihrer moralischen Vorzüglichkeit entgegenstellen kann. Es müßte sich um Friedens- oder Versöhnungspolitik handeln, die rundum gute Stimmung herzustellen sich bemüht, die, notfalls unter Preisgabe bloßer eigener Interessen, leicht zu erlangen ist.

④ Mit Hilfe immer vorhandener (und immer neuentdeckbarer) Mißstände kann die staatliche Apparatur sich neue Interventionsrechte jederzeit erkämpfen. Durch fortschreitende Demokratisierung werden die noch vorhandenen Gegenkräfte allmählich lahmgelegt. Jetzt ist die Herstellung der sozialen Gleichheit nur noch ein technisches Problem. Faktisch besteht Einparteienherrschaft, gemildert, weil Oppositionsparteien geduldet werden – ebenso wie andere – harmlose, überkommene Institutionen wie Kirchen und gelegentlich aufmuckende Zeitungen.

Ergebnis: Sozialismus wurde durch Demokratie verwirklicht, Demokratie wurde durch Sozialismus erfüllt – Schweden ist erreicht. Die Bundesrepublik, fürchten manche, ist davor – vor schwedischen Gardinen.

(Oktober 1970)

Verständnis für Steuerflucht

Das Wort Steuerflucht ist in den letzten Monaten häufiger gedruckt und gesprochen worden als in den 20 Jahren Bundesrepublik davor. Bundesfinanzminister Möller widmet sich ihrer Bekämpfung mit einer Hingabe, als ob Sanierung des Etats oder Schicksal der Zahlungsbilanz davon abhingen. Daß Leute ihre Steuern nicht, wie das Gesetz es befiehlt, bezahlen, sondern weniger oder gar nicht, ist für jedermann erkennbar Unrecht. Da es sich bei Steuersündern, ebenfalls jedermann erkennbar, um wohlhabende oder gutverdienende Menschen handelt, ist dieses Unrecht auch unpopulär.

Wer die Steuerflucht bekämpft, tut etwas für die soziale Gerechtigkeit und verschafft dem Gesetz Respekt – sich selbst aber auch, weil eine überwältigende Mehrheit der Wähler zur Steuerflucht weder Mittel noch Möglichkeiten besitzt. Den Arbeitnehmern wird die Steuer gleich vom Lohn abgezogen. Die Journalisten wissen, daß der Rundfunk gleich Duplikate der Honoraranweisungen ans Finanzamt schickt. Der kleine Gewerbetreibende kann wohl hinterziehen, doch wird er dadurch nicht zum reichen Mann – so bleiben die Unternehmer, ohnedies eine Gruppe mit negativem Image, als Objekt einer Kampagne gegen Steuerflucht. Und das Publikum mag die Jagd verfolgen, wie die im zweiten Kanal.

Der Vergleich mit der berühmten Sendung ist naheliegend – auch die Jagd nach den Steuerflüchtigen ist vorläufig nur Showbusineß, und von Erfolg kann keine Rede sein. Doch ist zweifelhaft, ob man ihr ganz guten Herzens Erfolg wünschen kann. Auch wenn man dem großen Kreis derer angehört, die Kapitalien nicht zu transferieren haben und nicht wüßten, wie sie es anstellen sollten, wenn sie welche davon hätten.

Dabei ist nicht einmal an den Neid gedacht, der als Motiv der Zustimmung zu Möllers Bemühungen gewiß eine mächtige Rolle spielt und der doch zu den Lastern zählt, deren man sich genieren muß. Es gibt vielmehr rationale, politische Gründe dagegen. Die Steuerflucht stellt nämlich mindestens dem Machthaber sosehr eine Frage wie dem Gewissen derer, der ihm mit seinem Geld entrinnen will. Fluchtbewegungen sagen oft weniger gegen die Flüchtenden als gegen die Zustände, aus denen geflüchtet wird. Dieser Grundsatz ist allgemein einsichtig, wenn es um Flucht mit politischem Motiv geht – der Volksarmist, der über den Stacheldraht in den Westen springt, kann sich darauf so gut berufen wie der Athener Intellektuelle, der die Haustür einer fremden Botschaft erreicht.

Nun besteht zwischen der Bedrohung des Lebens und dem Entzug der physischen Freiheit oder der des Gedankens gegenüber dem an Vermögen ein großer Unterschied, der in die Beurteilung der Flucht des Flüchtigen eingeht. Aber es ist kein prinzipieller Unterschied. Die Öffentlichkeit selbst unterscheidet wiederum zwischen Steuerflucht und Steuerflucht – ein Literat, der sich im Ausland ansiedelt und im Inland verkauft, wie es so viele amerikanische, englische und deutsche Schriftsteller tun, kann auf Verständnis rechnen, der Industrielle nicht. Hier ist der antikapitalistische Affekt am Werk – daß einer die Früchte eigener Arbeit und eigenen Denkens ungeschmälert verzehren will, leuchtet eher ein, als daß es derjenige dürfen soll, der auch andere für sich denken und arbeiten läßt.

Doch gilt zugunsten aller Kategorien von Steuerflüchtigen, daß es dem Menschen nicht natürlich ist, vom Verdienten mehr als die Hälfte beim Staat abzuliefern (in der Bundesrepublik mit allen Extras ungefähr 65 Prozent der höheren Einkommen); zumal dann, wenn sich der Staat nicht mehr durch Zwecke legitimieren kann, die herzlichen Beifall auslösen, und am dicken Ende sogar vorzugsweise Ziele proklamiert, die den Interessen jener zuwiderlaufen, die sie mit hohen Zwangsbeiträgen finanzieren sollen.

Nach Meinung der Machthaber, die egalitären Ideologien anhängen, soll freilich, wer expropriiert wird, sich weder wehren noch beklagen dürfen. Im Gegenteil, ihn trifft vom Staat, der sich in Zoll- und Steuersachen als moralische Anstalt versteht, der Vorwurf des Eigennutzes. – Natürlich zu Recht.

Die Vermutung ist nicht unbegründet, daß es bisher mit deutscher Steuerflucht nicht weit her ist und jedenfalls kein Schaden entsteht, der sozial oder politisch relevant wäre. Die Kampagne gegen die Steuerflucht legt den Schluß nahe, daß künftig mit mehr Flucht und Flüchtigen gerechnet wird, was dann zu erwarten wäre, wenn die Steuersätze sich dem Konfiskatorischen nähern, und daß dagegen beizeiten Abhilfe geschaffen werden soll. Die Abhilfen allerdings sind von der Art, daß sie leicht Rechte in Gefahr bringen, die bisher für schützenswürdiger galten als die des Staates auf Steuern.

Es ist nicht möglich, Steuerflucht zu verteidigen, aber es ist eine politische Lage bedenklich, die sie zum nationalen Problem stilisiert. Gleichzeitig mit der Kampagne gegen Steuerflucht vermehren sich die Privilegien, die gegenüber der Steuer immun sind. Nicht zuletzt Privilegien, die jenen zugute kommen, die die Expropriation anderer betrieben, wie steuerfreie Diäten und Aufwandsentschädigungen, Dienstwohnungen und Dienstwagen, Dienstreisen in schöne Länder pp. – Politisch kündigt sich damit die Ablösung einer alten Herrschaftsschicht durch eine neue an – mit sozialer Gerechtigkeit hat es nur wenig zu tun.

(Januar 1971)

Ende der Außenpolitik

Das war so natürlich wie notwendig, weil der Status quo der Weltpolitik weniger gefährdet ist als allenthalben die innere Stabilität, weil der Weltkrieg nur mögliche Gefahr, die Weltinflation aber gefährliche Wirklichkeit ist. Immerhin kann es jederzeit eine internationale Krise geben, die die Großmächte zum Eingreifen nötigt – dann erwacht die Außenpolitik aus ihrer Lethargie, und außenpolitisches Talent wird wieder verlangt.

Für die Bundesrepublik ist das nicht zu erwarten. Sie hat gar keine Interessen, die nach überkommenen Begriffen als außenpolitische zu verstehen wären. Sie ist in fast jedem Winkel der Welt wirtschaftlich präsent und so gut wie nirgends politisch. Wir haben spätestens seit der neuen Ostpolitik keine territorialen Ansprüche gegen irgend jemanden, haben mit dem Atomsperrvertrag auf die Hauptwaffe der Selbstbehauptung verzichtet, die eigene Verteidigung längst der Nato unterstellt.

Ein Krieg in Asien beschäftigt die Weltmächte; Frankreich und Großbritannien als Garantiemächte noch am Rande, aber die Bundesrepublik nur über das Rote Kreuz. Bei der Zypernkrise werden Amerikaner, Engländer und Russen aktiv, die Franzosen nutzen sie fürs Waffengeschäft; die Bundesrepublik rettet ihre Touristen. Was auch geschehen mag in der weiten Welt, deutsche Außenpolitik geschieht nicht.

Es gibt eine Ausnahme: diejenige Außenpolitik, von der die Bundesrepublik nicht zugibt, daß es Außenpolitik ist.

Sie heißt innerdeutsche Politik und ressortiert nicht beim Auswärtigen Amt, sondern beim Bundeskanzler. Im Verhältnis zur DDR geht es nicht nur um Handel und Verkehr, sondern auf beiden Seiten um politische Interessen: von der Frage der Nation bis zur Staatsangehörigkeit und dem Status von Berlin, den die Bundesrepublik sichern muß, auch wenn sie zur offiziellen Viermächtepolitik nur flankierende Maßnahmen beisteuern kann.
Die Feststellung vom Ende der Außenpolitik wird nicht durch die andere widerlegt, daß wir den großen internationalen Organisationen angehören, daß wir auf wichtigen Konferenzen, für Abrüstung beispielsweise, so fleißig wie zahlreich vertreten sind. Unsere Diplomatie trägt dort Nützliches bei an Sachkunde und Formulierungskraft, aber kaum einen eigenen politischen Willen. Unter Adenauer war die Bundesrepublik ein schwieriger Partner, der sich zuweilen querlegte und ein eigenes Interesse hartnäckig verfocht. Heute könnten wir uns getrost bei den hohen Anlässen durch andere vertreten lassen.
Die auswärtigen Beziehungen der Bundesrepublik sind in der Substanz nichts anderes als europäische und internationale Wirtschaftspolitik. Auf diesen Feldern erheben wir die Stimme, und hier wird sie gehört. Was aber amtlich Außenpolitik heißt, ist auf Reste reduziert, Kulturelles, Konsularisches und, nicht zu vergessen, das Protokoll.

(November 1974)

Fürsorge der Obrigkeit

Nach der Tagesmüh möchte der arbeitende Mitmensch, seinem natürlichen Drang folgend, vom Fließband oder Schreibtisch zum nächsten Tresen eilen, das kühle Bier, den spannungslösenden Klaren zum Mund führen, doch zähmt ihn sein Gewissen als Autofahrer. Er kramt in der Tasche nach Zigaretten, um den tiefen Zug zu tun, doch gleichzeitig fällt ihm der Lungenkrebs, das gute Wort von Frau Focke ein, und er enthält sich. Zu Hause, hofft er, wartet das rosige Eisbein, ein knuspriger Leberkäs, der Grünkohl mit Pinkelwurst – doch weit gefehlt, eine verantwortungsvolle Gattin hält Magerquark und Radieschen bereit, kalorienarm und leistungssteigernd. Endlich, aufatmend, schlägt er die Taste des Fernsehers an, den Feierabend durch muntere Unterhaltung zu würzen – doch statt der ersehnten Späße, der spannenden Verbrecherjagd begegnen ihm ernst blickende, politisch redende Männer – die einen grämlich von links, die anderen grämlich von rechts.

Der Bundesbürger, von Politikern als mündig ausgeschrien, um desto ungenierter bevormundet werden zu können, sieht sich zunehmend einer öffentlichen Fürsorge ausgesetzt, die sein Bestes will, aber seine Freiheit beschneidet. Der Herzog von Edinburgh beklagte schon vor Jahren, demnächst brauche man zum Atmen einen Erlaubnisschein; und gewiß haben in allen Gesellschaften die sozialen Reglementierungen zugenommen, doch leistet sich die Bundesrepublik ein Maß an Volkspädagogik, an

Indoktrination sozialnützlicher Gesinnungen, die so beispiellos ist wie wirkungsvoll, weil sie sich in einem Klima politischer Freiheit vollzieht. Der Fachausdruck für all dies ist seit langem »Betreuung«, nach dem Wörterbuch des Unmenschen also derjenige Terror, für den der Terrorisierte noch dankbar zu sein hat. Er bezahlt ihn übrigens auch.
Wo in einem freien Land könnten sich Parlamentarier zusammentun, um den freien Verkauf von Zigaretten zu verbieten? Wo obrigkeitliche Kampagnen gegen die Werbung organisiert werden, am liebsten mit dem Endziel, sie als »manipulativ« überhaupt abzuschaffen, außer natürlich für Parteipolitiker und Parteiprogramme? Wo sonst wird aufgrund politischen Machtanspruchs dekretiert, daß der Fernsehabonnent nicht zwischen Unterhaltung und Information wählen darf? Schon treten Volksvertreter auf mit der Warnung, bei den Einsparungen im Programm keinesfalls an politische Sendungen, sondern zuerst an Unterhaltendes zu denken.
Für die Fürsorge der Obrigkeit lassen sich gute Gründe geltend machen, und es sind auch gute Menschen, die sie betreiben. Sie leiden vielleicht selbst darunter, daß sich politisch Handfestes nicht erreichen läßt, und sind froh, wenigstens Lebensqualität durch Verzicht anzubieten, gewissermaßen nach einer Verheißung: Wenn das Leben auch weniger Spaß macht, so dauert es dafür doch länger.
Es bleibt aber unbemerkt, daß der massiven Aktivität ein tief unsozialer Zug innewohnt. Es sind die Genüsse des kleinen Mannes, die abgebaut werden; desjenigen, der ohne Chauffeur fährt, dem weniger Zerstreuung zur Verfügung steht als den Respektspersonen, und der den Verlust an Lebensfülle nicht durch Prestigezuwachs und Selbstbewußtsein kompensieren kann.

(Februar 1975)

Zahlmeister Europas

»Europa, dieser Nasenpopel / aus einer Konfirmandennase / wir wollen nach Alaska gehen«, schrieb vor vielen Jahren der Dichter Gottfried Benn. Was damals Verdruß an einer alten Zivilisation war, könnte heute Ausdruck des Ekels über jenen öffentlichen Betrug sein, der europäische Einigung heißt.

Begeistert hatte die Bundesrepublik die Europäische Gemeinschaft mitbegründet und an ein vereinigtes Europa mit Parlament und Regierung geglaubt und dafür gezahlt, was nur zu zahlen war: für die französische Landwirtschaft, für die gemeinsame Entwicklungshilfe, die dann beim Empfänger oft als französische in Erscheinung trat. Dann kam de Gaulle, und statt des supranationalen Europas wurde das der Vaterländer verkündet; zögernd zwar, aber doch gutwillig, machte die Bundesrepublik mit. Gutwillig war sie auch gegenüber Großbritannien, spielte jahrelang den Anwalt des britischen Beitritts und hatte nach de Gaulle die Genugtuung, daß er auch zustande kam. Nun schien der europäische Frühling heraufzuziehen. Aber es schien nur so.

Während die Bundesrepublik sich noch anstrengte, den italienischen Bündnispartner mit einigen Milliarden zu stabilisieren, bereitete das neue Mitglied jenseits des Kanals schon seine europäische Großtat vor. Es besetzte die Stellen in Brüssel, holte in zähen Verhandlungen an Vorteilen das Äußerste heraus, doch in der Tasche schon die Trumpfkarte fingernd – die Drohung mit dem Austritt, der in den Verträgen gar nicht vorgesehen ist. Der Premierminister Wilson, privat liebenswürdiger Pfeifenraucher, politisch ein unverschämter Patron, organisierte erst antieuropäische Stimmung im Land, um dann, auf der selbstgeschaffenen Woge reitend, den Verbündeten anzubieten, daß bei Erfüllung seiner Bedingungen man im Verein doch bleiben könne.

Es hätte nahegelegen, ihn auf seiner Drohung sitzenzulassen. Wem schadet es, wenn Großbritannien austritt? Wem nützt es, wenn Großbritannien bleibt? Zur ursprünglichen Absicht der politischen Einigung wollen die Briten nichts und zur ökonomischen Kräftigung können sie nichts beitragen. Ja, wenn die Bundesrepublik ihren Austritt erwogen hätte, wäre es eine furchtbare Drohung gewesen; doch weiß jeder, daß die Bundesrepublik lieber zahlt als droht und überhaupt zu Erpressungsversuchen ein eigentümliches, schon psychopathologisch zu nennendes Verhältnis hat.

Der europäische Gedanke hat also wieder mal gesiegt; Wilson hat sich durchgesetzt. In der englischen Presse wurde Bundeskanzler Schmidt als »Zahlmeister Europas« gefeiert, was man als Anerkennung oder als Verhöhnung lesen kann.

Während unsere Arbeiter unter 10 Prozent Lohnzuschlag erhalten, finanzieren sie die 20- bis 30prozentigen Erhöhungen ihrer britischen Kollegen mit, und wir zahlen England jetzt fürs Privileg, dem Land auch künftig unter den Arm zu greifen. Aber die Deutschen klagen nicht, sie genießen ihre Rolle – wie der Kätner, endlich zu Geld gekommen, die Spendierhosen anzieht und Scheine verteilt, um sich im Dorf ein Ansehen zu machen.

(April 1975)

Nuklearmächte

Wir kennen gegenwärtig sieben Atommächte – die USA, die Sowjetunion, Großbritannien, Frankreich, China, Indien und jenen amerikanischen Physikstudenten, der sich seine Atombombe selber machte. Von den Atommächten können nur die beiden ersten die ganze Welt mit Vernichtung bedrohen und daher auch, umgekehrt, den Weltkrieg verhindern. Die anderen können günstigenfalls die eigene Existenz behaupten. Der Privatmann als Atommacht kann nicht mal das, sondern bloß Unheil stiften. Zur Kontrolle der Atomenergie hatten sich die beiden Großmächte vor einigen Jahren ein Instrument ausgedacht, das den Gutwilligen überall einleuchtete, wenngleich es in Wahrheit den imperialen Absichten der USA und der UdSSR nutzte: den Atomsperrvertrag. Er verpflichtete einerseits die beigetretenen Atommächte, alle Anstrengungen zur atomaren Abrüstung zu unternehmen, andererseits die atomaren Habenichtse, keine Atomwaffen zu erwerben und sich von der internationalen Atomenergiebehörde kontrollieren zu lassen.
Die beiden Großmächte erfüllten den Vertrag in der Weise, daß sie verabredeten, ihre strategischen Nuklearwaffen in den nächsten zehn Jahren noch auszubauen. Die 89 atomaren Habenichtse, die dem Pakt beitraten, darunter natürlich die Bundesrepublik Deutschland, bleiben vertragsgemäß Habenichtse, obgleich nicht wenige von ihnen, die Bundesrepublik voran, ohne große Anstrengung Atommacht werden könnten. Dem Atomsperrver-

trag haben sich aus Abneigung gegen den Herrschaftsanspruch der beiden Großmächte die Atommächte Frankreich, China, Indien nicht angeschlossen. Nicht angeschlossen haben sich auch die, die irgendwann Atombomben haben wollen. Länder auf der Schwelle zur Atommacht sind: Ägypten, Israel, Pakistan, Südafrika, Taiwan, Argentinien und auch Brasilien. Es ist müßig, sich darüber klagend aufzuhalten, daß diese Länder den Frieden regional bedrohen und doch so vernünftig sein sollten wie wir selber und auf das gefährliche Machtmittel verzichten. Ähnliche Sentiments waren schon geäußert worden, als Indien Atommacht wurde: Hat ein so armes Land keine drängenderen Aufgaben als ausgerechnet eine Atombombenproduktion? Wir werden aber zur Kenntnis nehmen müssen, daß andere Nationen sich in einer anderen Lage sehen und andere Prioritäten haben. Für die Inder ist offenbar die Unabhängigkeit der Nation, die Fortsetzung einer eigenständigen Geschichte, eine Sache von höchstem Pathos, der gegenüber all die Lebensqualitäten als zweitrangig erscheinen. Und wollte Indien die Bombe haben, weil China sie besitzt, so meint Pakistan sie zu benötigen, weil Indien sie hat.
Und darf sich jemand über die Atomsehnsucht der anderen wundern? Auf wen sollte sich denn Taiwan verlassen im Fall existentieller Bedrohung? Oder wer wäre bereit, Südafrika eine Bestandsgarantie zu geben oder auch nur die Millionen Weißen als Flüchtlinge aufzunehmen? Wir haben gut moralisieren, solange wir uns unter dem nuklearen Schirm der Verbündeten sicher fühlen. Nur, wird das ewig währen?

(Juni 1975)

Europa nach links

Vor einem Jahr träumten konservativ gestimmte Seelen von einer »Tendenzwende« – die Reformeuphorie im Innern war verflogen, die Entspannungspolitik nach außen hatte nur magere Ergebnisse gebracht, die Wähler liefen zurück zur Mitte und, manchem schien es, nach rechts. Aber die Tendenzwende war wie eine eingebildete Schwangerschaft, es hatte ein paar Symptome gegeben, aber keine Empfängnis und keine Frucht.

Ganz Europa ist auf dem Weg nach links. Die Finnen sichern sich noch eine innnere Autonomie, indem sie sich unverdrossener denn je als außenpolitische Agenten der Sowjetunion betätigen. Bei den drei anderen skandinavischen Ländern sieht niemand mehr eine antisozialistische Wendung. In den Niederlanden ist die progressistische Verwandlung der Gesellschaft in vollem Gang. Über Portugal ist kein Wort zu verlieren; nebenan redet schon der designierte Nachfolger Francos in Andeutungen, die eine Öffnung nach links ankündigen; ob die Öffnung eine Schleuse hat, wird von der Opposition anders beurteilt als von der Armee und dem Prinzen von Spanien.

In Italien sind die Kommunisten bis auf Haaresbreite an die Christdemokraten herangekommen, die wiederum in der eigenen innenpolitischen Linksorientierung das Mittel gegen den Kommunismus sehen. In Großbritannien hat der Marxismus zwar keine Chance, aber die Restauration des Kapitalismus auch nicht, im besten Fall ein gemischtwirtschaftlicher Sozialstaat. Und Frankreich

kann noch ohne die Kommunisten, aber sicher nicht gegen sie regiert werden.
Wie beinahe allenthalben sind auch bei uns die nach links drängenden Tendenzen stärker als die konservativen Empfindungen. Das wird von der politischen Abwesenheit der USA begünstigt, die nur noch Krisen manipulieren, aber keine Außenpolitik von Perspektive entwerfen. Die Kirchen haben sich, was ihr politisches und gesellschaftliches Engagement angeht, längst nach links entschieden und hoffen, voll frommem Opportunismus, unter dem Schirm ihrer Fortschrittlichkeit einen Bestand an Dogma und Moral zu retten. Daß das Bestehende in Westeuropa kaum einen intellektuellen Verteidiger findet, lehrt die Anschauung jedes Tages.
In der Bundesrepublik ist die nach links wirksame Strömung derzeit noch von der Krise zugedeckt und der Staats- und Parteiräson des regierenden Personals. Es hat die konservativen Positionen besetzt, soweit wie möglich, von der Wirtschaftspolitik bis zur Bekämpfung des Terrorismus, und doch die linken Treibsätze beibehalten, die jederzeit gezündet werden können.
Während das Schiff auf linkem Kurs vorwärts dampft, sitzen die europäischen Konservativen an Deck und warten, daß der Wind sich dreht.

(August 1975)

Zukunft und Zukunftsforscher

Was die Zukunft für Überraschungen birgt, lehrt ein Blick in die Vergangenheit.
Vor fünf Jahren hätte es kein Mensch für wahrscheinlich oder möglich gehalten, was uns heute vertraut ist. Gedacht ist nicht an solche lästigen Neuheiten wie die Leibesvisitation auf den Flughäfen, die der Zeitgenosse klaglos erträgt; immerhin wäre dergleichen noch vor kurzem als unerträglicher Eingriff in Freiheitsrechte und Intimsphäre attackiert worden. Nein, Tatbestände ganz anderer Größenordnung sind uns gewöhnlich geworden, deren Vorhersagen einem vor wenigen Jahren den Ruf eingetragen haben würde, man sei nicht ganz richtig im Kopf.
Zum Beispiel: Wer hätte geglaubt, daß innerhalb kürzester Frist die Bundesrepublik mehr als eine Million Arbeitslose haben könne und ziemlich gefaßt-gelassen auf die Zwei-Millionen-Grenze zuginge?
Oder: Vor ihrer Zweihundertjahrfeier wird in den Vereinigten Staaten ein Justizminister rechtskräftig verurteilt, desgleichen der Vizepräsident und der Präsident mit Schimpf und Schande aus dem Amt getrieben; der Nachfolger und sein Vizepräsident haben kein Mandat des Volkes.
Oder: Nicht die Volksrepublik China, wie alle politischen Weisen erwartet hatten, tritt als gestaltende Großmacht in die Weltpolitik, sondern die durch Israel geeinten und vom Erdöl gestärkten Araber.
Oder: Als einzige der nach dem Weltkrieg gegründeten

Demokratien bleiben die von den Westmächten nach der Eroberung gestifteten zurück – Japan und die Bundesrepublik; alle ehemaligen Kolonialterritorien haben die Unabhängigkeit zur Einführung der Diktatur benutzt. In Afrika gibt es nur noch wenige Länder mit Mehrparteiensystem, unabhängiger Justiz und einiger Garantie von Menschenrechten – unter ihnen die verfemte Südafrikanische Republik.
Oder: Ein deutscher Kanzler, in der Umwelt angesehen und in seinem Volk geliebt wie keiner vor ihm, muß seinen Rücktritt begründen, weil er dem Spion vertraute, den der Entspannungspartner ihm ins Vorzimmer setzte.
Oder: Wer betreibt noch nach dem Ausscheiden dieses Kanzlers Entspannungspolitik unter Opfern, mit Hingabe und aus Überzeugung? Der Papst natürlich.
Oder: Die hochgemute idealgestimmte Studentenrevolte von 1968 zerfällt in einen Trupp trotziger Krimineller und ein Heer von Staatspensionisten, die auf der Lehrkanzel marxistische Litaneien singen. Der Revolutionär als Parasit der Gesellschaft, die er abschaffen zu wollen vorgibt.
Nur eine kleine Liste, beliebig zu verlängern. Aber auch das Umgekehrte zum ehemals Unvorstellbaren und heute gewöhnlich Gewordenen kommt vor. Manches, das vor wenigen Jahren selbstverständlich schien, müßte heute skandalös sein, wenn sich bloß jemand erinnerte. Wem war nicht noch der Nobelpreis für Frieden verliehen worden? Eben Le Duc Tho, dem Unterhändler jenes Landes, das den einzigen erfolgreichen Angriffskrieg des Jahrhunderts veranstaltete.
Daß der Zukunft mehr einfällt als den Zukunftsforschern, ist gewiß – und nicht nur mehr, sondern ganz anderes.

(September 1975)

Reform des öffentlichen Dienstes

Angesichts des drohenden Finanzbankrotts des Staates wird darauf gesonnen, den öffentlichen Dienst zu reformieren und wenigstens die überproportionalen Zuwachsraten für seinen Betrieb zu senken. Aber das wird nicht gelingen. Der öffentliche Dienst wird nicht reformiert, und eine Kostensenkung, die den Namen verdient, wird nicht erreicht.

Das liegt nicht zuerst am Dienst selber. Der Bundestag und die Landtage haben viele der Funktionen der klassischen Parlamente eingebüßt; sie sind keine Orte der öffentlichen Meinung mehr, sondern laufen ihr hinterher; sie debattieren nicht, sondern nehmen bloß präfabrizierte Statements entgegen, und ein Selbstbewußtsein des Volksvertreters kann es gar nicht geben, weil er, Artikel 38 Grundgesetz zum Trotz, kein Vertreter des ganzen Volkes ist, sondern seiner Partei, wenn nicht auf Gedeih, so auf Verderb ausgeliefert. Den einzigen Leistungsbeweis, die einzige Quelle von Selbstbestätigung finden unsere Abgeordneten als Gesetzgebungsmaschinisten. Neue Gesetze ziehen in aller Regel Vermehrung von Bürokratie nach sich, die sie anzuwenden und die Anwendung zu überwachen hat. Das ist der erste Grund.

Und alle Parteien, die großen zumal, suchen sich als Volksbeglücker darzustellen, was heute notwendig Ausdehnung der Staatsgewalt bedeutet. Der Volksbeglückungsreformismus wurde zwar unter dem Regime Willy Brandts auf die Höhen der Absurdität getrieben, doch wohnt die Tendenz, die Staatsbetreuung des Bürgers auszudehnen, dem Zeitalter selbst inne. Das ist der zweite Grund.

Außerdem müssen die Parteien bei jeder Machtübernahme viele Anhänger unterbringen – die dummen alten Kämpfer, weil diese einen Anspruch haben, und die intelligenten Opportunisten, weil sie gebraucht werden. Dafür müssen neue Stellen geschaffen werden. Das ist der dritte Grund.

Eine deutsche Absonderlichkeit ist die Verfilzung von Parlament und Beamtenschaft. Unsere Art Parlament zieht den beamteten Typus an, und es wird keinem Beruf leichtergemacht, sich für die politische Laufbahn zu interessieren, als den Staatsdienern. Aber natürlich hackt die Krähe auf der Hinterbank der Krähe hinter dem Schreibtisch kein Auge aus. Das ist der vierte Grund.

Einen Modellversuch von Einsparung im öffentlichen Dienst hat es schon gegeben: bei den Rundfunkanstalten, die faktisch verfaßt sind wie Behörden. Auch sie hatten keinen Aufwand aus Unfähigkeit und Tücke getrieben; die unsinnigsten Ausgaben wurden ihnen von dem sie beherrschenden Parteienkartell auferlegt. Plötzlich mußten sie sparen, sie taten es auf hochcharakteristische Weise: nämlich geringfügig und so gut wie nur am Programm. Das ist beispielhaft für jede Reform des öffentlichen Dienstes – Ersparnisse minimal und nicht beim Apparat erbracht, sondern durch Kürzung seines Programms, von der Bildungspolitik bis zur Landesverteidigung.

Gegen all dies gibt es Heilmittel, aber nur sehr radikale, die auf Zerstörung der Parteienherrschaft über den öffentlichen Dienst hinauslaufen. Aber es muß erst zu einer Existenzkrise des Staates kommen, ehe unsere Parteien sich zu einem Machtverzicht bequemen.

(Oktober 1975)

Staatliche Daseinsvorsorge

Zu den Hauptzwecken des modernen Staates gehört das, was der Verwaltungsrechtler Ernst Forsthoff »Daseinsvorsorge« genannt hat – die Zukunftssicherung, die die einzelnen nicht mehr vollbringen können. Aber der Staat bewältigt sie nur unvollkommen. Sein Handeln wird nicht von der sachlichen Notwendigkeit bestimmt, sondern von der politischen. Die sachliche Notwendigkeit wird erst zur politischen, wenn sich eine Mächtegruppe ihrer annimmt oder wenn sie die Regierenden unter Zugzwang stellt. Die drei wichtigsten Elemente staatlicher Daseinsvorsorge sind Landesverteidigung, Ernährung und Energieversorgung.
Wir haben uns zur eigenen Verteidigung völkerrechtlich verpflichtet, und die sowjetische Politik erinnert uns gelegentlich an ihre fortdauernde Notwendigkeit; wer weiß, ob sonst nicht die sachliche Notwendigkeit längst politischer Überfluß geworden wäre. Dem deutschen Bauernverband verdanken wir eine Landwirtschaftspolitik, die, so kostspielig und unsinnig sie in vielem sein mag, uns die Lebensmittelversorgung aus deutschen Landen garantiert. Verhungern werden die Deutschen nach menschlicher Voraussicht nicht.
Wenn es nach den freihändlerischen Überzeugungstätern gegangen wäre, dann wäre im Vertrauen auf eine marktwirtschaftlich funktionierende, arbeitsteilige Weltwirtschaft die eigene Ernährungsbasis zum guten Teil aufgegeben worden. Aber sie konnten sich gegen den Bauernblock nicht durchsetzen; sachlich und politisch Notwendiges war eins geworden.

Anders in der Energieversorgung. Als das Erdöl billiger wurde und in schier grenzenloser Menge zur Verfügung stand, ließ die Bundesrepublik viele Zechen sterben, Kohle galt als unrentabel. Die einzige eigene sichere Energiequelle von Belang wurde halb zugeschüttet im seligen Vertrauen auf den immerwährenden Zufluß von außen. Die Kohlelobby war nicht so machtvoll gewesen wie der Bauernverband und hatte sich den Schneid abkaufen lassen, im wörtlichen Sinne. Energiepolitisch verhielt sich die Bundesrepublik wie ein Land, das seine Armee abschafft, weil die UNO gegründet ist und der Weltsicherheitsrat den Frieden schützt.

Die Opec hat den Traum von der allzeit sicheren Energieversorgung von außen unterbrochen und sogar so etwas wie ein Energieprogramm der Bundesregierung provoziert. Man dachte an Stabilisierung der Kohleförderung, an rascheren Bau von Kernkraftwerken, an Verringerung der Abhängigkeit von einer Lieferantengruppe durch den Bezug von Erdgas einer anderen etc. Was ist daraus geworden? Der Absatz der Steinkohle ist in einem Jahr um 25 Prozent gesunken. Mit den Kernkraftwerken geht es ganz langsam voran, und die Risikoverminderung durch den Erdgasbezug ist so zweifelhaft wie je, weil die politischen Gründe, die die Araber zum Lieferstopp veranlassen könnten, vermutlich eben solche sein würden, die auch die Sowjetunion den Hahn zudrehen ließen.

Aber getrost: Die OPEC-Konferenz hat den Ölpreis nur um zehn Prozent erhöht, zu diesem Preis ist derzeit jede Menge Energie verfügbar. Man mag, man darf, man wird sich wieder beruhigen. Die eigene Energiebasis ist ja keine politische Notwendigkeit, bloß eine sachliche.

(November 1975)

Geiz und Neid

Der russische Schriftsteller Alexander Herzen, Freund des revolutionären Fortschritts und des Karl Marx, hat die Beobachtung hinterlassen, daß es in jedem politischen System zwei Parteien gebe – eine des Neides und eine des Geizes.

Bei uns wären die sogenannten bürgerlichen Parteien der Partei des Geizes zuzurechnen, die SPD derjenigen des Neides. In den Gründerjahren der Republik dominierte die Partei des Geizes; erst mußte mit Fleiß und Sparsamkeit ein Sozialprodukt erwirtschaftet werden. Dann, nach der Phase des Wiederaufbaus, trat der Verteilungskampf in den Vordergrund, in dem der Neid und seine Partei das Wort führen. Sie wollen das Wort auch behalten in der Periode der wirtschaftlichen Stagnation, wo der Gedanke, daß man gerade in der Not dem Gleichheitsprinzip oberste Geltung verschaffen müsse, Kraft gewinnt. Die gleiche Entscheidung zeigte sich in den Kriegen. Diese sind vielen Menschen relativ erträglich gewesen, weil sie, befreit von persönlicher Bedrohung wie Arbeitslosigkeit und abgelenkt durch große allgemeine Gefahren, den Mangel als Gleichmacher erfuhren: Die Lebensmittel sind für alle rationiert, niemand kann in Urlaub fahren, und niemand lebt opulent. Das hat für die, die nie sich verwöhnen konnten, etwas sehr Befriedigendes.

Eine Partei des Neides strebt nach Nivellierung und möchte beispielsweise die Angestellten in mittleren, leitenden und führenden Positionen schlechter stellen und dafür sorgen, daß eine allmähliche Annäherung an die Arbeiterschaft (bei den Entgelten wie den Leistungen) stattfindet. Dieses Verlangen hat in der Krise eine scheinbare Humanität, weil die Arbeiter nur Inflationsausgleich bekommen, manche sogar arbeitslos sind und es unbillig aussieht, unter dem Gesichtspunkt der Leistung eine differenzierte Bezahlung überhaupt geltend zu machen. Dem hilft die Neigung nicht weniger Betriebsführungen, sich in Wahrheit nicht mit dem Schicksal der Angestellten zu identifizieren, sondern den lieben Frieden mit den Gewerkschaften vorzuziehen; die oberste Spitze arrangiert sich zuweilen leichter mit der Arbeiterschaft als mit ihrem eigenen Stab, in dem sie Konkurrenten und sachkundige Kritiker vermutet. So können Unternehmensführungen, die natürlich zur Partei des Geizes gehören, dadurch, daß sie diesen falsch betätigen, die Sache des Neides befördern.

Solches Fehlverhalten ist nicht unähnlich dem aus der Zeit des Absolutismus bekannten Phänomen, daß der König einigermaßen mit dem Volk, aber sehr schlecht mit dem Adel zurechtkam – was ihm aber in der revolutionären Situation bekanntlich nichts genützt hat. Die umgekehrte Politik hat Friedrich der Große betrieben, der für seine Junker Stellen im Heer und in der Verwaltung reserviert hielt, was sich für den preußischen Staat bis tief ins 19. Jahrhundert auszahlte – er verfügte über eine Schicht, die entschlossen antirevolutionär tätig werden konnte, sehr im Gegensatz zur französischen Aristokratie, der politisch-moralisch das Rückgrat gebrochen war und die nur noch in nobler Haltung das Schafott zu besteigen verstand.

Eine leistungsgerechte Bezahlung ist nicht bloß eine Forderung der Gerechtigkeit gegenüber den Angestellten, sondern auch im Sinne der Erhaltung der Marktwirtschaft notwendig. Werden Schritte zur Entnivellierung nicht rechtzeitig getan, dann setzen sich Tendenzen, daß Angestellte immer stärker gewerkschaftlich denken und sich automatisch eher mit den Arbeitnehmern als mit der Betriebsführung solidarisieren, weiter durch, was im Zeichen der Mitbestimmung von höchstem Interesse werden könnte.

(April 1976)

Die Urlaubsnation

Die Urlaubssaison ist zu Ende. Wie üblich war die Hälfte der Bundesbürger verreist, hat wie üblich mehr als 20 Milliarden Mark ausgegeben, um wie üblich in ein paar Wochen an den Winterurlaub zu denken oder den großen Urlaub des nächsten Jahres zu planen. Auf der touristischen Weltrangliste hält die Bundesrepublik nach den USA den zweiten Platz, rechnet man Reiseleistung und Urlaubskosten pro Kopf, liegt sie in weitem Abstand vorn.

Die Vorrangstellung der Deutschen als Urlauber zeigt sich noch deutlicher im grenzüberschreitenden Verkehr. Unsere Nachbarn, Franzosen, Italiener, Engländer, pflegen ganz überwiegend Ferien im eigenen Land zu verleben; Amerikaner und Japaner, die wenigstens in absoluten Zahlen zum internationalen Tourismus kräftig beisteuern, machen, viel mehr als wir, nicht eigentlich Ferien dabei, sondern besichtigen die Welt und ihre Sehenswürdigkeiten. Die Deutschen sind es, die in Millionenzahl an ferne Strände reisen und dort für zwei, drei oder vier Wochen ansässig werden.

Das alles ist uns nicht neu und nicht auffällig. Aber ist es nicht doch erstaunlich und des Nachdenkens wert, daß wir als beinahe einziges unter den Völkern einen massiven Teil des Einkommens auf den Urlaub verwenden, daß viele der Erholung wegen beträchtliche Strapazen auf sich nehmen, daß Deutschland den Deutschen seit Jahren schon nur als ein Reiseziel unter vielen gilt und daß Millionen Mitbürger über der Wahl des Urlaubsziels und der Organisation der Reise viele Stunden planend verbringen? Das alles ist nicht selbstverständlich, sondern höchst merkwürdig. Praktisch jeder, der der Arbeitswelt angehört, fiebert danach, ihr wenigstens für einen Monat zu entfliehen, und elf lange Monate denkt er gelegentlich oder öfter an den einen der Flucht. Denn eine Flucht scheint es zu sein – weg von der Arbeit, weg von zu Hause, der gewöhnlichen Umgebung und weg möglichst schon am ersten Tag. Und obgleich die Deutschen früher wie heute auch unter den Bildungsreisenden die meisten stellen und sich die Gabe erhalten haben, mit liebenden, ja bewundernden Augen die Welt zu betrachten, will doch der Massentourismus nichts weniger, als sich die Fremde anzueignen: Es soll möglichst so komfortabel sein wie zu Hause, wohin er fährt, doch vor allem darf es nicht das Zuhause sein.

Die Motive der Urlaubssehnsucht einer ganzen Bevölkerung kann man nur mutmaßen. Die Bundesrepublik ist ein Land, in dem es sich eher angenehm leben läßt. Die Arbeitsbedingungen sind entschieden besser als anderswo, und jede Umfrage unter Deutschen belegt, daß sie mit ihrem Los zufrieden sind und daß sie grundstürzende Änderungen nicht wollen.

Die Bundesrepublik ist ein zufriedenes, aber kein glückliches Land. Sie ist – mit aller Vorsicht sei es gesagt – langweilig geworden nach den Anstrengungen des Wiederaufbaus. Die wirtschaftliche Leistung ist geblieben und der Stolz darauf, aber sonst wenig, was drinnen oder draußen Interesse fände. Eine lähmende Schulmeisterei, von der Allgegenwart einer sich unendlich wichtig nehmenden Politik bis zum Fernsehen, liegt über dem Land. Das Mahnen und Warnen nimmt kein Ende und das Inpflichtnehmen für Gesinnungen. Nimmt man die Zwänge einer volk-

reichen hochorganisierten Gesellschaft hinzu, dann wird begreiflich, was ein Bundesbürger zu Hause nicht findet und draußen sucht: Dort wird er in Ruhe gelassen, all die sozialen Imperative hören auf, er fühlt sich problemlos als Deutscher und mit Behagen als Mensch.
Es ist die Tendenz erkennbar, daß ein Zuviel an Freizeit das Gegenteil von dem produziert, was sie beseitigen sollte: nämlich Unzufriedenheit mit den eigenen Bewandtnissen und den Zuständen der Gesellschaft. Eben dies erzielen auch die sozialkritischen Sendungen des Fernsehens, die aus nächster Nähe und fernster Ferne Mißstände klagend vorführen, zu deren Beseitigung der einzelne auch nicht das allergeringste beitragen kann, so daß sich ein Bewußtsein der Ohnmacht in den Herzen einnistet, die als mitfühlende ständig in Anspruch genommen werden.
Was bei einem Zuviel an Freizeit herauskommen kann, mag man jetzt schon bei jenen wahrnehmen, die es besitzen: Die Gruppen, die, sozial abgesichert und vom Zusammenhang von Leistung und Entgelt nichts ahnend, über ihre Zeit frei disponieren können, stellen die Unruhestifter in den Parteien, die Demonstranten und all die Basistrupps, die das eigene Mißbehagen zu einem öffentlichen machen, die eigene soziale Überflüssigkeit und Ohnmacht in öffentlichen Aktionen kompensieren.
Eine Massendemokratie, die nicht auf Arbeit aufbaut, sondern auf Freizeit, ist nur möglich, wenn unablässig die Sonne scheint – im wörtlichen und im übertragenen Sinne.

(Oktober 1976)

Atomtest

Einen seiner ganz wenigen konkreten Pläne hat der neue amerikanische Präsident Carter von seinem Vorgänger Ford übernommen, nämlich dem treuesten Verbündeten der USA, der Bundesrepublik Deutschland, das größte Exportgeschäft zu verderben. Es geht um den Ende Juni 1975 mit Brasilien abgeschlossenen Vertrag über die Lieferung einer kompletten Ausrüstung zur Produktion nicht militärisch zu nutzender Kernenergie.
Der ungewöhnliche Vorgang ist im Verhältnis der Bundesrepublik zu ihrer Schutzmacht so ungewöhnlich nicht. Auf amerikanischen Druck hatte einstmals Außenminister Schröder ein für die deutsche Stahlindustrie nützliches Geschäft mit dem Ostblock verhindert; westliche Röhren in Rußland gefährdeten, hieß es damals, die Interessen der Nato. Kurze Zeit später, als die USA auf Entspannungskurs gegangen waren (und die deutsche Bundesregierung mit ihnen), wurde dergleichen unbedenklich, ja friedensförderlich. Damals sprach Präsident de Gaulle von den Deutschen, die sich die Füße grün anmalen würden, wenn das Weiße Haus es verlangte.
Die amerikanische Forderung wird wie einst beim Röhrengeschäft mit übergeordneten Zwecken gerechtfertigt. Es sei leicht möglich, mit Hilfe solcher kompletten Anlagen Atomkraft auch zur militärischen Verwendung herzustellen. Demgegenüber kann man darauf verweisen, daß Brasilien sich vertraglich zur nur friedlichen Nutzung verpflichtet und sich internationalen Kontrollen unterworfen

hat, die über das selbst von amerikanischen Behörden Erwartete hinausgehen, auch darauf, daß eine Störung des Weltfriedens von einem der potentiell reichsten Länder der Welt, das dazu in einer geopolitisch befriedigenden Lage ist, kaum ausgehen wird.
Die Befürchtung, es könne die Zahl der Staaten ins Bedrohliche wachsen, die über gefährliche Vertrautheit mit der Kernspaltung verfügen, ist aber eingängig und kann auch noch von jener Macht genutzt werden, die als einzige die fürchterliche Atomkraft bisher gegen Menschen eingesetzt hat.
Die USA selber liegen an der Spitze des Exports von Kernkraftwerken. Allerdings sind es solche Anlagen, deren Erwerber auf Zu- und Nachlieferungen angewiesen bleiben, so daß eine Sicherheit gegen Fehlverwendung wie eine ökonomische Abhängigkeit von Lieferanten gewahrt ist. Die Bundesrepublik geht einen Schritt weiter, weiter gewiß auch, als sie im Geschäftsverkehr mit den Präsidenten Gaddafi und Idi Amin oder Kaiser Bokassa I. zu gehen bereit wäre. Aber sie hat darauf vertraut, daß ihre eigene Sicherheit und der Weltfriede durch das Quasimonopol der Supermächte auf militärische Verwendung des Kernstoffs gewahrt werde. Und sie hat sich dem Nichtverbreitungspakt von Atomwaffen darum in der Meinung angeschlossen, der eigenen nuklearen Verteidigung nicht zu bedürfen und im übrigen vom ökonomischen wie technologischen Fortschritt nicht ausgeschlossen zu sein.
Jetzt soll sie eines Schlimmeren belehrt werden. Wenn die Bundesrepublik die nukleare Technologie an vertrauenswürdige Partner zur friedlichen Nutzung nicht mehr exportieren darf, kann ein unter Riesenkosten aufgebauter Industriezweig unrentabel werden. Irgendwann wird sie sich dann vom Wettbewerb der industriellen Führungsmächte ausschließen.

Die Bundesrepublik hat darauf verzichtet, Atommacht zu sein. Dennoch steht sie nun vor einem Atomtest. Vor aller Welt wird ihre Regierung jetzt geprüft, ob sie das Stehvermögen hat, fundamentale Interessen des Landes als Vertragspartner und als Industriegesellschaft zu verteidigen.

(Januar 1977)

Parasitäre Bürgerinitiativen

Der erste Eindruck täuscht. Bürgerinitiativen sind nicht die langvermißten, in der Verfassung nicht vorgesehenen Regungen spontaner und direkter Demokratie, als die sie hoffnungsfrohen Zeitgenossen erscheinen mochten. Daß solche Regungen ihr Recht haben, ja nötig wären, um die in der Gewohnheit der Macht und der Selbstgefälligkeit erstarrten etablierten Parteien zu erschrecken und aufzuwecken, ist kaum bestreitbar – aber ebensowenig, daß die Bürgerinitiativen, von denen wir in den Zeitungen lesen, gerade dies nicht leisten, nicht leisten wollen und nicht leisten können.
Eine solche Wirkung erreichen nur die Bürgerinitiativen, die ein punktuelles Interesse vertreten, das die Parteien in ihrer Bürgerferne vernachlässigt haben: nachbarschaftliche Zweckorganisationen, die in der Kommune einen Willen durchsetzen, der sich auf die Erhaltung von Alleebäumen, die Anlage von Haltestellen der Straßenbahn, Bestellung oder Abberufung eines Schulleiters oder auf eine Straßenbenennung richten; alles Dinge von einem hohen Gewicht für eine kleine Lebensgemeinschaft, die das Licht der allgemeinen Öffentlichkeit nicht erreicht und seiner nicht benötigt.
Das, was sich heute als Bürgerinitiative in der Öffentlichkeit zelebriert, ist von anderer Art und von höherem Anspruch. Zur Kennzeichnung dieser weiträumigen und in ihrer Entwicklung rasch unmittelbar politisch werdenden Bürgerinitiativen lassen sich unschwer einige Eigenheiten ausmachen:

1. Das Ziel der Bürgerinitiative ist negativ. Irgend etwas, das von einer Behörde und den sie inspirierenden politischen Parteien gewollt wird, soll verhindert oder verzögert werden. Da das Ziel negativ ist, bedeutet der Erfolg der Bürgerinitiative zugleich die Niederlage einer Obrigkeit und der herrschenden Partei (oft sogar der Gesamtheit der parlamentarischen Parteien) und soll dies auch bedeuten.
2. Zu jeder Bürgerinitiative gehört ein Fundus von gutwilligen Empörten, die sich durch das beabsichtigte Vorhaben in ihren Rechten gekränkt fühlen und durch die Uneinsichtigkeit der Verwaltung entrüstet werden. Diesen Fundus braucht man, um die Teilnahme des allgemeinen Publikums zu erregen.
3. An die Spitze der Bürgerinitiative setzen sich, wie im Vereinsleben, organisatorisch begabte Leute, die der gute Wille antreibt, die Sehnsucht nach Ansehen, der Wunsch nach Macht und die schließlich Geld für ihre Bemühungen nicht verabscheuen. Das klassische Beispiel ist der amerikanische Verbraucherschützer Nader, der sich längst institutionalisiert und kommerzialisiert hat.
4. Gern im Hintergrund verbleiben die Manipulierer und politischen Nutznießer, die eine aussichtsreich erscheinende Bewegung nach vorn treiben, in die unmittelbare politische Konfrontation mit dem Bestehenden: das sind bei uns die Kommunisten und ihre Hilfstruppen.
5. Die Parasiten der Bürgerbewegung verdienen demgegenüber weniger Aufmerksamkeit, obgleich sie diese in der Berichterstattung mühelos finden. Dazu gehören am Rande der Wissenschaft Publizierende, die Publizität suchen, oder evangelische Junggeistliche mit Bart und Bäffchen auf der Suche nach Legitimation ihrer Existenz, die sie im Gottesglauben nicht mehr finden. Diese Bürgerinitiativen müssen ernstgenommen werden – aber nicht

mit jener nachsichtigen Duldung, die ihr Name erheischt. Sie sind politische Phänomene, die eben dasselbe – nur außerparlamentarisch, kontraparlamentarisch – wollen wie die politischen Parteien, deren Versagen sie so auffällig demonstrieren: Macht und Bevormundung des Volkes, das sie zu vertreten vorgeben.

(Juni 1977)

Die Misere der Sozialpolitik

Vor Beginn seiner Sommerpause hätte der Bundestag, wenn er zum selbstkritischen Bilanzieren neigte, feststellen können, daß die deutsche Politik nicht nur – wie in Demokratien üblich und natürlich – vom Primat der Innenpolitik beherrscht wird, sondern daß sie ganz auf Sozialpolitik heruntergekommen ist. Es gibt zwar parlamentarische Debatten und innerparteiliche Diskussionen über Ost-West-Beziehungen und Energieprogramme, über Bildungsreformen, Steuerpakete, Wehrpflichtnovellen und den Nord-Süd-Dialog, doch steckt in all dem keine politische Kraft, kein programmatischer Wille und keine notwendige Entscheidung, es sind Pflichtübungen, die die Routine abverlangt, Beiläufigkeiten ohne politisches Interesse – oder höchstens von regionalem, wie beim Streit um die Kooperative Schule in Nordrhein-Westfalen.

Was zählt, ist allein Sozialpolitik, genauer: deren Misere. Demgegenüber wird alles andere zweitrangig und untergeordnet. Eine Außenpolitik der Bundesrepublik ist der intelligenten Betriebsamkeit des Ministers Genscher zum Trotz gar nicht auszumachen. Von einer substantiell eigenen Verteidigungspolitik wird niemand reden wollen; unser Beitrag zu strategischen Konzepten oder Abrüstungsplänen verhält sich umgekehrt zum massiven Beitrag der Bundeswehr zur Nato. Die Reformpolitik, die nie viel mehr war als ein Geldausgeben unter dürftigen ideologischen Vorwänden und immensen Wortkaskaden, ist zu

Bürokratien geronnen, die leere Kassen verwalten. Abgesehen von der Art Politik, wie sie in jedem Verein stattfindet, nämlich dem Kampf um Posten und Positionen, reduziert sich die Tätigkeit unseres politischen Personals zunehmend auf Sozialpolitisches.
Für die schlimme Lage der Sozialversicherung, von Politikern verursacht, wird von meist denselben an Rettungsmodellen gebastelt, die bei schwindender Aufmerksamkeit des Publikums ständig korrigiert werden, noch ehe die entfernte Chance der Realisierung besteht. Längst ist die öffentliche Gesundheitspolitik von der Sozialpolitik vereinnahmt, längst werden steuer- und finanzpolitische Entscheidungen von echten und vermeintlichen Notwendigkeiten der Sozialpolitik oktroyiert, worüber Koalitionskonflikte über volkswirtschaftliche Bagatellen, wie beispielsweise die Vermögenssteuer, nur augenblickslang täuschen können.
Selbst die Schulpolitik wird zum Instrument der Sozialpolitik: Die Nervosität der Politiker angesichts nicht sinken wollender Arbeitslosigkeit und der Unmöglichkeit, Wirtschaftswachstum als Heilmittel kraft Willensakt zu organisieren, bringt die Pläne hervor, das zehnte Schuljahr einzuführen; pädagogische Begründungen werden gar nicht mehr angeführt. Ein Stadtstaat vergrößert seinen öffentlichen Dienst um mehr als 1000 Stellen, und noch ehe die Verwalteten erfahren, was die neuen Verwalter tun sollen, wird ihnen der Jubelruf vorgesetzt, es sei ein mächtiger sozialpolitischer Schritt gegen Arbeitslosigkeit getan.
Es ist nur eine Frage der Zeit, bis die Sozialpolitiker das werden, was ihr Name in Anspruch nimmt, nämlich Experten für das gesellschaftliche Ganze, die feststellen, daß die Mark zu fest ist für die Schwachen draußen, daß die Landessicherheit die Verstärkung der Bundeswehr

erheischt, die Gleichberechtigung einen Zivildienst für Mädchen und daß das Alter doch abseits stehen soll – nicht kraft flexibler Grenze, sondern aus bürgerlicher Pflicht.

Daß die Bundesrepublik ein sozialer Rechtsstaat sei, steht im Grundgesetz. Daß der Staat sich zur Maschine für den permanenten Ausstoß sozialer Probleme und kurzfristiger, leichtverderblicher Lösungen entwickelt, ist die größte Verfassungsänderung, die wir seit 1949 erlebt haben.

(Juli 1977)

Hoffnungsträger

Die Bundesrepublik ist ein übellauniges Land geworden. Jedem ausländischen Besucher fällt die Mißstimmung auf, die Gereiztheit, die Langeweile, die unser öffentliches Leben beherrscht und die das private Leben der eigentlich ganz Zufriedenen allgemach durchsäuert.
Auf den ersten Blick ist dieser Befund schwer zu erklären, weil die Lage des Landes, zumal im internationalen Vergleich, eher vorteilhaft aussieht: die niedrigste Inflationsrate unter allen größeren Industrienationen, eine schier unerschütterliche Stabilität ohne Streik und handgreifliche Auseinandersetzungen der sozialen Gruppen, kein innerer oder äußerer Feind, der Furcht verbreitet.
Dagegen steht zwar ein enttäuschendes Wirtschaftswachstum und eine kaum abbaufähige Arbeitslosigkeit (wenn man die nur Teilzeit-Arbeitsuchenden und die Parasiten der Arbeitslosenversorgung abzieht, wesentlich weniger als eine Million), doch macht auch dies das deutsche Übelsein nicht verständlich, zumal mit einem Blick nach draußen und in Erinnerung an echte Krisenzeiten. Was die Bundesrepublik nicht hat, ist eben eine wahre Krise; aber was ihr fehlt, ist Hoffnung.
Es gibt gegenwärtig keine Instanz mehr in Deutschland, die sagen könnte, was denn anders zu machen, wie eine zukünftige Entwicklung zu denken sei. Gerade weil ihnen die Perspektiven abhanden gekommen sind, verzehren sich unsere Parteiführer im giftigen Gezänk, befehden in den Parteien die verschiedenen Sekten einander, bleibt

jedes Problem, das in die Zukunft reicht – wie die Energieversorgung, die Sozialverfassung, der Status Berlins, EG und Eurokommunismus –, ohne den Versuch einer Antwort; die amtierende Equipe bringt den notwendigen Willen, die nötigen Gedanken nicht mehr auf.

Willy Brandt ist einst von der kritischen Publizistik als bloßer »Hoffnungsträger« beschrieben worden. Dabei wurde aber übersehen, daß die Politik einer großen Demokratie ohne das Prinzip Hoffnung nicht auskommt, insbesondere dann nicht, wenn Traditionen fehlen und sehnsuchtstillende Zuwachsraten des Bruttosozialprodukts sich nicht einstellen. Brandts Nachfolger, Helmut Schmidt, ihm an internationalem Ansehen inzwischen überlegen, trägt seine Zukunftslosigkeit wie eine Auszeichnung. Seine Widersacher bereichern jeden Tag mit Kritik an der Regierung, die weniger Alternativen verrät als xanthippenhafte Kraft zur Nörgelei; zu einem entschiedenen Nein langt es bei ihnen doch nicht, aus mancherlei Rücksicht und Verantwortung. So flickt die Regierung am Bestehenden, begleitet vom Mißgesang der unwilligen Kollaborateure, die sich Opposition nennen.

Anderswo: Carter trägt wirklich die Hoffnungen Amerikas, mag seine Praxis noch so dilettantisch sein: Sein Land erholt sich zusehends. Giscard d'Estaing ist zwar nicht Inhaber einer Politik, sondern bloß der Designer einer nicht vorhandenen, doch gibt der Kampf zwischen dem alten Frankreich und den Kommunisten dem öffentlichen Leben Substanz. Selbst die krisengeschüttelten Länder Großbritannien und Italien verlautbaren mehr Lebensfreude, und sei es nur darum, weil ihr Publikum dem Zugriff der Politik weniger schutzlos ausgeliefert ist als das unsrige – Italien hat mehr Sonne und die BBC mehr Unabhängigkeit.

Am Ende sind uns natürlich unsere Depressionen lieber

als die Munterkeit der anderen. Der Frohsinn war nie die Hauptbegabung der Deutschen; wir müssen, wie Goethe sagte, über allem schwer werden; schon gibt es eine Mehrheit für die Bestrafung der Nichtanschnaller im Automobil. Doch wenn wir auch ohne leichten Lebensgenuß auskommen können, ganz ohne Hoffnung und ohne Zukunft geht es nicht.

(August 1977)

Falsche Denkmalspflege

Wenn ein deutscher Politiker in offizieller Mission ins Ausland reist, sieht das Protokoll häufig den Besuch nationaler Weihe- und Gedenkstätten vor, an denen er mit standesgemäßer Begleitung einen Kranz niederzulegen und einige Augenblicke in respektvollem Schweigen zu verweilen hat.

Ein solches Ritual, das früher regelmäßig den Visiten von Staatsoberhäuptern und Regierungschefs vorbehalten war, wird auch für niedrigere Chargen, die nur zu streng geschäftsmäßigen Verhandlungen eintreffen, besonders gern von solchen Ländern als Pflichtbestandteil des Programms vorgesehen, die von der Bösartigkeit des Naziregimes besonders betroffen waren. Die Denkmäler, denen der hoch- oder höhergestellte Gast seine Reverenz zu erweisen hat, sind dort in aller Regel den Opfer nationalsozialistischen Terrors gewidmet und dem heldenhaften Widerstand, der ihm begegnete; die Konfrontation eines Vertreters des deutschen Volkes mit den Zeugnissen der Vergangenheit entspricht nicht nur einem begreiflichen moralischen Bedürfnis des Gastlandes, sondern oft genug auch seinen aktuellen irdischen Interessen, nämlich psychologischer Konditionierung des Gesprächspartners; bei anschließenden ökonomischen oder politischen Verhandlungen wird sein fühlendes Herz, seine antifaschistische Gesinnung mitsprechen.

Die Bundesrepublik Deutschland ist der historisch einmalige Fall eines Landes, das, zugleich stellvertretend für die DDR und für Österreich, die Last einer bösen Geschichte trägt – aber unfähig oder unwillens ist, seine eigene, gute Geschichte darzustellen und sich mit ihr zu behaupten. Sie hat zwar, spät genug, die technische Notwendigkeit erkannt, eine Möglichkeit zu Kranzniederlegungen als eines ornamentalen Zubehörs von Staatsbesuchen bereitzustellen, doch ist aus dem Stein im Bonner Hofgarten mit der Inschrift »Den Opfern der Kriege und der Gewaltherrschaft« nie mehr als bloßer Haltepunkt für eindrucksvolle Wagenkolonnen geworden, und es konnte auch nicht mehr daraus werden.

An Stelle des Steins des Nichtanstoßes auf der Wiese vor der Bonner Universität sollte die Republik sich Denkmäler errichten, die dem Status entsprechen, den sie in den Augen der Verständigen seit langem besitzt, und die die ja nicht der Würde und der Größe bare Geschichte ihrer Entstehung und Entwicklung ausdrücken. So könnte man sich in Bonn unschwer ein Denkmal des eigentlichen Staatsgründers, Adenauers, vorstellen, das für den ausländischen Staatsgast einige der Tugenden dieser Republik versinnbildlicht – die Selbstbeschränkung, das Maß, die bürgerliche Freiheit. Adenauer ist dem Parteienstreit längst entrückt und gewiß ebenso denkmalsfähig wie Winston Churchill für die Engländer, de Gaulle für die Franzosen und Kennedy für die Amerikaner. So natürlich ein solches Denkmal für Bonn wäre, so unbegreiflich ist es, daß ein anderes in Berlin nicht längst erstellt wurde. Es gibt zwar in der alten Hauptstadt, die eine Symbolfunktion für die Bundesrepublik noch immer hat und behält, Gedenkstätten für den deutschen Widerstand in Plötzensee und in der Stauffenbergstraße, aber sie sind doch eher Dokumente des Scheiterns, die Greuel des vergangenen Regimes lebendiger konservierend als die Mannigfaltigkeit und moralische Kraft des deutschen Widerstandes.

In der Figur des Grafen Stauffenberg mag die Welt ein Deutschland erkennen, das sie oft genug nicht wahrnehmen will; Nationaldenkmäler für beide, den Mann des Widerstandes und den Mann des Aufbaus, würden handgreiflich demonstrieren, daß die Deutschen nicht die ewigen Nazis und Wiedergutmacher sind. Dreißig Jahre nach Hitler und mit einem liberalen Staat, der schon mehr als doppelt so lange besteht wie sein Reich, wollen sie im Verkehr der Völker auftreten und respektiert sein wie die anderen.

(November 1977)

Inflationäre Geschenkfeste

Der immer noch zaghaften Binnennachfrage, von der doch unser Wirtschaftswohl zu drei Vierteln abhängt, ist mit den herkömmlichen Mitteln nicht auf die Sprünge zu helfen; es bedarf der außerordentlichen Maßnahme, des kühnen Gedankens, der raschen Tat.
Vor Jahrzehnten schon hat dem traditionellen Geschenkfest Weihnachten ein findiges Köpfchen den Muttertag hinzugefügt, seit dem Zweiten Weltkrieg wird, gleichfalls als amerikanische Übernahme, der Valentinstag propagiert, doch haben von beiden nur die Blumenbinder und die Zuckerbäcker ihren Vorteil, ehrbare Zünfte gewiß, aber doch gesamtwirtschaftlich eine geringe Truppe, unfähig zu konjunkturbestimmenden Impulsen.
Es sollte deshalb ernstlich erwogen werden, das Osterfest zu einem Weihnachten gleichrangigen Geschenkdatums auszugestalten. Gegen solchen Vorschlag werden sich die Proteste erheben, die aus der gleichen Gesinnung kommen, die alljährlich im Dezember die Kommerzialisierung des Christfestes beklagt – es ist aber doch die Frage, ob Weihnachtswerbung und Geschenklust religiöse Sinnentleerung bewirkt haben oder nicht vielmehr umgekehrt oder ob überhaupt ein Zusammenhang besteht; einer, der Geschenkaskese übt gegen seine Liebsten, mag ein frommer Christ sein, er kann aber auch ein Geizhals sein.
Wenn die Erfahrung nicht täuscht, sind die Savonarolas, die gegen die Konsumwelt wüten, hauptsächlich unter jenen freudlosen Laien- und Fachpredigern zu finden, die

auch die christliche frohe Botschaft von Auferstehung, Erlösung und ewigem Leben vornehmlich als diesseitige Heilslehre darbieten, die Erlösung vom Leistungsprinzip, Auferstehung der Dritten Welt und ewiges Leben einer herrschaftsfreien Gesellschaft verheißt.

Ostern: auch ein Fest zum Wünschen und Schenken. Leicht könne man sich denken, daß eine funktionelle Aufteilung unter den Festen eintritt. Weihnachten könnte der Konjunkturfreund sich auf dem Buchmarkt umsehen, unter den Angeboten der Film- und Phonoindustrie und der Touristik. Ostern könnte die Mode im Vordergrund stehen, für die, was den Winter angeht, Weihnachten zu spät ist und, was den Sommer, zu früh.

Auch das Mofa oder Fahrrad für die Kinder wäre Ostern gescheiter anzuschaffen als in der Düsternis; Sportgeräte und -kleidung je nachdem; analog beim Möbelkauf für draußen oder drinnen. Die Beispiele sind beliebig vermehrbar, die den Nutzen einer zweiten Geschenksaison beweisen, die gewiß nicht nur ein Aufteilen von Geschenken, sondern dank vermehrter Einkaufszeit und intelligenter Werbung beträchtliche Umsatzsteigerung zur Folge haben wird.

Weihnachten war schon immer auch das Fest der guten Wünsche. Sie gelten dem Privaten – dem Glück, der Gesundheit des Nächsten. Es wäre nicht phantasielos, sich vorzustellen, daß auch Osterwünsche zum Volksbrauch würden; sie könnten sich auf Öffentliches richten und das Handeln Verantwortlicher beeinflussen.

Es mag die Industrie angesprochen werden, etwa mit dem Verlangen nach einem Toastbrot, das wirklich eins ist, dünn und ohne die holländischem Denken entspringenden Dickmacher. Man mag sich gegen den Proletkult im Fernsehen wenden – es sollte nicht ein deutscher Krimi gleich daran zu erkennen sein, daß junge Kriminalbeamte wie

Ganoven aussehen, und ein deutsches Fernsehspiel daran, daß die Darsteller mit offenem Mund schmatzend essen oder mit halbgeöffnetem Fäkalisches nuscheln. Man möchte sich einen Einkaufsabend wenigstens pro Woche wünschen und eine 24-Stunden-Apotheke in der Großstadt oder »Zoning laws« nach auswärtigem Vorbild, die Pizzabuden, Sexshops, McDonald's oder Straßenhändler von den Boulevards fernhalten.

(März 1978)

Unvollkommene Leistungsgesellschaft

Die Marktwirtschaft hat eine Gesellschaft hervorgebracht, von der gesagt wird, sie sei vom Leistungsprinzip beherrscht, und deren Gegner ihr eben dieses Leistungsprinzip vorwerfen. Es stimmt auch, daß in der modernen Industriewelt Leistung verlangt, durch Wettbewerb erzwungen und mit Geld, sozialem Prestige und dem Anspruch auf gesellschaftliche Führung belohnt wird. Aber die ganze Wahrheit ist das nicht.

Als »Leistungsgesellschaft« kann sich die unsrige nur unvollkommen verstehen. Die soziale Relevanz von Leistungen war nie eindeutig (man denke nur an den Propheten im eigenen Vaterland, den Dichter ohne Publikum, den unverstandenen Erfinder); aber auch dort, wo Leistungsdruck stattfindet, der ja ein gesellschaftliches Bedürfnis signalisiert, ist oft Leistung die Folge, die der Gesellschaft in Wahrheit so wenig bedeutet, daß sie alsbald dem Vergessen anheimfällt, wovon Leistungssportler und Artisten der Unterhaltungsindustrie gern ein Klagelied singen.

Der Zusammenhang von Lohn und Leistung zeigt den gleichen undeutlichen Befund. Die Leistung eines bedeutenden Unternehmers oder Managers wird regelmäßig materiell belohnt, wenn auch, da höchstpersönliche Leistung so gut wie nie meßbar ist, nach Maßstäben, denen Willkürlichkeit anhaftet. Darum gilt ihr der Neid so gut wie die Bewunderung. Die unternehmerische Leistung wird zudem, obgleich für jedermann wichtiger als die des

Popstars, mit geringerem populären Prestige bedacht; welchen Mangel viele Unternehmer durch die vielfältigen Rituale der Selbstehrung zu kompensieren trachten. Vor allem ist ökonomische Leistung und ihr Ansehen kaum auf andere Felder zu übertragen – ein Minister wird viel leichter Präsident einer Bank als ein Bankvorsteher Minister.

In der Politik hat das Leistungsprinzip durchaus einen Platz, nur wissen erst die Historiker, welchen. Von den politischen Instanzen gehen jedenfalls seit dem Ende des liberalen Staates mehr Leistungsbarrieren aus als Leistungsanreize: durch den steigenden Staatsanteil am Leistungseinkommen, durch die parteipolitische Infiltration staatlicher und nichtstaatlicher Verwaltung – von den Ministerien bis zu den Krankenhäusern, durch zunehmende politische, administrative, richterliche Kontrolle gesellschaftlicher Prozesse, durch Einführung von Mitsprache-, Mitbeteiligungs-, Mitbestimmungsmodellen, die der Kommunikationswut jener entgegenkommen, die noch Engagementskapazitäten frei haben, aber für die Leistungswilligen Zeit- und Reibungsverluste produzieren, wenn nicht Schlimmeres.

Man mag einwenden, daß mancherlei Leistung nur im Team möglich ist und Konferenzen, Konsultationen unumgänglich sind. Das gilt, wie die Sozialpsychologie längst bewiesen hat, für konkrete Problemlösungen, bei denen eine richtig zusammengesetzte Gruppe mehr leisten kann als ein einzelner, und es gilt für jede arbeitsteilige Produktion. Aber die großen Leistungen sind die persönlichen. Oft genug artikuliert der Teamgeist die Entscheidung eines einzelnen, die die anderen mitverantworten müssen.

Der Affekt gegen die Leistungsgesellschaft wendet sich gegen Leistung, die der physischen Notwendigkeit genügt, verlangt sie aber, wenn's um den ideologischen Hunger geht; entsprechend jenem Umkehrschluß deutscher Intellektueller, demzufolge die Arbeitswelt heiter sein soll, die Unterhaltung aber ernst. Und von der Leistung, die das Fundament aller übrigen bildet, redet keiner – jener nämlich, die nicht besonders belohnt wird und die keinen Ruhm bringt, die auf der Ordentlichkeit und dem Pflichtbewußtsein derjenigen Bevölkerung beruht, die man die »arbeitende« nennt. Hier, wo niemand sie vermutet, ist die Leistungsgesellschaft.

(Mai 1978)

Spezifische Manager-Moral

Über die Moral der Manager, wie die Moral überhaupt, herrschen absonderliche Vorstellungen. Während die allgemeine Auffassung von Moral porös wird, das Geschlechtsleben »enttabuisiert«, der kleine Diebstahl am Arbeitsplatz sozial fast akzeptiert ist, der Geheimnis- und Landesverrat bei politischem guten Gewissen des Täters kaum noch Ehrenrühriges hat, steigt der Anspruch auf das Wohlverhalten der Führungsgruppen. Kann man für frühere Zeiten Moral als Herrschaftsinstrument begreifen, als ein Mittel, die Untertanen zu zähmen und in ruhiger Pflichterfüllung zu halten, so wird sie heute dergestalt demokratisiert, daß sie die Eliten in Pflicht nimmt, wo noch solche vorkommen.

Gegenüber der Tendenz, die allgemeine Moral, wie sie sich etwa in den Zehn Geboten ausspricht, für reine Privatsache zu halten und davon eine rollenspezifische Moral abzuheben, die öffentlich kontrolliert und durchgesetzt wird, ist daran zu erinnern, daß keine Gesellschaft überstehen kann, wenn sie die allerersten Grundsätze der Moral für privat, also unverbindlich, erklärt und dafür Sondermoralen proklamiert, die im wesentlichen Leistungs- und Führungshemmung zum Inhalt haben. Denn diese neuen und künstlichen Moralen (künstlich, weil auf Überlegungen der Intellektuellen weit mehr beruhend als den Gesinnungen im Volk) verlangen vom Politiker zuerst, daß er wahrhaftig, nicht korrupt und ideal gestimmt sei, vom Offizier die demokratische Integrität und die Anhänglichkeit an die innere Führung, vom Geistlichen das undogmatische Verständnis für den Nicht- oder Andersgläubigen, vom Unternehmer oder Manager die nichtautoritäre Führung, das herzliche Betriebsklima, die treuliche Ablieferung an das Finanzamt und die Sorge um den Umweltschutz.

So wichtig, so richtig dies alles ist – die zentrale Forderung, welche Moral stellt, ist es gerade nicht. Der Gottesmann soll zuerst von Gesetz und Erlösung predigen, der Soldat den Krieg vermeiden helfen und ihn im Ernstfall gewinnen, der Politiker das nationale Interesse vertreten, der Unternehmer Gewinn machen.

Jeder Beruf hat sein »Ethos«, die Übereinstimmung der ihm Angehörigen über die Form seiner Ausübung, aber das Fundamentalprinzip bei den Berufen ist überall gleich: Der Mensch wird an der Erfüllung seiner Aufgabe gemessen. Dem schlechten Chirurgen hilft es nicht, daß er ein zärtlicher Gatte ist, sowenig wie dem feigen Soldaten die Frömmigkeit oder das Betriebsklima dem Bankrotteur. Sie mögen liebenswerte Menschen sein, oft sind sie es tatsächlich, die aus Unvermögen Gescheiterten in den Prestigepositionen – als Gescheiterte haben sie keine Moral. Diese verlangt zuerst, daß einer seiner Aufgabe gewachsen sei, und verbindet damit die Forderung, die Regeln des Gesetzes und der Menschenliebe hochzuachten.

Anmerkung: Bei uns wie in anderen westlichen Ländern verstehen die, die dem Sport oder der Wissenschaft dienen, ihr Gebiet als unpolitisch (es ist es natürlich nicht). Sie wollen sich damit politischen Zielsetzungen verweigern und am gewöhnlichen politischen Moralisieren nicht teilnehmen. Das hat unzweifelhaft Vorzüge – wenn es durchgehalten werden kann. Doch verliert die Selbstausklammerung aus der politischen Moral ihr Recht, wenn

am Schluß doch die Verbeugung vor der Macht aus vermeinter Weltklugheit herauskommt.
Die Geschichte des Olympischen Komitees ist die Geschichte der Niederlage der Unpolitischen vor der Politik, der Niederlagen der unpolitischen Moral des Sports. Und hat nicht ein großer Unternehmer in Wolfsburg ein paar DDR-Funktionären zuliebe das Erinnern an den 17. Juni 1953 als Geschmacklosigkeit abgetan? Hier hört die Moral des Managers auf und beginnt die des Patrioten.

(August 1978)

Unvermögen zur Diplomatie

Die Deutschen sind in der Welt so übel gar nicht angesehen, wie wir glauben – es sind vor allem die Angelsachsen, die Deutschland problematisieren und die Erinnerung an Hitler als ihren letzten historischen Sieg pflegen; und die Deutschen, die nur noch Englisch können, sehen sich selber in der Welt durchs angloamerikanische Medium. Immerhin ist so viel richtig an der gegen sich selbst gewendeten Skepsis, daß wir nie genug und nie genügend gute Freunde hatten, wenn wir sie brauchten.

So ist es erinnernswert, daß das Reich sich 1914 offenen Auges in einen Weltkrieg begab, der ein Krieg gegen die Welt war, ohne daß es selber auch nur einen Verbündeten von Belang gehabt hätte, und daß Deutschland 1939 einen Krieg auslöste, dann selber zum Weltkrieg machte – wiederum ohne sich um die Machtverhältnisse und ihren Ausgleich zu kümmern. Hinter diesem selbstmörderischen Verhalten mag mancherlei stecken, Selbstüberhebung Wilhelms II. und Hitlers, aber doch auch ein schlichtes Unvermögen zur Diplomatie; die germanische Todessehnsucht als Erklärung überläßt man gern dem Feuilleton – die Militärs wollten die Kriege schon gewinnen, hielten auch nicht viel von dem Motto: »Viel Feind, viel Ehr«.

Ein Unvermögen zur Diplomatie zeigt sich heute wieder. Bismarck, der einzige große Diplomat unserer Geschichte, ist nicht stilbildend gewesen, selbst von Stresemann und Adenauer hat man kaum gelernt. Die einfache Wahrheit wird wieder vergessen, daß es in den internationalen Beziehungen auf Beständigkeit ankommt, Verläßlichkeit, Berechenbarkeit, jedenfalls für den, der nicht allmächtig ist; ebenso wie die andere Wahrheit, daß man seine potentiellen Freunde stets besser behandeln muß als seine potentiellen Feinde. Gegenwärtig kann wieder niemand sicher wissen, was deutsche Außenpolitik ist. Die Routine der amtlichen Diplomatie verläuft korrekt und konturenlos, dahinter türmen sich die Wolken des Dilettantismus in Parlament und Parteien. In der Union gibt es Schlaumeier, die die chinesische Karte gegen die Sowjetunion ziehen und damit einen raschen Reibach machen wollen. Der SPD-Führer Wehner redet, als ob er in Opposition zur Regierung stünde, wir Abrüstung auf eigene Faust betreiben könnten und wir tatsächlich die Option hätten, mit welcher Weltmacht zusammen wir den europäischen Frieden sichern wollen. Dazwischen schwadronierende Generale, die sich anhören nicht wie Soldaten, sondern wie von Gustav Heinemann bestellte Friedensforscher. Das Operationsfeld außenpolitischen Denkens ist bei uns meistens der Stammtisch gewesen. Dort wird der Traum von Taten geträumt und das Spiel mit Möglichkeiten gespielt, die die Realität vorenthält.

Daß der Stammtisch der Bundesebene seine Entsprechung an der Basis findet, zeigt sich, wenn das schlichte Gemüt in diplomatischer Funktion hervortritt. Ein schönes Exempel gibt jener Wettbewerb, in dem die europäische Rundfunkunion ihren jährlichen Hauptschlager ausmittelt. Das deutsche Publikum nominierte ein Lied zu Ehren Dschingis-Khans, was auch durch historische Ignoranz nicht ganz zu entschuldigen ist. Unsere Laienjury verteilte am Schluß ihre Punkte, als ginge es tatsächlich bloß um Geräusch. Die meisten anderen Jurys entschieden – wie es sich bei solchen, die Völkersympathie berührenden, bewegenden Anlässen gehört – auch unter dem Gesichtspunkt der Politik.

Wir, die Großmacht der Naivität, tun so, als sei Sport – Sport, Musik – Musik, Wirtschaft – Wirtschaft, obgleich nichts Internationales unpolitisch ist. So mögen Geltungstriebe der Oberen, Harmlosigkeit der Unteren die Welt rundum vor den Kopf stoßen: Sei's drum, der Schwache ist am schwächsten doch allein.

(Mai 1979)

Die achtziger Jahre

Die achtziger Jahre begannen mit einer Wirtschaftskrise, die von einer Eiszeit im Verhältnis der Supermächte USA und Sowjetunion begleitet wurde. Helmut Schmidt stemmte sich zwar wacker gegen die Flaute und engagierte sich nach Kräften beim Zustandekommen des Nato-Doppelbeschlusses, der den Grundststein legte zum Zusammenbruch der Sowjetunion. Aber es ist bezeichnend für das Deutschland der achtziger Jahre, daß die Geschäftigkeit der Regierung nur ihre Handlungsunfähigkeit kaschieren konnte; die sozialliberale Koalition war 1982 am Ende.

Der Staat und seine Führung waren verschwunden. Das hat auch die neue konservativ-liberale Regierung unter Helmut Kohl nicht eigentlich verändert. Wer an eine geistig-moralische Wende geglaubt hatte, wurde schnell enttäuscht, wer auf einen ordnungspolitischen Kurs in der Wirtschaftspolitik gehofft hatte, war über die tatsächliche Verfassung Westdeutschlands nicht wirklich aufgeklärt. Denn Kohl dachte nicht daran, die Besitzstände anzugreifen, das Subventionsunwesen einzuschränken, die Selbstbedienung an den öffentlichen Kassen zu beenden. Die Wende war keine. Das Anspruchstellen an den Staat wurde weiterhin von den Parteien nach oben getrieben, aber es wurde doch zunehmend problematisiert, weil die Töpfe leer wurden, aus denen geschöpft werden sollte.

Die Republik verfiel politisch in Lähmung, mental in Unlust und Trübsinn. »Angst« und »Betroffenheit« wurden zu deutschen Schlüsselwörtern, beflügelt durch Kata-

strophen, für die, wenn irgend möglich, die Deutschen sich selbst die Schuld gaben. Lust hatten sie am Untergang, an wirklichen und vermeintlichen Katastrophen, die von selbstberufenen Bußpredigern zu moralischen Appellen zum Inne- und Maßhalten benutzt wurden. Die Moralisierung der Politik sollte die Realpolitik ersetzen. Die Ethik gewann über die Ökonomie die Oberhand. Der Staat verlor immer mehr den Mut zur Konsequenz. Nicht die Ordnung der Republik war schlecht, ungenügend war die Hilflosigkeit der Regierenden, ihr wirtschaftspolitisches Finassieren, ihr merkwürdiger Stolz auf die eigene Harmlosigkeit. Karl Heinz Bohrer hat die späte Bundesrepublik als die Republik der Mainzelmännchen beschrieben. Das Bild trifft die Politik und das Selbstbild der Westdeutschen recht gut, unterschätzt jedoch die Hemmungslosigkeit, mit der sich eine bis dahin ungekannte Mentalität des Abkassierens breitmachte, die in der Flick-Spendenaffäre und in der Neue-Heimat-Pleite, dem moralischen Bankrott der Gewerkschaftsbewegung, beredten Ausdruck fand.

Die Dynamik in Deutschland kommt in den achtziger Jahren von außerhalb, kulturell und politisch aus den USA, technologisch bereits aus Fernost. Das Bedrohliche daran wurde ignoriert. Die Revolutionen von 1989/90 in Osteuropa, die schnell folgende Wiedervereinigung, sie waren nicht vorhergesehen worden, vielleicht auch nicht vorhersehbar. Aber daß man die Zeichen ihrer Niederkunft übersehen hatte, stellt der Wahrnehmungsfähigkeit dieses Jahrzehnts kein gutes Zeugnis aus. Den Deutschen bescherten die achtziger Jahre die Lösung ihrer nationalen Frage, herbeigeführt von einem in der Substanz soliden Volk und einem Kanzler, der im Augenblick der Geschichte über sich selbst hinauswuchs.

Der verschwundene Staat

Der englische Philosoph Thomas Hobbes hat einst den Staat den deus mortalis genannt, den sterblichen Gott, sterblich ist er sicher, einen Gott würden wir ihn nicht mehr nennen, und wenn doch, in der Bundesrepublik, einen deus absconditus, einen Gott, der verborgen bleibt. Denn mögen auch Justiz und Verwaltung, Gesetzgebung und Armee funktionieren – vom eigentlichen Staat und seiner Führung ist nichts wahrzunehmen.

In der Wirtschaftspolitik liegt das offen zutage; in der auswärtigen Politik nicht minder, die zwischen Widerstand und Ergebung in Reagans Außenpolitik und Breschnews Einsprüchen hin und her stolpert. In der Innenpolitik zeigt es sich nirgends deutlicher als bei einem Problem, das schon als solches niveaulos ist: der Hausbesetzerbewegung.

Es fällt schwer, die Gruppen der Hausbesetzer als Revolutionäre anzusehen. Wären sie es, müßten sie wohl eher Zentren der Macht angreifen als die Höhlen der Ohnmacht, eher die Bastille erstürmen als ein abbruchreifes Haus. Humanitäre Nobeltrupps sind sie noch weniger, denn sie wollen keinem dringenden sozialen Bedürfnis abhelfen, indem sie Wohnraum instandsetzen und ihn Obdachlosen oder Notleidenden, kinderreichen Gastarbeitern oder Zigeunern zur Verfügung stellen. Sie requirieren den Platz für sich selber, die sie doch alle schon irgendwo Platz hatten, und richten sich in ihrem Edelslum gemütlich ein. Und wo ist der Staat, angesichts dessen,

was wohl richtig als Selbstghettoisierung sozialer Randgruppen bezeichnet werden muß? Die Obrigkeit distanziert sich von der Realität.
Zunächst gibt es keine Rechtseinheit mehr: In Berlin wird gänzlich anders verfahren als in Bayern. Zwar ist die strafrechtliche Subsumtion die gleiche, Haus- und Landfriedensbruch etc., doch trägt sie zum Problem wenig bei. Die Staatsführung ist hilf-, wenn auch nicht sprachlos; die einen ahnungslos von rechts, die anderen ahnungslos von links. Daß Strauß zu Protokoll gab, daß sich der Kern einer neuen Terroristenszene bilde, ist angesichts der Gefahr der Solidarisierung in diese Szene hinein von zweifelhafter Klugheit; dasselbe gilt für den stark zur Gutwilligkeit neigenden Innenminister Baum, der die Gefahr leugnet, aber doch möchte, daß die Polizei sie beseitigt.
Der Zusammenklang der armen befehlsgemäß dreinschlagenden Polizisten mit dem sozialliberalen Verständnisgesäusel einerseits und dem Rumoren konservativer Poltergeister andererseits lenkt nur ab von dem schlichten Tatbestand, daß es sich bei den Vorgängen schon um Terror handelt, zu dessen Analyse und Prävention dem Staat nichts einfällt. Niemand will bemerken, wie die Polizei dadurch zur Polizeiarmee denaturiert, daß sie immer in den Kampf geschickt wird, wenn es schon für Abschrekkung und Verhinderung zu spät ist; daß in der Justiz die Neigung wächst, sich dem Vorbild des Richters Pontius Pilatus anzuschließen und Barrabas loszulassen, wenn der Mob nur laut genug schreit, und sich dann die Hände in Unschuld zu waschen; daß die Organe des Staates nicht vernünftig handeln können, wenn er nicht mehr weiß, was er will und hinter Polizeischilden verschwindet.
Das Verhätscheln der Randgruppen soll weitergehen und gleichzeitig der Versuch zu ihrer Integration. Die Verhaftung ihrer Sprecher ist so zufällig wie die Einladung zu

einer Diskussion mit Spitzenpolitikern. Das Eigentum soll geschützt werden, aber die in Gewalt ausartende Demonstration dagegen auch.
So kann ein liberaler Rechtsstaat wegtauchen, der keinen Begriff mehr von Recht und Freiheit hat.
P.S. Gegen gewalttätige Demonstranten und Hausbesetzer könnte mit zivilrechtlichen Mitteln eleganter vorgegangen werden, keine Kriminalisierung wäre involviert; und für leergehaltene Häuser, im dichtbesiedeltem Land ein Skandal, hat die Marktwirtschaft genügend Rezepte – man muß sie bloß verschreiben.

(April 1981)

Doppelbeschluß

»Doppelbeschluß« ist ein Schlüsselwort der deutschen Politik. Das Wort wurde erfunden zur Bezeichnung jener politischen Willensbekundung der Nato, in welcher die Nachrüstung gegenüber dem militärischen Vorsprung des Warschauer Pakts gekoppelt wurde mit der Bereitschaft oder dem Begehren nach weiteren Abrüstungsverhandlungen mit der Sowjetunion. Dieser Doppelbeschluß ist seit seiner Verabschiedung innerhalb der europäischen sozialistischen Bewegung umstritten gewesen und ist es seit Amtsantritt der Regierung Reagan auch unter den Regierungen – weil die Amerikaner besorgen, den Europäern ginge es in Wahrheit nur um den Abrüstungsteil, während die Europäer, insonderheit die Deutschen und die Skandi-Lux-Gruppe, fürchten, daß die USA die Nachrüstung mit eindeutiger Priorität versehen.
Der Streit ist nicht verwunderlich. Ein Doppelbeschluß ist eben kein richtiger Beschluß, auch kein wahrer Kompromiß, der den Ausgleich gegenläufiger Interessen beinhaltet, sondern die bloße Verkupplung zweier Beschlüsse, die keine logische oder sachliche Notwendigkeit verbindet: Wenn die Nachrüstung nicht zustande kommt, braucht es ohnedies keine Abrüstungsverhandlungen mehr; wenn Abrüstungsgespräche scheitern, muß forciert nachgerüstet werden. Die Sowjetunion durch solchen Doppelbeschluß zu beeindrucken, statt durch den Anlauf zur Nachrüstung selbst, ist eine vergebliche Hoffnung; doch hat er immerhin den Wert, das westliche

Publikum doppelt zu beeindrucken, die Linken wie die Rechten.
Vor allem das deutsche. Wir sind durch unsere Politik unmerklich daran gewöhnt worden, daß sie sich, seit die großen Grundentscheidungen für die Westintegration und die Marktwirtschaft gefallen sind, in lauter Doppelbeschlüssen vollzieht. Unsere Energiepolitik verkündet: Kernkraft ja, aber Bevorzugung aller anderen Energiearten auch ja. In der Bildungspolitik: Erhaltung des mehrgliedrigen Schulsystems ja, Forcierung der Gesamtschule auch ja. In der Finanzpolitik: Einsparungen bei öffentlichen Ausgaben ja, Erhöhung der Verteidigungsausgaben und Erhaltung der Sozialausgaben auch ja.
Solche Zusammenfassungen von Unvereinbarkeiten entsprechen dem in unserem Land der Mitte tief eingewurzelten Hang zum Sowohl-Als-auch, der Abneigung gegen die klare Entscheidung, dem Wunsch, über alles und jedes mit allem und jedem einen Konsens herbeizuführen, wobei die weltfremde Vermutung eine Rolle spielt, daß der Konsens eher die Entscheidung ermöglicht als das umgekehrte Verfahren.
Schon das Heilige Römische Reich Deutscher Nation führte nicht nur den Doppeladler im Schilde, sondern krebste mit Doppelbeschlüssen dahin, mit Proporz und Parität der Konfessionen und der Stände als den schwergängigen Vehikeln der Fortbewegung.
Die neuen Doppelbeschlüsse sind aber nicht nur Ausdruck von Willensschwäche oder Entschlußlosigkeit und führen auch nicht überall zur Selbstlähmung wie in der Finanzpolitik, sie bilden auch den Paravent für jene, die sehr wohl wissen, was sie wollen, nämlich bloß die eine Hälfte des doppelten Beschlusses.
Tatsächlich sind wir in der Nichterrichtung von Kernkraftwerken schon in der Welt führend, und unsere Bil-

dungspolitik wirkt allenthalben abschreckend beispielhaft. Die Doppelbeschlüsse sind in aller Regel gar nicht doppelt: die eine Hälfte ist bloß Verpackung, Inhalt die andere – das Ergebnis ist eindeutig und einfach.

(Mai 1981)

Anspruchsdenken – ein Alibibegriff

»Anspruchsdenken« ist ein merkwürdiges Wort. Das Denken spielt dabei nämlich nur eine geringe Rolle, wie übrigens beim Wunschdenken auch, aber auch mit dem »Anspruch« ist es nicht weit her. Die Vokabel »Anspruchsdenken«, die, seit es uns ein wenig schlechtergeht, vornehmlich von Politikern und Verbandsfunktionären gebraucht wird, ist ein Verschleierungs-, Heuchel-, ein Alibibegriff, der all den vielen, die den politischen Gewalten und wirtschaftlichen Mächten untertan sind, ein schlechtes Gewissen machen soll für etwas, daran sie gar keine Schuld haben.

Denn wer hat die Ansprüche begründet, die sich nun zu einem Anspruchsdenken kumuliert haben, dessen Gewicht das soziale Netz zu zerreißen droht? Waren es die Rentner, die sich zusammengerottet hatten, um die Dynamisierung ihrer Bezüge zu erzwingen? Hatten die Kranken und die Kränklichen mit Dreistigkeit darauf bestanden, immer mehr Geld für Medikamente, ärztliche Leistungen, neue Krankenhäuser und Kurheime auszugeben? War es die Arbeiterschaft, die im Generalstreik die Lohnfortzahlung im Krankheitsfall erzwungen hatte? Sind es die Mieter gewesen, die für Billigtarife für Sozialwohnungen auf die Straße gegangen waren oder die für ein Mietrecht demonstriert hatten, das den Wohnungsbau unrentabel machen mußte? Hatten sich Schüler, Eltern und Lehrer machtvoll verbündet, um eine Bildungsreform zu erzwingen, die die kostspielige Reform der Oberstufe, die wenig effiziente Gesamtschule, die Gründung immer neuer Universitäten und Lehrstühle und die Alimentierung der Studenten aus öffentlichen Kassen bewirkte? Waren es die scheidungslüsternen Ehemänner, die emanzipiert-aggressiven Ehefrauen gewesen, die auf einem neuen Recht bestanden, das angeblich die Scheidung erleichtert, weil es zwar das Schuldprinzip abschafft, aber in Wahrheit einen Versorgungsausgleich organisiert, der zu schwer erträglichen Belastungen für Betroffene und Justiz führte? Haben die Berufstätigen das Arbeitsrecht erfunden, das die Mobilität einschränkt und das Leistungsprinzip auch, und sind die Arbeitslosen für eine Rechtslage verantwortlich, die den Unbedenklichen zum Mißbrauch einlädt?

Nein, nichts von alledem. Das Anspruchsdenken ist gerade nicht die Erfindung derjenigen, denen es vorgeworfen wird, sondern derjenigen, die es als Vorwurf im Munde führen, nämlich der Volksbeglücker in Parlament und Parteien. Mit dem ausführlichen Grundrechtsteil der Verfassung hatte der Parlamentarische Rat den Weg vorgezeichnet, auf dem nachher alle Parlamente mit zunehmender Geschwindigkeit marschierten, um möglichst jede Sozialbeziehung in einklagbare Ansprüche aufzulösen. Nun, da sie bremsen müssen beim Galopp in die irdische Glückseligkeit, an dem sich ausnahmslos alle Parteien, alle Verbände beteiligt hatten, soll dem Volk eingeredet werden, es selber sei in seiner unersättlichen Gier nach »materiellem Wohlstand« (gerade so, als ob die deutsche Politik je ein Angebot an geistigen Gütern hätte machen können!) verantwortlich gewesen, indem es unverantwortlich handelte, auf daß es die nun notwendigen Einschränkungen als selbstverschuldete Last auf sich nehme. Es ist richtig, daß die Leute, denen man Ansprüche zuschanzte, tatsächlich von diesen Gebrauch gemacht haben. Auch Mißbräu-

che haben stattgefunden, wie der Krankenstand in der Industrie beweist, aber es sind Mißbräuche, die leicht einreißen konnten, weil eine obrigkeitliche Einladung zugrunde lag.
Daß jemand legal die öffentliche Hand ergreift, die sich ihm voller Banknoten entgegenstreckt, ist sowenig vorwerfbar wie die Ausnutzung jeder legalen Finesse im Steuerrecht, wo kein Mensch von Anspruchsdenken redet.

(Februar 1982)

Das Tarifrunden-Ritual

Ein Ritus des sozialen Kampfes wiederholt sich jedes Frühjahr – die Tarifrunden zwischen Arbeitgebern und Gewerkschaften. Dieses Frühjahr sind sie von besonderer Bedeutung, weil die Bundesrepublik noch exportabhängiger geworden ist und ihre Konkurrenzfähigkeit international durch die Lohnkosten stärker beeinflußt wird als in den vergangenen Jahren und weil auch die Lage der nichtexportierenden Wirtschaft generell keine echten Lohnerhöhungen zuläßt, also solche, die über die Inflationsrate hinausgehen. Das wissen die Gewerkschaften auch und haben sich mehrheitlich in der Vergangenheit daran orientiert, weil die meisten noch von einsichtsvollen Gewerkschaftern alter Schule geführt werden und von der Gewerkschaftsbasis auch keinerlei spontaner, nichtmanipulierter Druck auf unsinnig-aggressives Verhalten ausgeht.
Es ist auch wahr, daß die deutschen Gewerkschaften wirtschaftlich-unternehmerisch denken, eben weil sie selber zum großen Teil Unternehmer sind; ihnen gehören große Banken, Bausparkassen, Wohnungsbauunternehmen. Außerdem sind sie durch die Mitbestimmung mitverantwortlich in den großen Unternehmen geworden. Immerhin gibt es noch genügend Gewerkschaften – die des öffentlichen Dienstes beispielsweise –, für die diese Anbindung an die wirtschaftliche Vernunft kaum eine Rolle spielt, und andere, in denen agitatorische Kräfte Einfluß haben, die nicht aus der Arbeiterschaft kommen und

mit Hilfe der Tarifpolitik eine andere Wirtschaftsverfassung, wenn nicht gar eine andere Republik durchsetzen möchten. Es ist aber kein guter Zustand, daß eine große Handels- und Industrienation von der Zufälligkeit der Einsicht von Gewerkschaftsführungen abhängig ist.
Ein Blick über die Grenzen ist nützlich. In Großbritannien ist es einer entschlossenen konservativen Regierung gelungen, den unheilvollen Einfluß der allerdings sehr törichten britischen Gewerkschaften ganz erheblich zurückzudrängen. Der Präsident Reagan hat dasselbe geschafft, obgleich die amerikanischen Gewerkschaften bei weitem nicht die Rolle spielten wie die britischen. In Frankreich ist es dem Präsidenten Mitterrand mit Hilfe der Kommunisten gelungen, sein Reformprogramm an ihnen vorbei durchzusetzen; in den wenigen Konfliktfällen, wie bei den Flugzeugbesatzungen, hat die Regierung sich ohne Schwierigkeiten gegen die Gewerkschaft durchgesetzt. Nirgends hat es eine Rolle gespielt, welche politische Farbe die Regierung hatte, und nirgends hat es soziale Unruhen gegeben. Das sollte man sich, bei aller Unvergleichbarkeit im übrigen, in Deutschland merken.

(März 1982)

NATO – eine Mesalliance?

Die atlantische Allianz beginnt zur Mesalliance zu werden, weil Europäer und Amerikaner andere politische Verhaltensweisen entwickelt haben, sich verschieden ausdrükken und einander auch dann noch mißverstehen, wenn sie übereinstimmen.
Seit Nixons Ende waren nämlich die USA fast aus der Weltpolitik ausgeschieden, hatten ihre Führungsrolle im Bündnis praktisch aufgegeben, derweil die Europäer sich angewöhnten, so zu reden, als ob sie das durch die Cartersche Deklamationspolitik entstandene Vakuum ausfüllen könnten; das war die Zeit, als Schmidt und Giscard so taten, als gäbe es noch die großen Vier, und sie seien zwei davon. Dann trat Reagan auf – mit dem Ehrgeiz, die Proportionen wieder herzustellen, die freie Welt wieder anzuführen, und es begann jene Entwicklung, die aus der Allianz eine Mesalliance machen kann.
Diese Entwicklung wurde in den USA verstärkt durch den Opportunismus der Medien, die Nixon gestürzt, Ford lächerlich und Carter verächtlich gemacht hatten und dann darangingen, angesichts eines Präsidenten, den sie nicht mögen, aber gegen den sie (noch) nicht viel ausrichten können, sich mit einer antieuropäischen Hetze bei ihrem Publikum in Gunst zu halten, gerade so, als sei es die Untüchtigkeit der Westeuropäer gewesen, die den Niedergang der Weltmacht USA herbeigeführt hätte. Dagegen ist bloß zu erinnern, daß die USA ihre Machteinbußen überall dort erlitten, wo es keine europäische Prä-

senz gab – von Vietnam über Persien und Angola, Moçambique bis Mittelamerika –, während im Gebiet der Nato sich kein kommunistischer Geländegewinn ergeben hat und auch die Iberische Halbinsel nach dem Sturz der beiden Diktaturen, praktisch ohne Unterstützung der USA, einigermaßen demokratisch stabil gehalten werden konnte; Kissinger hatte Spanien und Portugal seinerzeit schon aufgegeben.
Zur Wiederherstellung der Effektivität der Allianz empfehlen sich ein paar einfache Überlegungen:

1. Die USA und Westeuropa haben noch immer den gleichen gemeinsamen Feind, vor dem sie sich schützen müssen, mit dem sie aber keinen Krieg führen wollen.

2. Die Amerikaner sind übel beraten, wenn sie weiterhin den angeblich in Europa grassierenden Pazifismus hochreden, während bei ihnen selbst sich eine Art Friedensbewegung formiert: In Wahrheit ist für beide, USA und Europa, die überkommene Nato-Strategie durch bloßes Aufstocken und Nachrüsten für die Völker nicht überzeugender zu machen, solange zur Friedenssicherung und Konfliktminderung nichts Intelligenteres beigesteuert wird als bisher.

3. Töricht und sinnlos sind die wechselseitigen Anschuldigungen, die gegenwärtig den atlantischen Dialog ausmachen. Die Amerikaner sollten von den Europäern keine Sanktionen wie im Falle Polen verlangen, wenn sie selber keine substantiellen beizutragen entschlossen sind. Die Europäer brauchen nicht wegen der amerikanischen Hochzinspolitik in Washington zu winseln – sie können sich auch nicht abkoppeln, sie müssen sie als Faktum hinnehmen; sie können im übrigen auch damit leben (außer

jenen, die an inflationistische Kuren glauben); Reagan und Volcker sind nicht die Urheber der Weltrezession.

4. Mehr europäische Bescheidenheit. Wo wir nicht mehr dazugeben können als unseren Senf, sollten unsere Politiker den Mund halten; das gilt selbst für berechtigte Kritik an der Politik der USA im Mittleren Osten oder in Mittelamerika. Privatleute und Kleinstaaten dürfen moralisch werden, wo sie weder Macht noch Verantwortung haben, seriöse Mächte aber nicht.

(April 1982)

Steuerlastquote unerträglich

Nur 24 Pfennig pro Mark beträgt die Steuerlastquote am Bruttosozialprodukt in Deutschland – genausoviel wie 1969. Nun weiß aber jeder, der überhaupt von unserer Wirtschaft etwas weiß, daß die Staatslastquote am Sozialprodukt viel höher ist und in den letzten Jahren eine nicht mehr tragbare, auch im internationalen Vergleich unerträgliche Höhe erreicht hat.
Das Rätsel löst sich leicht, wenn man die theoretisch richtige Unterscheidung zwischen Steuer- und Soziallasten in Erinnerung bringt; die letzteren sind es, die sich auf Betreiben vermeintlicher Volksbeglücker so immens gesteigert haben, daß man heute das soziale Netz weniger als ein Instrument der Sicherung denn als eines der Fesselung der Volkswirtschaft wahrnimmt.
Praktisch wird auch die Unterscheidung von Steuer- und Soziallast so gut wie nicht wahrgenommen – für die Arbeitnehmer sind es einfach die Abzüge, die ihnen die Obrigkeit jeden Monat verordnet, wobei die große Mehrheit unter ihnen nicht einmal weiß, daß ein Großteil der Soziallast gar nicht von ihnen in Form von Mitgliedsbeiträgen kassiert, sondern von den Unternehmen als Arbeitgeberanteil beigesteuert wird. Viele Politiker und Gewerkschaftler haben auch nur ein mäßiges Interesse daran, diese Tatbestände bekannt werden zu lassen, wie sie ja auch von einer in der Bevölkerung weitverbreiteten Ignoranz zu profitieren hoffen, die sich zum Beispiel darin ausdrückt, daß die Mehrheit der Deutschen abenteuer-

liche Vorstellungen von Umsatzrenditen und Unternehmensgewinnen haben: Niemand hat sich je die Mühe gemacht, sie über diese elementarsten Daten aufzuklären.
Solange diese Unwissenheit anhält, wird es sehr schwer sein, die unbedingt notwendigen Korrekturen an unserem System sozialer Überversorgung vorzunehmen, den finanziellen Handlungsspielraum der Betriebe zu vergrößern und die Schuldenlast des Staates, der Länder und Gemeinden zu verringern. Solange die Bevölkerungsmehrheit glaubt, die Unternehmer machten 30 Prozent Gewinn vom Umsatz, aber ihr solle die soziale Sicherung entrissen werden, wird keine Regierung, keine Partei das Odium auf sich nehmen, als Ausbeuter oder sozialer Raubritter zu erscheinen. Nur wenn die Arbeitnehmer wissen, daß nicht nur sie selber weniger verdienen, sondern ihre Firmen noch viel weniger, ist eine gemeinsame Anstrengung zur wirtschaftlichen Gesundung möglich.

(Juni 1982)

Wackelige Westbindung

Der Kern der atlantischen Krise ist das deutsch-amerikanische Mißverhältnis – die Engländer hatten schon unter Churchill auf eine eigene Außenpolitik verzichtet; die Franzosen folgen der gaullistischen Linie, für den Extremfall verläßlich zu sein, aber eine autonome Außenpolitik zu haben. Die Bundesrepublik gehört weder zum angelsächsischen Bund, noch will sie bis jetzt eine selbständige, prinzipiell westliche Politik, ist aber der wichtigste Verbündete der USA und vom Osten unmittelbar bedroht wie am Westen unmittelbar interessiert.

Präsident Reagan leidet unter dem begründeten Eindruck, daß die USA im Verhältnis zur UdSSR schwächer geworden sind, aber auch im Verhältnis zu den europäischen Verbündeten. Reagan möchte beide Schwächen korrigieren, zunächst mit dem fatalen Resultat, daß seine antisowjetische Politik sich als antieuropäische darstellt, und daß die Deutschen als Hauptangriffspunkt herhalten.

Wir selber liefern eine Rechtfertigung amerikanischen Fehlverhaltens durch eine innenpolitische Entwicklung, die als Abkehr vom Westen verstanden werden kann. Die Friedensbewegung erscheint in Washington als ein Teil der psychologischen Kriegsführung des Ostens, von Moskau aus gesehen ist sie das auch ebensosehr, wie sie es im Bewußtsein ihrer gutgläubigen Anhänger nicht ist. Die Tatsache, daß sie, um ökologische Motive angereichert, sich zu einer politischen Partei verdichtet hat, die von der maroden SPD und ihrem keineswegs maroden Vorsitzenden als informeller Koalitionspartner in Aussicht genommen ist (Willy Brandt, der in seiner Jugend einer nicht ganz unähnlichen Partei angehörte, mag damit den Traum von einer permanenten, die deutsche Politik beherrschenden Linkskombination verbinden), muß darum um so mehr Zweifel erwecken, als den »Alternativen« von all jenen, die es besser wissen – der Bundesregierung, den Kirchen- und Gewerkschaftsführungen – aus Feigheit kaum Widerstand entgegengesetzt wird. Die FDP, immer noch formeller Koalitionspartner der SPD, ist unfähig zu begreifen, daß sich hier ihre Vernichtung vorbereitet.

Bedeutsam ist die Tatsache, daß die Bundesrepublik auf massiven amerikanischen Druck den Atomsperrvertrag unterzeichnet hat: gegen die Erneuerung des Versprechens, ihre Sicherheit bleibe unter dem amerikanischen nuklearen Schirm gewahrt. Seit dieser Zeit haben wir die beste und modernste Streitmacht der 2. Klasse; lassen uns permanent beschuldigen, daß wir für die westliche Verteidigung nicht genug täten, können auch die unmittelbaren, weil persönlichen Opfer der Wehrpflichtigen in die Zahlenrechnungen nicht einbringen, die die anderen mit ihren nuklearen Berufsarmeen präsentieren. Zugleich haben wir uns eine psychologische Schwächung der Bundeswehr eingehandelt, die genau weiß, daß sie eine im Vergleich zur großen militärischen Tradition unseres Landes unwürdige Hilfsfunktion erfüllt. Und wir werden das quälende Bewußtsein nicht los, daß die Natostrategie unser Überlebensinteresse nicht hinreichend berücksichtigt.

Die Amerikaner drohen gern damit, ihre Präsenz in Europa abzubauen. Dies könnte zu einer Katastrophe führen, wenn wir nicht handeln. Nämlich: in unsere Innenpolitik

Vernunft einkehren lassen und in unsere Außenpolitik Selbstbewußtsein. Wenn Europa, wenn Deutschland will, ist auch eine selbständige Verteidigung möglich, freilich nicht unter den Bedingungen, die die Amerikaner festgelegt hatten. Das sollten wir ihnen sagen: auch eine Abschreckung.

(August 1982)

Auf der sozialen Matratze

Ich weiß wohl, daß vom sozialen Netz gesprochen wird, nicht von einer Matratze. Aber tatsächlich sind die Leistungen aus unserer Sozialpolitik ein Netz nur für diejenigen, die ins Unglück stürzen, etwa durch Arbeitslosigkeit oder Krankheit, und die dann aufgefangen werden. Zum guten Teil hat der Sozialstaat aber längst eine bequeme Matratze bereitgestellt, auf der eine Menge von Leuten ruhen mögen, bei denen von sozialem Notstand nicht die Rede sein kann. Gegenwärtig wird aber so getan – weil zwischen Netz und Matratze nicht richtig unterschieden wird –, als ginge es bei Einsparungen den Ärmsten der Armen an den Kragen; und um dies zu verhindern, müßten die Besserverdienenden zur Kasse gezwungen werden.

Die Besserverdienenden sind nach einem ernsten Scherzwort diejenigen, die man noch schröpfen kann, ohne daß sie gleich der Fürsorge zur Last fallen. Nun ist angesichts der Tatsache, daß wir von 1970 bis 1981 einen allgemeinen Lebensstandardzuwachs von über 20 Prozent gehabt haben, dem deutschen Volk ein Opfer zumutbar, sofern es einerseits den wirklich Bedürftigen zugute kommt und es andererseits gerecht erhoben wird. Nach den bisherigen Plänen kann davon keine Rede sein. Der Status des öffentlichen Dienstes soll praktisch unangefochten erhalten bleiben, mit allen Zuschüssen, Beihilfen und der hundertprozentigen Arbeitsplatzsicherheit; es gibt die Absurdität, daß fortschrittliche linke Lehrer sich weigern, zwei

Wochenstunden mehr zu unterrichten. Andererseits werden qualifizierte Facharbeiter, Angestellte und Selbständige allesamt als Besserverdienende definiert, die zusätzliche Steuer- und Soziallasten zu tragen haben: kurzum, die große Mehrheit der fleißig und redlich Arbeitenden unseres Volkes.

Dahinter steckt die kuriose Denkweise von den sozialen Besitzständen, die sakrosankt sind und kaum angetastet werden dürfen – alles, was von Staats wegen an Unterstützung und Zuwendung ausgeworfen wird, gilt als garantiert. Eigentum, Vermögen und Einkommen des einzelnen sind zum Wegnehmen da. In den Jahren der Hochkonjunktur hatten die Politiker (darunter natürlich auch die der CDU/CSU) die Spendierhosen angelegt, die sie in Zeiten der Rezession aber anbehalten wollen; und die jetzt weniger verdienenden Besserverdienenden sollen noch mehr für die sozialen Besitzstände der anderen bezahlen als zu der Zeit, da sie besser verdienende Besserverdienende waren.

Bei dieser »Sozialreform« wird sich offenbaren, ob wir eine Regierung haben (oder eine bekommen), die über Verstand und Courage verfügt.

(Oktober 1982)

Unschöne Selbstbedienung

»Selbstbedienung« wird hier nicht in dem Sinn verwendet, den Gustav Heinemann, der selbst kein übler Selbstbediener war, dem Wort einst verliehen hatte – für den beklagten Hang des öffentlichen Dienstes, sich selber aus der Staatskasse gütlich zu tun. Auch nicht für die analoge Neigung von Politikern, die soziale Frage erst einmal für sich selber zu lösen. Gemeint ist schlicht das um sich greifende Prinzip in Handel und Gewerbe, den Kunden arbeiten zu lassen, statt für ihn zu arbeiten.

Nun ist unverkennbar, daß Selbstbedienung – von Sprachschändern auch englisch »self-service« genannt; flotte Franzosen machen sich in ihrem eigenen Englisch wie in »self-grill« wenigstens lächerlich – wahrnehmbare Vorteile hat. Der Kunde zahlt oft weniger und glaubt es immer. In einigen Branchen ist auch das Fehlen eines zuweilen aufdringlichen, dafür unfähigen Personals durchaus angenehm, zum Beispiel in vielen Buchhandlungen, und die Abwicklung des Einkaufs braucht oft weniger Zeit. Bei vielen Firmen wird es umgekehrt so sein, daß sie ohne den Übergang zur Selbstbedienung angesichts hoher Personalkosten gar nicht hätten überleben können. Das gilt aber gewiß nicht für alle, die Selbstbedienung eingeführt haben. Man darf bezweifeln, ob bei genauer betriebswirtschaftlicher Kalkulation der bei Selbstbedienung notwendigen Investitionen einerseits und der erhöhten Diebstähle beispielsweise andererseits die Entscheidung für die Selbstbedienung finanziell bestätigt wird.

Bei zweieinhalb Millionen Arbeitslosen, gleichbleibenden Lohnkosten und nun wirtschaftspolitisch etwas kälter betrachteten Lohnnebenkosten kann es wirtschafts- und sozialpolitisch geboten sein, die Wanderung in die Selbstbedienung nicht noch obrigkeitlich zu fördern, wie es etwa derzeit durch eine unterschiedslose Befreiung von der Investitionsabgabe und durch all die Mühseligkeiten, die Personal schlicht als Last empfinden lassen, geschieht. Selbstverständlich müssen Rationalisierungen möglich sein und auch da gefördert werden können, wo per Saldo Arbeitsplätze nicht gehalten werden können: Doch sollte dahiner ein technischer Fortschritt stecken und der Zwang der internationalen Wettbewerbsfähigkeit. Diese Rechtfertigungen fehlen bei vielen Selbstbedienungen durchaus.

Der zweite Gesichtspunkt ist ein kultureller. Im Regelfall wird durch die Selbstbedienung nämlich kein Zugewinn an Menschenfreundlichkeit und Wohlbehagen erreicht, sondern eher das Gegenteil davon; viel weniger an Leistung zu oft nur geringfügig reduziertem Preis. Vor allem macht die Selbstbedienung erst die Entstehung von Branchen möglich, die in sich Verderben und Barbarei bergen. Fast-Food-Restaurants, Schnellfreß-Säle, wo jeder ins Hackfleisch hacken mag, wie ihm der Schnabel gewachsen ist, und wo sich die Menschheit wieder von der Erfindung des Tafelgeschirrs und Eßbestecks befreit. Die Straßenbahnschaffner, als es sie noch gab, konnten Auskünfte geben, Kindern und alten Leuten beistehen; vorbei. Gegen Selbstbedienung aus Automaten ist hingegen wenig einzuwenden – unser famoses Ladenschlußgesetz macht sie zum echten Kundendienst.

Die dienenden Berufe sind nicht mehr populär. Die meisten gehen lieber mit Maschinen als mit Menschen um, wenn sie von ihnen nicht mit Ehrfurcht behandelt werden, wie Priester, Ärzte, Anwälte (die auch darum nicht als dienende Berufe angesehen werden). Die Geringschätzung der Serviceberufe offenbart ein gestörtes Sozialbewußtsein. Man sollte es ändern: Sich selbst bedienen ist nicht der schönste Dienst.

(März 1983)

Ära Kohl

Es ist anzunehmen, daß die Ära Kohl, die am 6. März begonnen hat, ein Jahrzehnt andauert. Die Basis der CDU/CSU ist in Kommunen, Ländern und nun auch noch im Bund so stark, daß sie schon sehr große Fehler machen müßte, um nicht auch die beiden nächsten Wahlen zu gewinnen – dann kann sie in Kohls dritter Legislaturperiode, wenn es tunlich scheint, den Bundeskanzler durch einen jüngeren ablösen. Aber eine Wende, gar eine Schicksalswende, hat der 6. März nur eingeleitet, wenn die neue Regierung sich nicht auf minimale Korrekturen beschränkt, sondern auf wichtigen Gebieten eine fundamental andere Politik ins Werk setzt als die des zunächst schleichenden, dann trabenden Sozialismus ihrer Vorgängerin.

Das wird schwerer fallen, als der große Wahlerfolg annehmen läßt. Von den drei Parteien der Regierungskoalition ist eine, die CSU, ganz überwiegend konservativ gestimmt. Die zweite, die gereinigte FDP, zu einer möglichst eindeutigen Marktwirtschaft entschlossen. Aber dem dritten Partner, dem weitaus wichtigsten, der CDU, geschieht nur wenig Unrecht, wenn man ihn als gemäßigt sozialdemokratisch bezeichnet. Anders als in den USA oder Großbritannien sieht sich hierzulande eine große Massenpartei kaum in der Lage, sich von einem »sozialen« Meinungsklima zu lösen; zudem glaubt die CDU fälschlicherweise, sie sei ihrem linken Flügel nicht wenig verpflichtet, weil er doch Gewerkschafter- und Arbeiterstim-

men bringe – fälschlicherweise, weil dieser linke Flügel in Wahrheit gar nichts bringt, sondern nur die CDU mit Gedankengängen infiziert, die anderen Interessen dienen.
Es kommt hinzu, daß die Union sich auf einigen Gebieten völlig unfähig erwiesen hat, ihren Wählerauftrag zu erfüllen. So hat sie in der Bildungspolitik, in der ihre Wählerschaft eine andere Politik wollte als die der Sozialdemokraten, ungefähr alles mitgemacht, was den linken Ideologen in den vergangenen 15 Jahren eingefallen ist, so daß in den Schulen und Hochschulen kaum ein Unterschied zwischen den SPD- und den unionsregierten Ländern festgestellt werden kann. Das gleiche gilt für die Fernsehanstalten, wo die CDU/CSU bei weitem die stärkste Position innehatte, doch keineswegs für bessere Informations- und Unterhaltungsprogramme sorgen konnte.
Der Kanzler hat von der Notwendigkeit einer geistigen Erneuerung geredet und ist dafür verhöhnt worden – es kann sich kaum noch jemand vorstellen, daß Politik nach der Zeit Willy Brandts etwas anderes sein könne als ein Rührstück und daß die Nation sich nicht gemach im staatlich verwalteten Volksheim zur Ruhe setzt. Mit der finanziellen Gesundung und dem wirtschaftlichen Aufschwung muß es anfangen, aber dann wird mehr erwartet: ein leistungsbewußtes Bildungswesen; eine selbstbewußte Friedenspolitik, die nicht bloß darauf wartet, daß den Sowjets Böses und den Amerikanern Gutes einfällt; und ein neuer europäischer Anlauf, der mit der deutsch-französischen Kooperation beginnen muß. Fürs erste mag man sagen: Das Schlimmste ist überstanden, aber diese Stimmung allein trägt kein halbes Jahr.

(April 1983)

Absurder Subventionsunfug

Im nächsten Jahr, so will es ein Bonner Gerücht, wird noch eine Millarde Mark mehr für Subventionen ausgegeben als in diesem. Eine genaue Vorhersage läßt sich freilich ebensowenig machen wie eine wirklich aussagekräftige Aufstellung aller Summen, die derzeit schon in Höhe von vielen Milliarden an Subventionen in die Wirtschaft fließen. Aber die Tendenz läßt sich angeben, nämlich steigend. Das bedeutet zugleich, daß in einem wichtigen Punkt die neue Regierung ihre Absichten verrät und das sich selbst gegebene Wort nicht hält.

Für jede einzelne dieser Liebesgaben, die aus den Taschen des Steuerzahlers zu mehr als 90 Prozent in die Kassen der Großunternehmen und der Landwirtschaft fließen, lassen sich ausgezeichnete Gründe finden, humanitäre, politische und manchmal auch wirtschaftliche. Aber gegen sie alle spricht ein fundamentaler und unwiderleglicher Grund: Sie stabilisieren, auf Zeit wenigstens, wirtschaftliche Positionen, die ansonsten der Marktwirtschaft nicht standhalten würden, sie beseitigen Schritt für Schritt Freiraum der Wirtschaft, der den wesentlichen Inhalt und die Überlegenheit unseres westlichen Systems ausmacht. Die CDU/CSU hatte der sozialliberalen Koalition jahrelang mit Recht vorgeworfen, daß sie keine »Ordnungspolitik« im eigentlichen Sinn betreibe und die soziale Marktwirtschaft Ludwig Erhards allmählich verkommen lasse. Doch nun, da sie an der Regierung ist, hat sie selber zu einer Wende noch nicht einmal angesetzt.

Die AEG war noch, mit Hilfe des Staates und auf Kosten der 35 000 Firmen, die dem Pensionsfonds angehörten, gerettet worden. Nun melden sich immer mehr Schiffsbau- und Stahlfabriken, die keine natürliche Lebenschance mehr haben, direkt bei der Regierung, um fürs erste ein paar hundert Millionen zum unmittelbaren Verbrauch mit dem Anspruch auf jährliche Nachlieferung zu erlangen. Das ist der typische Anfang einer Entwicklung, die Großbritannien in den Ruin geführt hätte, wenn nicht Frau Margaret Thatcher gekommen wären. Merkwürdig übrigens, daß die Unternehmen, die von der staatlichen Fürsorge leben, sich noch zur Privatwirtschaft rechnen und ihre Vorstände wie erfolgreiche Manager erfolgreicher Unternehmen bezahlen statt wie Ministerialbeamte.
Unser Mittelstand ist traditionell gegen Subventionen; aus Prinzip und auch deswegen, weil er selber nur wenige Staatsgeschenke erhält, aber das Geld für die anderen aufbringen muß. Seine Sprecher sollten jetzt ihre Stimme erheben und den echten Marktwirtschaftlern in der neuen Regierung den Rücken stärken.

(August 1983)

Staatskirchensteuer abschaffen

Es ist an der Zeit, mit der staatlichen Einziehung der Kirchensteuer aufzuhören.
Dafür sprechen viele gute Gründe, während für die Beibehaltung des jetzigen Systems kein einziger spricht – außer, daß es für die Kirche bequem und für Kirche und Staat (wegen der Einziehungsgebühr) einträglich ist.

① Kein vernünftiger Mensch, gleichviel, ob inniger oder mürber Christ oder gar Atheist, bestreitet, daß Deutschland der christlichen Zivilisation angehört, ihr viel verdankt und daß die großen Kirchen auch heute noch für das weltliche Gemeinwesen nützliche Werke vollbringen. Diese sollten auch von Staat und Kommunen voll bezahlt und nicht nur bezuschußt werden, ob es sich nun um Kindergärten, Krankenhäuser, Schulen et cetera handelt.

② Es ist unstreitig, daß die Kirchen von ihren Mitgliedern Beiträge einheben und sie aufgrund ihrer Verfassung als öffentliche Körperschaften eintreiben dürfen. Es kann aber nicht Sache einer Republik sein, die keine Staatskirche kennt, die großen Kirchen zu privilegieren, indem sie die Kirchensteuern einbehält, während Glaubensgemeinschaften, denen der Status der öffentlich-rechtlichen Körperschaften nicht verliehen wird, selber dafür sorgen müssen, wie sie zu ihren Subsistenzmitteln kommen – nämlich so, wie es die Christenheit meist getan hat und heute noch außerhalb Deutschlands fast überall tut, nämlich durch die Schärfung der Gewissen der Gläubigen. Daß freiwillige Zuwendungen als gemeinnützig anzusehen sind, versteht sich von selbst: Gemeinnützigeres als die Religionsübung in Nächstenliebe und Kultus gibt es gar nicht.

③ Gegen die staatliche Kirchensteuer spricht auch der Datenschutz. Es ist nicht Sache des Staates, einer nichtstaatlichen Organisation die Höhe der Einkommensteuer eines Steuerpflichtigen zu offenbaren, was durch die prozentuale Festsetzung der Kirchensteuer automatisch geschieht.

④ Gegen die staatliche Kirchensteuer spricht, eben wegen der Anbindung an Lohn- und Einkommensteuer, die Tatsache, daß jede Steuerminderung die Verkürzung der Kirchensteuer bedeutet – angenehm für Capital-Leser, die unsere Steuerberatung nutzen, aber von der Kirche her gesehen grotesk.

⑤ Gegen die staatliche Kirchensteuer spricht aber vor allem ein seit den letzten Jahren gewichtiger werdendes Argument: Wenn die Kirchen sich immer hemmungsloser politisieren (dies gilt für die Geistlichkeit einiger protestantischer Landeskirchen offenkundig sehr viel mehr als für die römisch-katholische Kirche), wird es für den Staat zur ernsthaften Frage, ob er mit Hilfe seiner Bürokratie den Kirchenbürgern Gelder abpressen darf, die von den Kirchen ungeniert als Personal- wie als Sachausgaben zu politischen Zwecken eingesetzt werden, die keineswegs mit den Intentionen des Kirchenvolks übereinstimmen müssen. Die Frage wird um so drängender, je mehr sich Tendenzen unter jungbärtigen Beffchenträgern manifestieren, die auf eine aggressive Desavouierung der amtlichen Politik, der Politik der Verfassungsparteien und Gewerkschaften, ja von Verfassungszwecken selbst hinauslaufen. Daß solche Agitation als sanftmütige Seelsorge dargeboten und von einigen der Urheber wie der Nachfolger auch so aufgefaßt wird, darf keinen Staat täuschen, der noch auf politischen Verstand Anspruch macht.

Der Staat soll die christliche Religion schützen. Dem kann auch die Abschaffung der Kirchensteuer dienen.

(September 1983)

Stunde Null

1945 war die deutsche Wirtschaft zerstört, die Fabriken standen nicht mehr, die Maschinenparks waren in den Bombennächten dahingeschmolzen. Aus der Not machte die Wiederaufbaugeneration eine Tugend und baute innerhalb von zehn Jahren, besonders nachdem Ludwig Erhard 1948 die Dynamik der Marktwirtschaft freigesetzt hatte, die modernste und erfolgreichste Industriegesellschaft auf, die es in Europa, ja in der Welt gab. Im Rückblick nannten Politiker und Publizisten diesen Augenblick der Chance zum völligen Neubeginn die »Stunde Null« – ein melodramatischer Ausdruck und ein falscher obendrein, weil wir nicht historisch und politisch bei Null anfangen konnten.

Heute, beinahe 40 Jahre später, stellt sich den Deutschen die Frage, ob ihnen nicht wiederum eine Stunde Null guttäte; eine andere, versteht sich, nicht als Ergebnis einer Katastrophe und des allgemeinen Zusammenbruchs, auch nicht als Stunde Null für die politische und soziale Verfassung der Bundesrepublik, sondern als Ergebnis bewußter Überlegung und vernünftiger Einsicht in die ökonomische Notwendigkeit. Kein abrupter Wechsel und kein einschneidender Neubeginn ist vonnöten, wohl aber die Erkenntnis, daß unsere Volkswirtschaft, unsere Industriegesellschaft nur wird überleben können, wenn sie traditionelle Prioritäten aufgibt und sich in einem von Grund auf veränderten Umfeld von Weltwirtschaft und Technologie anders positioniert.

So hat die Diskussion um die Erhaltung des Status quo bei Kohle, Stahl und Schiffbau närrische Züge. Unsere Werften, Gruben und Stahlküchen mögen technisch die modernsten sein, ökonomisch sind sie zum größten Teil obsolet. Sie sind keine Schlüsselindustrien mehr, werden sich nie wieder in ihrer alten Glorie präsentieren, und die Arbeitsplätze, die sie bereitstellen, stellen in Wahrheit nicht sie selber bereit, sondern zum guten Teil die Subsidien, die aus politischen Gründen von anderen aufgebracht und vom Staat verteilt werden. Angesichts der Tatsache, daß auch die gottlob vielen noch florierenden Erwerbszweige überwiegend nur weiter florieren können, weil sie sich automatisieren und robotisieren, wird eine Denkweise zur Absurdität, die primär auf die Arbeit abstellt und nicht auf das Produkt: Produkt verstanden nicht nur als die Summe der Güter und Dienstleistungen, die einen Markt finden können, sondern auch als wirtschaftliche Lebensfähigkeit, als Wohlstand der Bevölkerung und als Gewinn, der die wirtschaftliche Entwicklung in die Zukunft hinein immer erst ermöglicht.

Es ist nämlich kein Unglück, wenn Arbeitsplätze abhanden kommen, die auszufüllen gefährlich, unbequem oder unbefriedigend ist. Daß schwere Arbeit das Leben erst sinnvoll mache, war sinnvoll den Leuten einzureden nur, solange es keine andere Arbeit gab und die meisten auch lang arbeiten mußten, um länger leben zu können. Die meisten der neuen Technologien haben wir nicht erfunden, beginnen aber ihre Verwendung mit Energie, geben nun auch der Forschung neue Impulse. Eine dramatische Steigerung der Produktivität und der Ertragskraft soll die Folge sein – der Zank um die 35-Stunden-Woche, die unpraktisch und unfinanzierbar ist, wird komisch, aber die Option auf eine 20-Stunden-Woche möglich werden.

Die Hindernisse für eine Ausdehnung der Freizeitindustrie, wie das Ladenschlußgesetz, und all die Reglementierungen, die Betriebsgründungen behindern, werden ebenso hinfällig werden wie ein Bildungssystem, das den heutigen Aufgaben weder sozial noch intellektuell gewachsen ist. Vorwärts zur Stunde Null!

(Oktober 1983)

Aussitzen

Im alten China hat es einmal einen Kaiser Wanli gegeben, dem die Regierungstätigkeit mühselig geworden war, die ständige Beschäftigung mit Akten und den vielen Bedenkenträgern der hohen Bürokratie. Er beschloß eines Tages, nach dem aus dem Taoismus stammenden Prinzip Wu Wei zu verfahren, das ungefähr bedeutet »Wirken durch Nichthandeln«. In diesem Jahr hat das Prinzip Wu Wei seine Herrschaft in der deutschen Politik angetreten. Von der SPD-Führung gehen schon gar keine Impulse oder Aktivitäten mehr aus. Sie ist nur noch das Notariat für die Bewegungen an der Basis, die sie zur Kenntnis nimmt, beurkundet und irgendwann zu politischen Texten zusammenredigiert, von denen wiederum niemand erwartet, daß sie selber eine Bewegung auslösen könnten.

Wesentlich interessanter ist es, daß Wu Wei auch für die Regierenden, die Inhaber der verfassungsmäßigen Machtpositionen gilt. Das muß nicht immer und allemal von Übel sein: Hätten unsere Bildungspolitiker vor 20 Jahren die Maxime des Wu Wei beherzigt, statt auf die intellektuelle Wichtigkeit von Georg Picht und anderer Wohlmeinender hereinzufallen, hätten sie sich nicht von aktivistischen Minderheiten an den Universitäten zu einem ziel- und heillosen Reformismus nötigen lassen, wäre uns viel Unglück erspart worden.

Auch herrscht Wu Wei, wie zuzugeben ist, nicht auf allen Feldern möglicher Regierungstätigkeit. Stoltenberg tut seine mühsamen kleinen Schritte zur Haushaltskonsolidierung; das deutsch-deutsche Verhältnis entwickelt sich, allen gegenläufigen internationalen Gesamttendenzen zum Trotz, weiter; und so mag man noch manch anderes von Bedeutung ausmachen. Aber insgesamt herrscht in beinah allen großen Fragen, die die Nation beschäftigen, ein regierungsamtliches Phlegma, ein Gewährenlassen und Beiseitestehen. Irgendeine Meinungsführerschaft geht von der Regierung nicht aus, wird auch offenbar nicht angestrebt; sie wiederholt einfach, etwa in der Nachrüstungsfrage, ihre Standpunkte und überläßt es den Bürgern, sie zu übernehmen; Werbungs-, Überzeugungsarbeit findet nicht statt. Gleiches läßt sich von der Industriepolitik und dem von den Vorgängerregierungen übernommenen Subventionsschlendrian sagen; nirgends ein Konzept für das notwendige Aggiornamento der Volkswirtschaft in Sicht.

Dem Kanzler schadet das offenbar nicht. Er verkehrt mit seinem Volk gewissermaßen osmotisch, subzerebral, auf dem Wege nonverbaler Kommunikation. Seine Aufmerksamkeit scheint der auswärtigen Politik zu gelten, in der er bisher gute Figur gemacht hat, während er, der doch immer als ausschließlicher Innenpolitiker galt und als außenpolitischer Ignorant, sich von den Niederungen des einheimischen Betriebs entfernt. Er hält sich gleichsam selbst in Reserve, bleibt im Augenblick durch aktuelle Konflikte unverwundbar: Vielleicht steckt die Überlegung dahinter, daß er erst, wenn eine innenpolitische Krise sich zuspitze, wie der Donnerer aus Wolkenhöhen dazwischenfahren solle; vielleicht steckt auch gar nichts dahinter.

Der Kaiser Wanli blieb auf seinem Thron sitzen, aber regierte nicht. An seinem Wesen, an seinem bloßen Dasein sollte das Reich genesen. Es genas aber nicht, sondern geriet in Unordnung und verfiel. Als Wanli am Ende war, war auch sein Reich am Ende. Immerhin hatte es 30 Jahre gedauert, bis das Prinzip Wu Wei seine volle Wirkung getan hatte. Da haben wir noch ein paar Jahre Zeit.

(November 1983)

Handorakel der Weltklugheit

Im Laufe der letzten Jahre haben tiefe Denker einige Gesetze der sozialen Wirklichkeit entdeckt, die unser Vermögen, die Weltläufte zu verstehen, beträchtlich gesteigert haben. Seit Parkinsons Gesetz wissen wir, daß jede Bürokratie vornehmlich und meist nichts anderes leistet, als sich selber unablässig auszudehnen. Peters Prinzip hat uns gelehrt, daß die Karriere der Mitmenschen mindestens bis zur Stufe ihrer Inkompetenz führt und einen Schritt darüber steckenbleibt. Nach Murphys Gesetz wird jeder Fehler, der gemacht werden kann, auch tatsächlich begangen.

Diesen Regeln der praktischen Soziologie müssen weitere hinzugefügt werden. Beispielsweise führt die Verallgemeinerung einer allgemeinen Erfahrung zu dem Satz aus dem Managementleben: »Die Zeit, die für die Erwägung und Verabschiedung einer Investitionsentscheidung benötigt wird, ist umgekehrt proportional dem Wert und der Bedeutung der Investition.«

Hat etwa ein Direktorium auf der gleichen Sitzung über den Bau einer lasergesteuerten Koaxialperforationsanlage zu befinden und über die Bewilligung eines Dienstwagens an den Hauptabteilungsleiter Wolfgang, so wird über den Anlagenbau, der vielleicht 60 Millionen Mark kosten soll, aufgrund schriftlicher Vorlage und kurzer mündlicher Begründung des technischen Direktors innerhalb von 15 Minuten beschlossen, während zum Dienstwagenfall sich jeder in der Runde zu Wort meldet, Vergleichsfäl-

le heranzieht, das Präjudizielle abwägt, steuerliche Folgen erläutert, die Wirkung nach innen und außen abschätzt, die Gesamtlage des Unternehmens in die Betrachtung einbezieht, dergestalt, daß der Kasus nach eineinhalbstündiger Debatte auf die nächste Sitzung verschoben wird.
Oder: die Signale der gesellschaftlichen Spätzünder. »Wenn bedeutende Institutionen, wie politische Parteien, Großverbände oder die Kirchen, einen Tatbestand als bedrohlich ausgemacht haben, ihre Besorgnis oder Betroffenheit betonen und Warnungen ausstoßen, dann ist die Krise schon überwunden.« Die Warnung dieser Spätzünder kommt der Entwarnung gleich. Der Zeitgenosse darf sich wieder beruhigen.
So lebt die Gastarbeiterproblematik vornehmlich in solchen Verlautbarungen fort; die unsägliche Bildungskatastrophe trat erst ein, als die Spätzünder sie gewaltsam zu beseitigen unternahmen; heute bejammern sie die Technologiefeindschaft der Jugend und fordern Informatikunterricht in den Schulen, während Mädchen und Knaben mit Leidenschaft und Sachkenntnis an den Computern spielen.
Oder: Es scheint eine Regel zu sein – »Institutionen oder Personen nehmen sich um so ernster, je mehr sie schon der allgemeinen Lächerlichkeit anheimgefallen sind.« Dies lehrt die Erfahrung jedes Tages, das beweist der Deutsche Fußballbund und auch der Minister Wörner mit seiner unbestreitbaren Gewissenhaftigkeit.
Oder: »Datenschutz nennt man die von allen Gutwilligen unterstützten obrigkeitlichen Bemühungen, diejenigen persönlichen Daten zu sichern, gegen deren Weitergabe die meisten Leute nichts haben, während die Intim- oder Privatsphäre gegen die frechsten Anschläge des Staates oder der Medien ungeschützt bleibt.«

Oder: »Elternrecht ist die Zuerkennung von Mitsprachebefugnissen an Erziehungsberechtigte, die ohnedies keine Courage haben, gegen die Schule den Mund aufzumachen.« So läßt sich noch vieles darlegen, das zu einem Handorakel der Weltklugheit zusammenwachsen könnte.

(Mai 1984)

Öffentliche Meinung

»Meinung um Meinung tauschten Wellen, da war dann nichts mehr festzustellen«; so hat Paul Klee die öffentliche Meinung – wenn sie einem nicht wohlgesonnen ist, wird sie auch gern zur »veröffentlichten« Meinung herabstilisiert – charakterisiert. Unsere Bundesregierung hat ihre liebe Not mit dieser Art von Wellengang, der sich mitunter so bedrohlich vor ihr auftürmt, als wolle er sie in den Untergang befördern und ihr die Macht entreißen.

Dabei ist es keineswegs die größte Pein für die Regierung, daß sie in der Beurteilung durch die öffentliche Meinung gegenwärtig schlechter abschneidet als bei ihrem großen Wahlsieg im März 1983, denn seit jeher erreichen Regierungen in der Mitte der Legislaturperiode einen Tiefpunkt in ihrem Ansehen, so daß man daraus eher auf ein perfektes Timing als auf ein Versagen der Regierungspolitik schließen kann.

Viel unangenehmer ist die Tatsache, daß die öffentliche Meinung in allen, auch unwichtigen Fragen mitregieren will und sehr zum Überdruß der gewählten Regierenden einen großen Teil ihrer Kraft dem moralisierenden Raisonnement widmet.

Es ist eine besondere Begabung des Bundeskanzlers, die ihm oft als Schwäche und Entscheidungsunlust ausgelegt wird, in Wahrheit jedoch einen großen Teil zu seinem Aufstieg in das Amt des Regierungschefs beigetragen hat, der öffentlichen Meinung mit einer großen Portion Widerstandskraft entgegenzutreten. Verfügte Kohl nicht über diese Resistenz, sondern würde er den Anfechtungen der »Vierten Gewalt« immer nachgeben, so wäre seine Situation heute ungleich schlechter:

- Er hätte mindestens drei Minister (Geißler, Wörner und Schwarz-Schilling) abgelöst, ohne daß deren Nachfolger auf bessere Behandlung hoffen dürften.

- Es gäbe ein Tempolimit, ohne daß der deutsche Wald daran genäse; dafür nähme die Automobilindustrie Schaden, und neue umweltfreundliche Autos ließen sich nicht mehr verkaufen.

- Die Steuern würden steigen, unbezahlbare Soziallasten, staatliche Beschäftigungsprogramme und neue Subventionen für marode Industrien würden den Staatshaushalt in immer höhere Defizite treiben.

- Die amerikanischen Raketen würden nicht stationiert, die sowjetischen in um so größerer Zahl, die jüngst beschlossenen Abrüstungsverhandlungen würden nicht stattfinden, und an ein Gleichgewicht in Europa wäre nicht zu denken.

- Das Kraftwerk Buschhaus bliebe abgeschaltet, andere Kraftwerke würden ebensowenig gebaut werden wie neue Autobahnen, Eisenbahntrassen, Flughäfen und Telekommunikationsnetze.

Und schließlich wäre Kohl schon gar nicht Bundeskanzler geworden, sondern hätte sich schon in den siebziger Jahren ins Privatleben oder auf einen einträglichen Posten oder in ein repräsentatives Amt ohne Einfluß zurückgezogen.

Schon Hegel, selber ein großer Mann, hatte erkannt, daß die Unabhängigkeit von der öffentlichen Meinung »die erste formelle Bedingung zu etwas Großem und Vernünftigem« ist und daß es »die Sache des großen Mannes« sei, das Wahre in ihr zu finden. Adenauer konnte das sehr gut; von Kohl läßt sich sagen, daß er jedenfalls das Falsche, Unwahre ausmachen und ihm widerstehen kann. Freilich sollte er nicht erwarten, von den Medien dafür gelobt zu werden, wenn er ihren Drängeleien nicht folgt. Und das Publikum sollte sich nicht weismachen lassen, daß ein CDU-Kanzler sozialliberale Politik zu machen habe.

(März 1985)

Zweitklassige Bundesrepublik

Wirtschaftlich sind wir ein Riese, aber politisch ein Zwerg! hört man seit Jahrzehnten deutsche Politiker klagen. Sie meinen das ganz ehrlich, denken auch nicht an den Zwerg im Märchen, der den Riesen durch Klugheit und List regelmäßig besiegt wie David den Goliath, und denken schon gar nicht daran, daß, wer zweitklassig auftritt, auch mit Recht der zweiten Klasse zugezählt wird.

Es ist schon einige Zeit her, da waren bei den Vereinten Nationen in New York im Übertragungssystem noch ein Kanal und ein Knopf für eine weitere Konferenzsprache frei. Die deutsche UN-Vertretung bemühte sich darum, Deutsch als UN-Sprache einzuführen – kein unsinniges Vorhaben, denn wir gehören zu den großen Zahlern und hätten die Unterstützung Österreichs und der DDR finden können. Aber in Bonn hatte man die rechte Traute nicht; inzwischen ist die letzte Leitung besetzt. (Übrigens ist der Mangel an sprachlichem Selbstbewußtsein nicht auf die Politik beschränkt – immer wieder hört man Deutsche auf Konferenzen mit zugelassener deutscher Verhandlungssprache englisch reden, in der meist irrigen Meinung, daß sie sich in dieser Sprache gut auszudrücken verstünden.)

Es war gleichfalls vor einer ganzen Weile, daß von neutraler Seite bei den UN ein Antrag auf Erweiterung des Sicherheitsrates eingebracht wurde. Dem wichtigsten Organ der Weltorganisation gehören als ständige Mitglieder nur Vertreter der Sieger von 1945 an: die USA, die

UdSSR, Frankreich, Großbritannien (und China). Nun würde einer realistischen Gewichtung der Weltsituation die Hereinnahme Japans und der Bundesrepublik zweifellos entsprechen. So hatte das Auswärtige Amt sich denn auch entschlossen, auf den Antrag mit Enthaltung zu reagieren, wollte damit allen Drittländern gegenüber anzeigen, daß man der Erweiterung nicht ablehnend gegenübersehe, doch auch nicht gleich Forderungen gegen die eifersüchtigen Siegermächte erhebe.
Als dies ruchbar wurde, griff der damalige französische Außenminister Jean François-Poncet zum Telefon und forderte unter Hinweis auf die völlig außerhalb des Sachverhalts liegende westliche Verantwortung für Berlin, daß die Bundesrepublik gegen den Antrag stimme. In diesem Sinne erging dann Gegenweisung des deutschen Außenministers. Zu einer öffentlichen Blamage kam es nicht, weil die finnische Delegation die Absetzung des Antrags erreichte. Der Ausgang entbehrt nicht der Logik: Wer so mit sich umspringen läßt, hat im Sicherheitsrat nichts zu suchen.
Ein drittes Beispiel aus der Geschichte der UN bieten die berühmten Feindstaatenklauseln. Als die Bundesrepublik (zusammen mit der DDR) aufgenommen wurde, gab es eine Diskussion über Artikel 53 und 107 der UN-Satzung, die die ehemaligen Feindstaaten von den UN ausschließen und ihnen die Berufung auf die Charta vorenthalten. Richtig wäre es gewesen, darauf zu bestehen, daß diese diskriminierenden Klauseln mit dem Beitritt gestrichen werden. Statt dessen hat die Bundesregierung sich mit Zusicherungen der Alliierten begnügt (und einer besonders schwächlichen Erklärung des sowjetischen Außenministers) und behauptet seitdem, daß die Feindstaatenklauseln politisch nicht mehr existierten. Ja, warum stehen sie dann noch im Text?

Gleiche Geschichten lassen sich vom deutschen Auftreten in der Nato erzählen und von überall, wo nicht die wirtschaftliche Macht von selber wirkt. Unsere Politiker wollen zu Hause allmächtig sein und draußen am liebsten Touristen, freundliche wohlgelittene kleine Leute. Kleine Leute machen keine große Politik.

(April 1985)

Das 7. Gebot

Die Ordnungsgrundsätze der Zehn Gebote sind die Grundlage jedes gesitteten Zusammenlebens der Menschen und die erste Voraussetzung jeder Zivilisation. Es ist nicht gefordert, daß jedermann an Gott glaube, wie Moses sehr wohl gefordert hat, es ist auch nicht gedacht, daß alle Menschen alle Gebote allzeit beachten, aber es ist sehr wohl nötig, daß die grundlegenden Ordnungsregeln als solche Geltung haben, daß ihre Geltung unbestritten bleibt und daß derjenige, der sich dagegen vergeht, weiß, daß er Unrecht tut.

Unter den überlieferten Zehn Geboten gibt es einige, die im öffentlichen Bewußtsein schon fast nicht mehr vorkommen, wie die Sonntagsheiligung; es gibt solche, die selbst von Geistlichen nur noch ausnahmsweise erwähnt werden, wenngleich sie es wohl verdienten, wie das Gebot, Vater und Mutter zu ehren; es gibt das Gebot gegen den Ehebruch, das von den Kirchen so eifrig zu einer exzessiven Sexualmoral aufgeblasen wurde, daß es in der Zeit nach Erfindung der Pille und vor dem Auftritt von Aids jede »gesellschaftliche Relevanz« verloren zu haben schien.

Und es gibt ein Gebot, das dem Zeitgeist in Staat und Kirche unbequem geworden ist, obgleich es zu jenen Elementen gehört, ohne die es Zivilisation, Freiheit, Kultur und Recht in der Geschichte nicht gibt – das ist das siebente Gebot »Du sollst nicht stehlen«, die sittliche Garantie des Eigentums. Vor einigen Wochen war in gleich mehreren

Fernsehsendungen Konrad Kujau, der fröhliche Fälscher, zu sehen, sich seiner Betrügereien rühmend und vom Publikum für seine Bubenstückchen mit Beifall bedacht. Daß er fremdes Eigentum zu Unrecht an sich gebracht hatte, störte um so weniger, als es ja ein Großunternehmen war, das er geschädigt hatte. Und es findet ja kaum jemand noch etwas dabei, bei Gelegenheit eines Einbruchs oder Unfalls bei der Versicherung mehr zu kassieren, als ihm zusteht – so wenig wie Viehzüchter sich ein Gewissen daraus machen, uns mit Schnellmastkälbern, oder Winzer, uns mit schlechtem Wein zu betrügen. In Gasthäusern werden überhöhte Spesenquittungen ausgestellt, in den Hotels verschwinden die erstaunlichsten Gegenstände wie in den Kaufhäusern auch, und es gibt ganze Branchen des Geldgewerbes, die sich auf Betrug spezialisiert haben.
Die Mehrheit der Zeitgenossen findet auch heute noch den Diebstahl eigenen Gutes unverzeihlich und den Diebstahl am Nächsten verwerflich. Aber das wird sich gemach ändern. Wenn die eine Art des Schwindels als passabel, ja als sportlich gilt – seit die Kavaliere verschwunden sind, treten immer neue Kavaliersdelikte auf –, dann wird man auch vor dem direkten Zugriff auf die Habe des Nachbarn nicht zurückschrecken. Schon ist kein Kindermantel in der Schule, schon ist kein ungekettetes Fahrrad auf der Straße mehr sicher.
Moral beschwören nützt freilich gar nichts, solange die Obrigkeit mit schlechtem Beispiel vorangeht. Ein Staat, der seinen Bürgern Beträge zwischen einem Viertel und zwei Dritteln der Einkünfte abpreßt, annonciert überdeutlich, daß das private Eigentum zur Disposition desjenigen steht, der zugreifen kann. Er handelt natürlich nicht unrecht, weil er das Unrecht in Gesetzesform gießen kann, und er hat die famosesten sozialen Ausreden parat:

Nur sehen sie manchmal den Ausreden, die kleine Sünder vor Gericht brauchen, zum Verwechseln ähnlich. – Es ist eine traurige Gewißheit: Eine Gesellschaft, in der Eigentum systematisch denunziert, in der Eigentum kriminell reduziert wird, kann nicht in Freiheit überleben.

(Oktober 1985)

Rufmord mit Steuergeldern

Rainer Werner Fassbinders Theaterstück »Der Müll, die Stadt und der Tod«, vom Intendanten des Frankfurter Schauspiels auf den Spielplan gesetzt, geriet in die öffentliche Diskussion, weil es ekelhafte antisemitische Reaktionen durch die Darstellung von Juden als gewissenlose Spekulanten befürchten läßt. Ein hinterhältiger und skrupelloser jüdischer Geschäftsmann ist in dem miesen Fassbinder-Stück die Inkarnation alles Bösen und die Quelle allen Elends.
In Wahrheit enthält das Stück jedoch nicht allein eine antisemitische Darstellung, sondern auch eine Verunglimpfung des Kapitalismus im allgemeinen und der Unternehmerschaft im besonderen. Der Antisemitismus des Stükkes war für die vom Autor gewünschte und auch erzielte Aufmerksamkeit gut; die andere Polemik wird mittransportiert.
Der wahre Skandal besteht darin, daß die Steuerzahler mit ihren kräftigen Zuschüssen für ein hochgradig subventioniertes Theater die Verächtlichmachung ihrer ganzen Wertvorstellungen finanzieren müssen. Dies gilt insbesondere für die Unternehmer, die nicht nur in »Der Müll, die Stadt und der Tod« als miese Menschenfeinde gebrandmarkt werden und gleichzeitig mit ihren hohen Gewerbesteuern den Löwenanteil der kommunalen Theatersubventionen tragen. Auch auf anderen Bühnen Deutschlands werden zahllose Stücke aufgeführt, in denen sie schlecht wegkommen. Die brav die Steuern zah-

lenden »Spießer« subventionieren in jeder mittleren Provinzstadt diese Art des Klassenkampfes.
Kein Politiker traut sich, dagegen aufzubegehren. Man hat sich schon zu stark an ein negatives Image der Unternehmer gewöhnt. In der deutschen wie in der internationalen Literatur finden sich zwar wackere Helden aller möglichen Berufsgruppen, nur die Händler und Unternehmer sind von Dichtern schon seit Jahrhunderten fast ausschließlich kritisch gesehen worden; selbst die Heilige Schrift trägt dazu bei, ein positives Unternehmerbild nicht aufkommen zu lassen. Erst mit der Entstehung der industriellen Massenpresse im 19. Jahrhundert wurde überhaupt öffentlich von einem positiven Wirken der Industriellen Kenntnis genommen – freilich überwiegt auch heute in der Presse nur in den USA die freundliche Berichterstattung; in unserem Lande dominiert das Mißtrauen.
Daß den Poeten unternehmerisches Denken oft sehr fremd ist, muß man hinnehmen, ärgerlich ist jedoch die hundertfache Subventionierung der Stimmungsmache politisierter Intellektueller. Einen Anspruch, ein Stück im subventionierten Theater aufführen zu lassen, verleiht die vom Grundgesetzt geschützte Freiheit der Künste jedenfalls nicht.

(Dezember 1985)

Neues Parteiensystem: rot/grün

Nun hat Gerhard Schröder die Katze endgültig aus dem Sack gelassen: Natürlich wird er sich von den Grünen zum Ministerpräsidenten von Niedersachsen wählen lassen – falls Grüne und SPD zusammen dafür eine Mehrheit haben.
Das kommt nicht überraschend, verdient aber festgehalten zu werden. Denn es belegt, daß sich die SPD auf Dauer in den Ländern wie im Bund auf ein Bündnis (genauer: wie in Hessen – erst Duldung, dann Koalition) mit den Grünen einrichten will und muß. Der Glaube, daß die SPD allein eine absolute Mehrheit erlangen könnte, schwindet ebenso dahin wie die Hoffnung, grüne Themen besetzen und grüne Wähler aufsaugen zu können. Die SPD akzeptiert die neuen Grenzen ihrer Partei, und sie akzeptiert die Grünen als Partei; notgedrungen.
Anders betrachtet: Die Parteienlandschaft in der Bundesrepublik, die über einen langen Zeitraum in Bewegung war, in der zeitweise jeder mit jedem koalieren konnte, die aber auch diffus auseinanderdriftete, hat sich wieder verfestigt. Die Felder der einzelnen Parteien können abgesteckt und neu vermessen werden.
Novität noch immer, aber immer deutlicher als Partei einer eigenen politischen Generation auf Dauer und Macht rechnend: die Grünen. Die SPD, die zeitweise, insbesondere durch Helmut Schmidt, auf breite Schichten, so auch Unternehmer und den bürgerlichen Mittelstand, einige Anziehung ausübte, definiert sich zunehmend wieder als

Interessenvertretung des durch die Gewerkschaften erfaßbaren Teils der Wählerschaft. Die Unfähigkeit der derzeitigen Repräsentanten der Partei, ein wirtschaftspolitisches Programm zu formulieren, das des Bedenkens wert wäre, schreckt auf absehbare Zeit auch jene »Bürgerlichen« ab, die gesellschaftspolitischen und sozialen Fragen einen hohen Wert beimessen.

Leicht zu positionieren ist auch wieder die FDP. Ihr Platz ist auf lange Zeit an der Seite der CDU – im Tandem verbunden wie die SPD mit den Grünen. Sie wird ihr Profil vor allem darin suchen, sich als die Partei darzustellen, die auf allen Feldern den Einfluß des Staates zurückdrängen will (den sie vorher ebenso engagiert ausweiten half). Aber auch ihr Platz im Parteienspektrum hat durch das Auftreten der Grünen eine neue Qualität bekommen. Sie wird nicht mehr die Rolle des Züngleins an der Waage spielen können, die Rolle der Mehrheitsbeschafferin für verschiedene denkbare Koalitionen; sie kann und muß nur noch von Fall zu Fall die Mehrheit für eine Koalition mit der CDU mobilisieren.

Vor dem Hintergrund einer neuen politischen Gefangenschaft der FDP könnte sich die CDU also relativ bequem darauf einrichten, das Programm einer der sozialen Marktwirtschaft verpflichteten Partei ins Werk zu setzen – wenn sie mehr überzeugendes Führungspersonal anbieten könnte und der Freiheit der Marktwirtschaft mehr vertraute, als sie es offensichtlich tut.

(Mai 1986)

Faule Europäer

Einige Jahrzehnte lang haben sich die Deutschen als europäische Musterschüler empfunden und es auch nicht gescheut, sich gelegentlich so zu bezeichnen – wiederum einem Hang zur Dummheit in der politischen Sprache nachgebend, weil ein Musterschüler ja nicht identisch ist mit dem Klassenbesten und weil ein Musterschüler derjenige ist, der von allen anderen verachtet wird. Gleichviel: Wir wollten im europäischen Enthusiasmus die Ersten sein und glaubten auch für Europa Opfer zu bringen, während alle anderen dem von uns moralisch überwundenen Egoismus frönten.

Es ist an der Zeit, an der deutschen Selbsteinschätzung vorsichtige Korrekturen vorzunehmen. Den europäischen Enthusiasmus vor und während der Entstehung der EG können wir uns nicht zum großen Verdienst anrechnen, weil wir, besiegt und geteilt, zunächst aus dem Nationalen ins Europäische flüchten wollten, wofür andere keinen Grund hatten. Die Tatsache, daß wir die größten Nettozahler in die EG-Kassen sind, wird von uns gern beklagt, doch ist immerhin anzumerken, daß die dahin führende Entwicklung von Anbeginn abzusehen war, daß sie sich aus Formeln ergab, in die wir eingewilligt hatten. Hinzuzufügen ist natürlich auch, daß wir von der Handels- und Zollunion angemessen profitiert haben und nicht ernstlich behaupten können, die Europäische Gemeinschaft sei für uns ein Minusgeschäft.

Während wir nicht müde werden, zum unausgesprochenen

Mißfallen unserer Partner ständig ein politisch vereintes Europa zu fordern (was aber doch politische Übereinstimmung voraussetzt), dem europäischen Parlament mehr Rechte geben wollen, seit Jahren schon für das Mehrheitsprinzip im Ministerrat eintreten, verhalten wir uns dann, wenn eigene ökonomische Belange berührt werden, wie alle anderen auch. Auch wir haben unsere spezifischen politischen Interessen eingebracht und beispielsweise durchgesetzt, daß die DDR als inoffizielles EG-Land behandelt wird.
In einer ehrlichen Bilanz erscheinen wir insgesamt nicht als besonders schneidige Europäer, was mit unserer Europa-Prosa peinlich kontrastiert. Die Landwirtschaftspolitik der EG ist idiotisch, aber unsere Reaktion darauf ist es auch; wurde eine Reform früher von anderen verhindert, so in jüngster Zeit von uns. Wenn es darum geht, gegenüber dem immer dreister sich offenbarenden ökonomischen imperialen Stil der USA eine geschlossene europäische Haltung einzunehmen, dann ist im allgemeinen auf die Bundesrepublik so viel Verlaß wie auf Großbritannien. Und die großen europäischen, Gemeinschaft stiftenden Projekte Eureka, Airbus, Ariane? Wir sind an allem beteiligt und nirgends initiativ gewesen – mit der großen Ausnahme des europäischen Währungssystems. Der Kern Europas ist die deutsch-französische Kooperation – in Technik, Verkehr, industrieller Verschränkung. Die Meinung, daß wegen französischer Kleinkrämerei so wenig erreicht worden sei, ist gängig, aber falsch.
Im Grunde des Herzens wollen wir nicht einsehen, daß der Zusammenschluß der einen den Ausschluß von anderen bedeutet. So fügt man Europa nicht zusammen – so wenig wie mit der Proklamation des Unerreichbaren und dem Ausweichen vor dem, was erreicht werden kann.

(August 1986)

Was ist des Deutschen Vaterland?

Wenn man die anspruchsvollen Zeitungen und Zeitschriften in unserem Lande liest oder den ernsthaften Festreden hochgestellter Würdepersonen lauscht, muß man den Eindruck gewinnen, daß sich die Deutschen in der Bundesrepublik höchst problematisch vorkommen. Vor mehr als anderthalb Jahrhunderten stellte schon Ernst Moritz Arndt die Frage »Was ist des Deutschen Vaterland?«, um sie gleich im Sinne eines ausgreifenden romantischen Nationalismus zu beantworten, wobei ein Deutschland herauskam, das es politisch und staatsrechtlich nie gegeben hatte. Aber seine Frage ist geblieben – sie wird bloß nicht mehr beantwortet, sondern als ein Dauerzweifel von uns selber genußvoll hin und her gewälzt.

Meistens gruppiert sich die Diskussion, an der sich Historiker, Sozialwissenschaftler, Intellektuelle aller Triebrichtungen vornehmlich beteiligen, um die Begriffe »Nation« und »Identität«. Und beides gilt im Hinblick auf die Bundesrepublik Deutschland als dubios; eine Nation ist sie nicht, und eine nationale Identität hätten ihre Bürger auch nicht, was entweder klagend als Defizit ausgemacht wird oder als Mahnung und Verpflichtung für jetzige und künftige Generationen bezeichnet wird, die entweder das Nationale durch das Europäische überwinden oder die Nation durch das Abwarten irgendeiner Art von deutscher Einheit wiederherstellen sollen, derweil die nationale Identität in der Schwebe und uns als Thema erhalten bleibt; dahinter steckt die mit Trauermiene verschleierte Lust an einem deutschen Sonderzustand – wir sind eben nicht wie die anderen, die sich um sich und ihr Schicksal keine tiefen Gedanken zu machen brauchen.

Das meiste daran ist Unfug, nicht grober, sondern feiner. Der öffentlichen Meinung der Deutschen sind die Deutschen problematisch, ihnen selber aber offenbar nicht, die von dem Luxusproblem »nationaler Identität« gar nichts wissen und es absonderlich fänden, wüßten sie davon; sie finden sich normal.

In Wahrheit haben die Deutschen in der Bundesrepublik mit ihrer Identität weniger Kummer als je zuvor. Der Staat des Grundgesetzes ist von Flensburg bis Passau, von Aachen bis Braunschweig akzeptiert wie vordem noch keine gesamtstaatliche Organisation unserer Geschichte. Mehr als die Weimarer Republik, mehr als Preußen-Deutschland, mehr als das monströs gewordene Heilige Römische Reich und selbstverständlich mehr als der Staat des Hakenkreuzes. Das gleiche gilt für die Farben schwarz-rot-gold und für alle wesentlichen Inhalte der Verfassung.

»Nation« ist eine Irrlichtsvokabel, die uns seit der Französischen Revolution beeindruckt, auf die aber in Deutschland nichts paßt und nichts je gepaßt hat. Sie ist unserer Tradition und unserem politischen Denken fremd geblieben, womit wir beileibe nicht allein stehen in der Welt. Die Amerikaner haben sich die Vokabel einverleibt, als sie schon ein Mischvolk waren, aber noch keine festen Grenzen hatten, meinen damit schlicht das Staatsvolk der USA und zerbrechen sich keinen Augenblick den Kopf über eine Flausel wie »Kulturnation«, zu der in ihrem Fall noch ein wenig die Briten, aber gewiß die Kanadier (ohne Quebec!) gehören müßten, während wir die Vokabel bemühen, um einen unnötigen Dachbegriff für die beiden

deutschen Staaten, Österreich (mit einem Fragezeichen) und die Schweiz (mit dreien) zu finden.
Man braucht nur um sich zu sehen: Die Bundesdeutschen bewegen sich wie selbstverständlich in ihrer Identität, zu der auch gehört, daß sie die Überfluß-Produkte ihrer intellektuellen Problemindustrie nicht beachten.

(September 1986)

Politische Lager

Um eine Neuigkeit sind wir reicher: das Bild von den zwei Lagern. Heiner Geißler ist dabei, mit diesem Bild eine siegbringende Fahne zu schmücken, Martin Bangemann verwendet es bescheidener zur Zustandsbeschreibung für einen nicht mehr zweifelhaften Standort seiner Partei. Nicht zwei eigentlich beliebige Koalitionskonstellationen stehen sich demnach derzeit mit CDU/CSU/FDP und SPD/Grünen gegenüber, sondern zwei Lager, die in ihren politischen Instinkten grundverschieden sind.
Diese Analyse ist richtig. Und wie ein Blick auf andere Länder zeigt, ist dieser Gegensatz gewissermaßen ein Stück fundamentaler politischer Psychologie. Die französische und englische Politik waren – zugespitzt durch Formen des Mehrheitswahlrechts – immer durch den Kampf zwischen konservativen und progressiven Gruppen bestimmt. Ähnliches gilt, nur scheinbar erstaunlich, für die vergleichsweise ideologiefreien USA. Auch hier geht es bei dem Streit zwischen Republikanern und Demokraten im Grunde immer um mehr oder weniger Staat.
Das führt direkt zu einem der zentralen Unterschiede zwischen beiden Lagern, wie er auch in der Bundesrepublik zu beobachten ist. Ist der Staat für die »rechten« Parteien lediglich der Rahmen, der das Land im Innern ordnen und nach außen vertreten soll, so ist er für die »linken« Parteien für weitaus mehr zuständig: Vom Staat wird »mehr« Gerechtigkeit gefordert, der Staat soll durch konkrete Maßnahmen die Zukunft der Wirtschaft wie der Bildung

wie der Umwelt planen. Weiß der eher konservative Wähler, daß er sich Ansprüche zu erwerben hat – und sucht die erworbenen Ansprüche dann zu verteidigen –, so ist der Wähler der Parteien des linken Spektrums gewiß, daß sie ihm als Natur-, Sozial- und als Bürgerrecht zustehen.
Zugrunde liegt dem ein unterschiedlicher Gesellschaftsbegriff – geprägt natürlich durch die Traditionen der Familie, ihre Erziehung, nicht zuletzt mindestens ebenso durch die Möglichkeit der Einsicht in wirtschaftliche Abläufe.
Nicht zufällig wird die Mehrheit der Grünen von Jungakademikern gestellt, die ihr Leben als eine Kette berechtigter Forderungen an das Gemeinwesen erfahren haben. Nicht zufällig wird das Bild der Sozialdemokraten weitgehend von Angehörigen des öffentlichen Dienstes geprägt, deren tägliches Geschäft Zuteilungen verschiedenster Form sind. Und nicht zufällig haben sich Freie Demokraten und Christdemokraten in der gemeinsamen Forderung nach Zurückdrängen des Staatsanteils gefunden; lauter bei den Freien Demokraten, leiser bei der CDU, die über ihre Sozialausschüsse durchaus der Verteilungsfunktion des Staates anhängt, eine Spätfolge der von öffentlich besoldeten Klerikern erdachten Soziallehre.
Wenn diese Polarisierung in zwei Lager in der Bundesrepublik erst jetzt deutlicher wird, so hat das vor allem einen Grund. Die Politik in der Bundesrepublik war bis in die siebziger Jahre hinein tatsächlich durch einen rhetorischen Primat der Außenpolitik bestimmt, der – zumal bei stetigem Aufschwung der Wirtschaft – die gesellschaftspolitische Auseinandersetzung überlagerte und dominierte. Seit die Außenpolitik der Bundesrepublik nicht mehr prinzipiell zur Debatte steht – das Getöne um Genscher beweist das nur –, hat das gesellschaftspolitische Profil der Bundesrepublik die natürliche Priorität. So wird es

aufs erste bleiben. Ja, es steht zu erwarten, daß die FDP und die Grünen jeweils als Ausrufezeichen fungieren werden, welche die gegensätzlichen Positionen von Christdemokraten und Sozialdemokraten dramatisieren.
Steht uns mit der Zeit der zwei politischen Lager auch eine Zeit eines trennenden Grabens bevor? Das muß, zumal bei einem harmoniebewußten Volk wie dem deutschen, nicht so sein. Bisher hat sich noch jede der beiden Volksparteien als Partei der Mitte darstellen wollen und müssen. Und vielleicht findet die SPD nach Willy Brandt wieder einen Parteiführer, der auf Strömungen nicht nur segelt, sondern sie zur Mitte kanalisiert. Doch diese Wende steht einstweilen noch aus.

(Oktober 1986)

Lästige Ochsentour

Auf der Bundesebene fehlt es an qualifiziertem politischen Personal. Wie jede große Debatte erneut belegt, sind die Regierungsfraktionen nicht in der Lage, eine parlamentarische Diskussion ohne fortwährenden Rückgriff auf die Regierungsbank durchzuhalten. Aber auch auf der Regierungsbank sitzen Personen, deren Namen sich der Gewissenhafteste kaum einprägen kann. Das Gedächtnis weigert sich, Namen und Taten mancher Stelleninhaber zu speichern. Nach jeder Legislaturperiode sind angesehene, ansehnliche Parlamentarier ausgeschieden; ein Aufstieg gleichrangiger jüngerer Personen hat dagegen kaum stattgefunden.

Wenn die Bonner Parteiführer den Blick über den Plenarsaal erheben und im Lande nach Personen Ausschau halten, die für Bonner Würden geeignet scheinen, treffen sie auch nur auf wenige Namen. Bei den Sozialdemokraten sieht es übel aus, weil sie für ihre Spitzenfigur keinen zweiten Mann haben und von Rau noch abhängiger sind als die Unionsparteien von Kohl – diese haben immer noch jemanden in Reserve, mit dem auch eine Wahl zu gewinnen ist, einst Erhard, jetzt Stoltenberg.

Die Parteiführungen haben es für demokratisch gehalten, daß nicht sie sich um den politischen Nachwuchs zu kümmern haben, sondern die sogenannte Basis, der Ortsverein, die Kreispartei. In anderen Ländern gilt das nicht als demokratisch, sondern bloß als töricht. Das politische System sorgt dort durch die unterschiedlichsten Verfahren dafür, daß fähige junge Leute, die nicht nur ein umgrenztes Interesse oder eine Lokalität repräsentieren können, in politische Positionen aufsteigen. Bei uns hat die Delegation der Sorge um den Nachwuchs an die Parteiebene mit der kleinsten Aufgabe und oft nicht größerem Horizont bekanntermaßen eine doppelte Konsequenz: die Ochsentour und die leichte Manipulierbarkeit der Kandidatenwahl.

Ochsentour heißt, daß jemand sich heraufdienen muß, jahrelang langweilige Sitzungen hinter sich bringt, lästige Gespräche führt, sich mit Angelegenheiten befaßt, die gerade nicht die sind, deretwegen es ihn in die Politik zieht. Wer dieses mühsame Bohren durch dicke Bretter heil übersteht, wird entweder ein ganz außergewöhnlicher oder ein ganz gewöhnlicher Mensch sein, ohne große Karriereaussichten anderswo. Die leichte Manipulierbarkeit ergibt sich daraus, daß bei den kleinen Wahlgremien mit einem großen Prozentsatz uninteressierter und parlamentarisch unerfahrener Mitglieder Mehrheiten durch Sammelbeitritte und Geschäftsordnungstricks leichter organisiert werden können, als das dort möglich wäre, wo der Wille einer politischen Führung eine größere Versammlung anleitet.

Das deutsche Verfahren, das politische Personal auszuwählen, wird besonders gefährlich in einer Situation, die den Typ des jungen Berufspolitikers begünstigt, der von vornherein seine Karriere in der Politik sucht wie andere in der Beamtenlaufbahn. Junge Berufspolitiker in Gestalt von Jungakademikern, vorzüglich solcher Disziplinen, die das progressistische Geschwätz lehren, sind anderen Bewerbern gegenüber im Vorsprung, weil sie bis ins gehobene Lebensalter mit staatlichen Grundbezügen rechnen können, für die der Staat eine Gegenleistung nicht erwartet. Sie können ihre Energie fast unbelastet dem politischen Fortkommen widmen, was einem jungen Berufstätigen in der Regel verwehrt ist. Das hat die kuriose Folge, daß die SPD, die ihrer Idee nach ja Arbeiterpartei ist, von jungen radikalen Intellektuellen bequem unterlaufen werden kann.

In der CDU/CSU, zu der sich dieser Personenkreis nicht recht hingezogen fühlt, dominiert dagegen weiterhin Biedermännisches, wenngleich auch dort die jüngeren Aufsteiger zunehmen, die Erlernen und Ausüben eines richtigen Berufes als Zeitverschwendung bei der politischen Karriere ansehen.

Konrad Adenauer, der schon einen Mangel an Führungskräften wahrnahm und sich um tüchtigen Nachwuchs sorgte, hatte einst eine »Bundesliste« vorgeschlagen, die es den zentralen Organen einer politischen Partei ermöglichen sollte, wenigstens einen geringen Anteil der Parlamentsmitgliedschaft nach übergeordneten Gesichtspunkten zu vergeben. Mit diesem Vorschlag ist er zwar gescheitert. Aber das Thema hat sich damit nicht erledigt, im Gegenteil, es ist seit Adenauers Zeiten drängender geworden.

(November 1986)

Rosa Zeiten für Gewerkschaften

Nach dem Debakel mit der Neuen Heimat, dem Verkauf der Bank für Gemeinwirtschaft und den Plänen, sich von den übrigen Teilen des Wirtschaftsimperiums zu trennen, stellt sich die Frage nach der zukünftigen Entwicklung unserer Gewerkschaften. Kein Zweifel: Die für den DGB so überaus nachteiligen Vorgänge des Jahres 1986 bedeuten für die Gewerkschaftsbewegung einen so tiefgreifenden und grundsätzlichen Bruch mit einer immerhin mehr als dreißigjährigen Tradition, daß eine Neuorientierung der DGB-Gewerkschaften unausweichlich wird.
In welche Richtung diese Neuorientierung sich vollzieht, kann niemandem gleichgültig sein, dem das Wohlergehen des Landes am Herzen liegt. Kein Verständiger, und mag er den Gewerkschaften noch so ablehnend gegenüberstehen, kann wollen, daß einzelnen Gewerkschaften das Genick gebrochen wird oder daß sie einer politico-kriminellen Subkultur anheimfallen – beides ist in den USA vorgekommen, beides ist hier aber überaus unwahrscheinlich – oder daß sie sich in den Gesinnungen reideologisieren und im Verhalten radikalisieren. Diese Gefahr besteht dagegen durchaus.
Mit dem Abschied von seinem eigenen Wirtschaftsimperium verabschiedet sich nämlich der DGB auch von einer Eigentümlichkeit, die ihn vor allen anderen Gewerkschaften auszeichnete, nämlich selbst Unternehmer zu sein und unternehmerisch denken und handeln zu müssen. Es ist nicht phantasielos, sich vorzustellen, daß dadurch in den

kommenden Jahren praxisferne Theoretiker und Besserwisser in der Führung des DGB mehr Einfluß erhalten könnten, als sie seit Böcklers Zeit besessen haben.
Neben seinen eigenen Unternehmungen hat der DGB in diesem Jahr (und das wiegt in seinem Selbstverständnis weit mehr) die politisch-moralische Universalkompetenz eingebüßt, die die Gewerkschaften der Nachkriegszeit unangefochten in Anspruch nahmen und die es allen erlaubte, zu allen möglichen Fragen von Staat und Gesellschaft, die oft mit Arbeitnehmerinteressen wenig zu tun hatten, Bewertungen abzugeben und ihr Schwergewicht in irgendeine Waagschale zu werfen.
Nach dem Zusammenbruch der Neuen Heimat, der im DGB selbst als moralische Katastrophe insgesamt und in vielen Einzelzügen empfunden wird, ist es damit weitgehend vorbei. Als Lehrmeister ökonomischer Moral, als Analytiker von industriellen Strategien, als Mahner und Warner für eine humane Arbeitswelt und Sozialpolitik sieht der DGB eher komisch aus. Aus dem Glashaus soll man keine Prüfsteine werfen.
Eine solche Situation könnte von marxistisch Inspirierten ausgenutzt werden. Sie waren immer schon gegen das industrielle Engagement und sehen sich nun von den Herren Vietor bis Lappas bestätigt, sie waren schon immer gegen eine Integration in die bürgerliche Gesellschaft der Bundesrepublik, die sie nicht für reformierbar, wohl für umstürzbar hielten, und sie mögen nun die derzeitige Schwäche des DGB als Basis ihrer eigenen Stärkung mißbrauchen.
Niemand kann ein Interesse daran haben, daß solche Tendenzen die Oberhand gewinnen. So sollte aller Verantwortlichen Bestreben dahin gehen, dem DGB die Besinnung auf die eigentliche Rolle, Interessenorganisation der Arbeitnehmer zu sein, zu erleichtern.

Das Interesse der Arbeitnehmer richtet sich auf sichere, gut bezahlte, angenehme, moderne Arbeitsplätze, vermutlich in dieser Reihenfolge. Wenn hier den Gewerkschaften Erfolge gelingen, ohne daß es zu sozialem Unfrieden kommt, werden sie ihre bedeutende, ja unentbehrliche Rolle als eine der Großorganisationen der Bundesrepublik spielen können – zum eigenen, zu unserem Nutzen.

(Dezember 1986)

Kläglicher Koalitionsstart

Zur Erinnerung: Am 25. Januar hat die CDU trotz einer Wirtschaftssituation, die im Vergleich zum Vorher besser war als bei jeder anderen, schlechter abgeschnitten als bei jeder früheren Bundestagswahl – außer 1949. Damals gab es sie als Bundespartei allerdings noch gar nicht, dafür gab es statt dessen eine relativ mächtige FDP und viele kleinere Parteien wie BHE, DP und Bayernpartei, die von ihrem nachmaligen Wählerpotential lebten. Dieses schlechte Ergebnis ist ein erstes Menetekel für Helmut Kohl, der jeden Grund hat, sich in den nächsten zwei Jahren ins Zeug zu legen.
Zur Erinnerung: Die Grünen haben ordentlich zugelegt; aber angesichts einer für die glänzenden Katastrophen-Konjunktur von Tschernobyl bis Sandoz und angesichts einer miserablen SPD war ihr Abschneiden kein großer Erfolg. Wenn nicht die Umweltpolitik der Regierung auffällige Fehler macht, wenn nicht die SPD ihnen weitere Wähler zutreibt, haben sie aus Eigenem kein Wachstumspotential.
Zur Erinnerung: Die Regierungskoalition hat einen klaren Wählerauftrag, der lautet: Kontinuität in der Außenpolitik; Stabilisierung in der Rechtspolitik; Liberalisierung in der Wirtschaftspolitik durch eine große Steuerreform, Subventionsabbau und Privatisierung und durch all die anderen Einzelreformen, die für die Wettbewerbsfähigkeit unseres Landes erforderlich sind. Kanzler und Koalition stehen unter starkem Erfolgsdruck, haben aber keine Gegner, die ihnen derzeit gefährlich werden könnten, weder die Sozial-

demokraten noch die Grünen, noch die Gewerkschaften. Ihr Gegner ist die eigene Unentschlossenheit.

Der Start der Koalitionsverhandlungen war kümmerlich, ja kläglich zu nennen. Vor Beginn schon meldete sich der linke Flügel der CDU zu Wort, der außer dieser seiner Stimme der Union keine Stimmen beizuschaffen pflegt und der die SPD am liebsten noch einmal erfinden möchte, um eine Neidkampagne gegen die Senkung des Spitzensteuersatzes einzuleiten. Hatte es vor der Wahl geheißen »Leistung muß sich wieder lohnen«, so wurde nun hinzugefügt: vor allem für die, die wenig erbringen. Die Senkung des Spitzensteuersatzes sollte bei dem angestrebten linearen Tarif den hohen wie den mittleren Einkommen zugute kommen und vor allem die Steuerlasten der Unternehmen verringern, die den Spitzensatz durch die Körperschaftsteuer oder, in der größen Anzahl der Fälle, in der Einkommensteuer zu tragen haben.

Es scheint, daß der wüsten Polemik gegen das Leistungsprinzip angesichts der festen Haltung von CSU und FDP kein durchschlagender Erfolg beschieden sein wird; aber es war schon höchst bedenklich, daß der Kanzler dies alles geschehen ließ, als ginge ihn sein Regierungsprogramm nichts an.

Eine Steuerreform, wie es sie nun in den USA gegeben hat, wagt schon niemand mehr zu erhoffen. Wir müssen froh sein, wenn wir im Wettbewerb der Steuersysteme international im unteren Mittelfeld bleiben.

Notabene: Daß es keine schäumende Privatisierungswelle gibt, läßt sich absehen, beim Subventionsabbau wird wenig mehr herauskommen als die Preisgabe der überflüssigen Sparförderung. Aber ein starker Trost bleibt – die Regierungsarbeit der Koalition kann nicht schlechter sein als ihr Start.

(März 1987)

Japan und die EG

Der japanische Ministerpräsident Nakasone erregte vor einiger Zeit Aufsehen mit dem Bemerken, die amerikanische Bevölkerung sei zu ungebildet, um eine erfolgreiche Industriegesellschaft tragen zu können. Japan hingegen, das war der Sinn seiner Einlassung, habe keine Schwarzen und keine Puertoricaner und kein so verkommenes Schulsystem wie das der USA, sondern ein sehr gutes. Nicht zuletzt wegen des zugrundeliegenden Negativurteils über andere Rassen mußte Nakasone sich gegenüber der amerikanischen Öffentlichkeit korrigieren – seine wirkliche Meinung brauchte er um so weniger zu ändern, als sie sich mit der Einschätzung amerikanischer Führungsschichten ganz gut verträgt.

Vor einiger Zeit sprach ich mit Akio Morita, dem Chef von Sony; der große alte Industrielle, der seine späten Jahre weniger dem Unternehmen als dem Nachdenken über die Zukunft der Welt und der Wirtschaft widmet, zeigte sich vom gleichen Thema fasziniert: verläßliche Volksbildung, solide Berufsbildung als notwendige Grundlage der industriellen Kultur. Von den Amerikanern selbst, aber auch von uns wird gerne übersehen, daß das Ungleichgewicht in den Handelsbilanzen und die daraus folgenden andauernden Auseinandersetzungen in dem Dreieck Japan–USA–EG darauf beruhen, daß die Amerikaner zu 90 Prozent der Welt Waren aufdrängen wollen, die kein Mensch haben will und die eher der Ausfuhrpalette eines unterentwickelten Landes entsprechen: Landwirtschaftsprodukte

und industrielle Massengüter, die im 19. Jahrhundert den Aufstieg Englands und Deutschlands begründeten und deren Produktion bei uns nur noch bruchstückhaft und mit Subventionen aufrechterhalten wird.
Amerikanische Exporterfolge, die ohne politischen Druck erreicht werden, umfassen lediglich einige Entwicklungen der Spitzentechnologie und ein paar Spezialitäten der mittelständischen US-Industrie, Kosmetika, Gepäck und Luxusschuhwerk beispielsweise. Umgekehrt: In den guten Läden Amerikas wird fast nur Importiertes angeboten.
Morita ist auch nicht entgangen, daß die amerikanische Gesellschaft einen Zustand widerspiegelt, wic er für die weniger industriell entwickelten Gebiete Europas früher typisch war. Über der Masse sehr schlecht Ausgebildeter gibt es eine kleine Elite Höchstqualifizierter, die es mit den Hochschulabsolventen anderer Länder spielend aufnimmt. »Aber es gibt zu viele Rechtsanwälte und zu wenig Ingenieure« – wiederum typisch für eine konservative Gesellschaft, in der die alten »Professions«, geschult von den alten Privatuniversitäten, das höchste Sozialprestige haben und wo intelligente Pfiffikusse an der Börse in einem Monat mehr Geld verdienen als ein tüchtiger Ingenieur in seinem Leben. Diese in der Gesellschaft verankerte Bevorzugung der Berufe, die zur industriellen Leistungsfähigkeit wenig oder nichts beitragen, ist in den USA stärker als sonst irgendwo; zudem kennt das Land so gut wie keine berufliche Ausbildung.
Trotzdem können die USA den internationalen Wettbewerb nicht verlieren. Nicht nur, weil sie im Vergleich zu Europäern und Japanern panikresistent sind, über Mobilisierungskraft verfügen, von der in der die eigene Schlappheit hätschelnden deutschen Gesellschaft nichts zu spüren ist, sondern hauptsächlich wegen ihrer poli-

tisch-militärischen Dominanz. Sie können die eigene Währung als Waffe einsetzen, ihre Schulden mit schlechtem Geld bezahlen, die eigenen Exporte vielleicht nicht dramatisch steigern, aber die der anderen beschädigen. Sie können die EG und Japan zwingen, sich mit ihnen zu arrangieren, zumal Europäer und Japaner noch nicht auf den Gedanken gekommen sind, gemeinsam dem großen Verbündeten zu begegnen.

(Mai 1987)

Gefährdetes Westbündnis

Zu Adenauers Zeit hätte diese Frage niemand gestellt, und es wäre niemand darauf gekommen, daß sie noch einmal gestellt werden könnte. Aber heute drängt sie sich auf. Nicht, als ob es bei uns im Lande prokommunistische Tendenzen gäbe, als ob viele eine offizielle Neutralität zwischen Ost und West wollten oder mit dem liberalen Grundgesetz und der Marktwirtschaft unzufrieden wären.
Aber es gibt eine Tendenz in der öffentlichen Meinung, in den Parteien, ja selbst in der Bundesregierung, derzufolge wir eben nicht eine selbstverständlich westliche Macht wie die anderen sind, sondern ein Staat, der die Brücke oder Mitte, jedenfalls etwas anderes und Besonderes ist oder sein möchte.
Weltpolitische Initiativen der Sowjets haben eher die Chance des freundlichen Gehörs als amerikanische; die Europäische Gemeinschaft, deren Hauptbetreiber wir einst waren und die uns überwiegend Gutes gebracht hat, gilt allmählich nur noch als lästig; die SPD gar erweckt bei jeder Gelegenheit den Eindruck, als sei ihr Honecker als Verbündeter wichtiger als die Verbündeten, auf denen die deutsche Sicherheit und Freiheit beruht; der durch politische Intelligenz schon häufiger auffällig gewordene FDP-Mann Ronneburger jammert, wenn die Bundesregierung an den deutschen Pershings festhält, darin mit den USA einig, da doch die Sowjets ihre Einbeziehung in die Abschaffung fordern. Er findet mit der Eselei gleich eine Menge Nachbeter in einem Publikum, das im Kaputtre-

den westlicher Verhandlungspositionen vielfältige Übung hat.
Das alles hat nicht nur mit der längst von aller Welt als neurotisch diagnostizierten Sehnsucht der Deutschen nach einem Frieden zu tun, den sie seit mehr als 40 Jahren genießen und der hoffentlich ohne Beschädigung der Sicherheit in der Abrüstung stabilisiert werden kann. Es gibt ein heimliches Heimweh nach der alten Mitteleuropa-Funktion Deutschlands, ein Unbehagen am Rationalismus des Westens, ein bei faktischer Kriecherei in den Köpfen spukender Hochmut, ein moralisch überlegenes Drittes zwischen Ost und West zu sein.
Nun sind wir in der Tat in einer politischen Hinsicht etwas Besonderes, nämlich wegen der Teilung und der nicht aufgebbaren Hoffnung auf Wiedervereinigung. Es ist das Ziel unserer Politik, die Teilung Deutschlands, die längst gescheitert ist, zusammen mit der Teilung Europas zu überwinden, wofür aber gerade die Zugehörigkeit zum Westen die erste Voraussetzung ist.
Es paßt ins Bild der Mentalreservation gegenüber dem Westen, daß die Bundesregierungen, gleich welcher Couleur, so behend mit der Auskunft zur Stelle sind, das Grundgesetz verbiete es, ein Kontingent der Bundeswehr etwas weiter weg für ein westliches Gemeinschaftsvorhaben aufzubieten. Die Verfassung verbietet das keineswegs, nur die offizielle Lesart (die GSG 9 des Bundesgrenzschutzes hätte die Heldentat von Mogadischu nicht vollbringen können, wenn eine analoge Lesart des Gesetzes vorgezogen worden wäre).
Es ist gut, daß die Bundesmarine Schanghai besucht und andere Häfen, die mit der Nato nichts zu tun haben, und sich von dem politisch wie militärisch dilettantischen Geleitschutz im Arabischen Golf fernhält, doch bleibt der Einsatz der Bundeswehr ein psychologischer Test. Noch

nie – mit Ausnahme des Boxeraufstands in Peking – haben deutsche Soldaten zusammen mit Amerikanern, Franzosen, Briten etwas Ernsthaftes unternommen, sondern früher nur gegen sie gekämpft.
Bleiben wir Bündnispartner in Reserve, im Westen auf Abruf?

(September 1987)

Sprachlicher Minderwertigkeitskomplex

Ich erinnere mich daran, daß der Bayerische Rundfunk von den Bayreuther Festspielen ein Richard-Wagner-Musikdrama übertrug; angeschlossen waren die wichtigsten Stationen des In- und Auslandes, und die Ansage geschah, wie üblich, in mehreren Sprachen. Auffällig war daran nur, daß es auf englisch hieß »The Twilight of the Gods«, auf französisch »Le Crépuscule des Dieux«, während im Ausland doch die Oper seit alters her unter ihrem deutschen Namen eingeführt, ja das Wort »Götterdämmerung« als Fremdwort geläufig ist.
Ist es denkbar, daß der italienische Rundfunk uns aus der Mailänder Scala »Die Verirrte« von Verdi ankündigt (statt »La Traviata«) oder Mascagnis »Bauernehre« (statt »Cavalleria rusticana«)? Es ist nicht denkbar.
Das sprachliche Selbstbewußtsein der Franzosen mit ihrem zivilisatorischen Anspruch haben wir nie besessen, auch nicht die tatsächliche Überlegenheit des Englischen als einer Weltverkehrssprache, aber seit der Zeit unserer Klassik war es doch den Deutschen klar, daß ihre Sprache als eine der großen Literatursprachen Ansprüche an sie selbst zu stellen hatte. Das gerät heute in Vergessenheit; manchem erscheint es gar als Abzeichen weltbürgerlicher Gesinnung, wenn er das Deutsche zugunsten anderer Nationalsprachen verleugnet.
Die Lufthansa spricht auch auf innerdeutschen Flügen mit dem Publikum neben deutsch englisch: Die Tatsache, daß manche unserer Speiselokale, die auf internationalen

Tourismus hoffen, ihr Menü auch englisch oder französisch abfassen, wird nur den wirklich stören, der diese Sprache versteht. Bedenklich wird die sprachliche Nachgiebigkeit der Deutschen, die viel größer ist als selbst die der Portugiesen oder der Polen, durch die Veränderung vor allem der politischen Sprache, die sie bewirkt. Es gibt heute schon politische Diskussionen auf deutsch, die ohne Elementarkenntnisse des gängigen Englisch nicht verständlich sind. Für keine der großen internationalen Organisationen gibt es einen deutschen Namen – UN, FAO, NATO, UNESCO, UNICEF, EFTA, OECD. Kein Deutscher, der nur Deutsch kann, kann diese Namen verstehen, er muß sie erlernen wie Wörter einer fremden Sprache. In den meisten der genannten Organisationen sind wir das zweitwichtigste Mitglied. Deutsch einzuführen ist niemandem eingefallen.

Verlangt nicht schon die Achtung vor dem Publikum die Verwendung der eigenen Sprache, das in einer Demokratie nicht wegen Sprachschwierigkeiten von der Erörterung der öffentlichen Angelegenheiten ausgeschlossen sein darf?

Allerdings ist unsere Nachgiebigkeit nicht überall gleich. Die europäischen Einrichtungen, die nicht englisch geboren wurden, haben alle auch deutsche Namen, und es würde, selbst wenn wir nicht gleichberechtigtes Gründungsmitglied gewesen wären, kaum gelungen sein, etwa französische Wörter bei uns durchzusetzen.

Es geht nicht um Purismus. Wer das Waldsterben entdeckt, gibt ihm den Namen, und wer die Snack-Bar erfindet, benennt sie. Aber die Eskalation birgt Gefahren, der Griff nach der nuklearen Hardware kaum weniger als die Non-Proliferation, wenn auch energisches Contingency Planning wenigstens die Berliner Essentials sichert – Access, Presence und Viability.

So redet man in Deutschland zwar noch nicht und in Bonn nur manchmal, aber wenn die Wörter vorzugsweise fremden Ursprungs sind, braucht es niemanden zu wundern, daß auch die Ideen von anderswo kommen. Die Vorstellungswelt der Deutschen ist schon weit mehr, als sie wahrhaben wollen, von »Leitbildern« verstellt, die andere leiten. In der Wirtschaft und der Werbung ist es nicht besser. Nur der Gedankenloseste plustert seine Nullität, wenn er von Cash-flow, Controlling, Bottom-line, Merchandising und Software redet.
Vor einigen Jahren überschrieb die »Times« einen Leitartikel über die Deutschen »Linguistic Submissiveness« – sprachliche Unterwürfigkeit. Diese Formel ist leider in unsere Sprache nicht übernommen worden.

(Oktober 1987)

Politischer Skandal – ein Lehrstück

① Der politische Skandal hat seinen Grund im Interesse eines interessierten Dritten; von diesem empfängt er seine Kraft, von ihm wird er, wenn nicht ausgelöst, so doch begünstigt. Als Nutznießer ist er immer vorhanden und bemerkbar. Der interessierte Dritte ist »Dritter«, nicht förmlich Partei im Streit. Er ist weder Angreifer noch Beschuldigter. Der interessierte Dritte befindet sich in Opposition zum Machthaber, dessen Herrschaft durch den Skandal geschwächt, in Frage gestellt, beseitigt werden soll. Der interessierte Dritte mag selbst ein Machthaber sein, aber er ist im Verhältnis zum angegriffenen Machthaber in der Situation des Unterlegenen, des schwächeren Bewerbers; ein Ohnmächtiger ist der interessierte Dritte nicht.

② Das Volk, die Öffentlichkeit, spielt im Skandal nur eine scheinbar aktive Rolle. Der Skandal beginnt durch die Entrüstung der öffentlichen Meinung, wie begrenzt diese Öffentlichkeit auch sei. Die Entrüstung schafft den Skandal: Durch ihre Entrüstung macht sich die Gesellschaft zum Instrument des Angriffs.
Die Entrüstung, mithin der Skandal, wird durch einen Tatbestand ausgelöst, dessen bloße Bekanntmachung als Anklage genügt. Es muß sich also um einen Tatbestand handeln, der Entrüstung spontan erzeugt; nur auf die Entrüstung kommt es an, nicht darauf, daß Gesetz und Moral gekränkt seien, doch fällt das gelegentlich zusam-

men. Ob die Bekanntmachung des auslösenden Tatbestandes auf wirklich gefühlte oder bloß geheuchelte Entrüstung trifft, ist durchaus gleichgültig: Die Wirkung ist dieselbe, denn es geht im die Selbstbestätigung einer öffentlichen Moral, nicht um das Gewissen oder die Zehn Gebote.

③ Die Entrüstung pflanzt sich durch die öffentliche Meinung fort und begründet den unwiderstehlichen Zwang weiterzumachen, dem alle unterliegen, das Verbot, sich zu beruhigen, die Pflicht, die Empörung zu steigern, bis sie zur Verfolgung eines Opfers ausreicht. Wer sich ausschließt von der Entrüstung, wird des geheimen Einverständnisses mit der Untat verdächtigt.

④ Das Opfer des Skandals wird immer gefunden; ohne seine Ritualschlachtung, die nicht den Verlust der physischen Existenz bedeuten muß, kann der Skandal nicht beendet werden. Allerdings braucht das Opfer nicht mit dem Schuldigen identisch zu sein. Nicht selten besteht die Kunst der Mächtigen, an deren Festung der Skandal brandet, gerade darin, rechtzeitig das Opfer zu bestimmen. Sie tun das vielleicht, um den Schuldigen zu schonen, aber immer, um die Herrschaft im ganzen vor dem Angriff zu retten. Die Bestimmung des Opfers geschieht in der Weise, daß einer fallengelassen, nicht mehr gedeckt, zum Abschuß freigegeben wird, wie die gängigen Ausdrücke lauten. Es rast das Volk und will sein Opfer haben: Es ist ein Ausweis guter Regierungstechnik, den richtigen Zeitpunkt für die Opferung zu erkennen und das richtige Opfer zu wählen, nämlich kein zu kleines, das den Zorn nicht dämpfen, der Entrüstung nicht genügen, kein zu großes, das den Machthaber schwach und verwundbar geworden zeigen würde.

⑤ Es gehört zum Charakter des Skandals, daß das Opfer keinen Verteidiger findet, daß jeder an der Entrüstung teilnimmt und also die Rolle des Anklägers spielt, die mit der des Richters zusammenfällt. Das Urteil nämlich lautet, wenn der Skandal einmal ausgebrochen ist, immer und von vornherein auf Ächtung und Bann; Freispruch gibt es nicht. Die Nachspiele, die staatliche Organe vollziehen, sind nur Aufräumungsarbeiten und haben mit dem Skandal als einem politischen Phänomen nichts mehr zu tun. Die Aufklärung des Sachverhalts ist gar nicht vonnöten und interessiert meist niemanden mehr.

(November 1987)

Fröhliche Weihnachten

Weihnachten, das Geburtstagsfest des Erlösers der Menschheit, ist bei einem Teil der Menschheit, nämlich den Deutschen, immer mehr zu einem Problemfest verkommen. Die öffentlichen Verlautbarungen geistiger und weltlicher Würdenträger klingen bei uns, als seien sie zum Volkstrauertag entworfen, die Warnungen vor Konsumwut und Materialismus werden um so intensiver, je mehr die Leute ans Schenken denken; die Meldungen über erhöhte Selbstmordraten und Familienzerwürfnisse unterm Weihnachtsbaum verdrießen uns jedes Jahr, und es ist schon ein großer Menschenfreund, der statt zur Betrübnis über alles Elend auf der Erde bloß zur Besinnung aufruft: Vom Recht auf Fröhlichkeit zum Lichterfest im dunklen Winter redet kaum jemand, der ernst genommen werden will.

Mit der Miesmacherei dieses heiteren Festes stehen wir in der Christenheit allein da. Noch der allerchristlichste Franzose läßt Heiligabend den Champagnerpfropfen knallen, die Engländer zünden den Plumpudding an und erfreuen sich an turbulenten Gesellschaftsspielen, vom Küssen unterm Mistelzweig ganz zu schweigen; überall, in den lateinischen Ländern wie in den USA, ist Weihnachten das Fest nachbarlicher Geselligkeit, bei dem gut und reichlich gegessen, manchmal zuviel getrunken wird; kein Pastor käme auf die Idee, mahnend vom Geldausgeben für Gold, Weihrauch und Myrrhe abzuraten, die ja auch dem Christkind dargebracht worden sind.

Bei uns hat das Fest schon immer einen anderen Charakter gehabt. Die bäuerlichen Züge hatten sich stärker erhalten, die Gemütlichkeit und Enge des Stalls; statt der strahlenden Trompete erklingt die arme Blockflöte; in dulci jubilo wird zwar gesungen, aber gejubelt wird nicht. Hinzu kam seit dem 19. Jahrhundert die Sentimentalisierung, die Privatisierung des Festes, das zum reinen Familienfest wurde – was die Einsamkeit der Alleinstehenden vergrößert und bei den Familien, die tagelang auf sich selbst ohne Außenkontakt angewiesen sind, Sentimentalität in Aggressivität umschlagen läßt, wenn nicht alle ohnedies einerlei Sinnes sind.
Kurzum, das Fest, das die Deutschen für alle Welt haben verschönern helfen, war für sie selber schwieriger geworden.
Dazu kommt seit dem Ende des Zweiten Weltkriegs die sozialkritische Neigung in großen Teilen unserer Geistlichkeit. Das »Friede auf Erden« verleitet geradezu zur politischen Predigt, und man möchte eben den vielen, die man vielleicht nur an Weihnachten erreicht, Verantwortung für die Übelstände dieser Welt einbleuen (dabei ist das Spendenaufkommen für alle möglichen guten Zwecke in der Bundesrepublik ohnehin weit höher als in irgendeinem bewohnten Land des Planeten).
Es kann nicht ausbleiben, daß bei der theologischen Indienststellung des Weihnachtsfestes für vermeintlich gebotene soziale Verantwortung Merkwürdigkeiten vorfallen, so, wenn geistlich beschlagene, aber weltlich wenig gebildete Gottesmänner in gleichem Atemzug das Los der Arbeitslosen beklagen und ihren Gemeinden zum Konsumverzicht raten, jedenfalls vor üppigem Schenken warnen – es ist aber just die Binnennachfrage, die angesichts nicht mehr so steigenden Exports auf dem Arbeitsmarkt Abhilfe schaffen kann, und es arbeiten

auch gerade jene Erwerbszweige in Handwerk, Handel und Industrie personalintensiv, die Schenkbares zur Verfügung stellen.

(Dezember 1987)

Demokratie der Funktionäre

Wir haben eine echte Funktionärs-Demokratie errichtet, die Demokratie der hauptberuflichen Funktionsträger, die für die Politik und von der Politik leben. In den ersten Jahren der Bundesrepublik war das so deutlich noch nicht wahrzunehmen. Es gab bei ungefähr gleicher Bevölkerungszahl 80 Prozent weniger hauptberufliche politische Posten in Regierungen, Parlamenten, Verwaltungen und politischen Verbänden. Es mußte also die Mitwirkung nur nebenamtlich politisch tätiger Bürger gewünscht werden. Zudem war der Typus des Berufspolitikers kaum erfunden, der schon als Student oder auf dem zweiten Bildungsweg, jeden normalen Beruf außer acht lassend, ein politisches Amt, eine politische Saft-Pfründe ansteuert. Aber die Weichen für die Entwicklung zur perfekten Funktionärs-Demokratie waren spätestens mit dem Grundgesetz 1949 gestellt.

Es heißt immer, der Parlamentarische Rat habe aus dem Niedergang der Weimarer Republik die Konsequenz ziehen müssen, das Volk an der direkten Teilnahme an der Politik zu hindern. Nun ist aber die Weimarer Republik nicht an der politischen Dummheit oder einer Exzesse provozierenden politischen Aufgeregtheit des Volkes zugrunde gegangen, sondern am Versagen des Parlaments, der demokratischen Parteien, der Gewerkschaften und des Reichspräsidenten. Auch ist Hitler nicht durch eine Volksbewegung an die Macht geschwemmt worden, sondern verdankte seine Ernennung dem politischen Establishment, das aus der Krise keinen anderen Ausweg mehr finden konnte. Jedenfalls aber hat der Parlamentarische Rat aus Liebe zur Ruhe als der ersten Bürgerpflicht – woraus diese sich auch immer speisen mochte – keine direkte Beteiligung des Bürgers an politischen Entscheidungen haben wollen, außer bei der Bundestagswahl alle vier Jahre.

Kein Präsident, kein Kanzler, kein Ministerpräsident und kein Minister werden vom Volk gewählt, Stadtoberhäupter nur in den beiden Südstaaten. Im Bund gibt es kein Volksbegehren und keinen Volksentscheid. Die politischen Parteien finanzieren sich generös aus dem Steuersäckel, was ihnen festliche Wahlkämpfe, umfängliche Bürokratien und eben die Unabhängigkeit vom täglichen Ringen um die Zustimmung der Bürger beschert. Im Laufe der Jahre haben sich die politischen Apparaturen so verfestigt, daß Einsteiger von außen so gut wie keine Chance mehr haben. Der unter Unternehmern beliebte Ruf, man solle sich in der Politik engagieren, geht ins Leere – die Politik kann gar keine Leute mehr brauchen, die nicht aus der eigenen Aufzucht stammen und die obendrein im Kopf und in der Geldbörse so unabhängig sind, daß sie auf Kommandos von Parteiführungen nicht verläßlich Gehorsam üben.

Angesichts dieser Funktionärs-Demokratie ist es gar nicht verwunderlich, wenn die Wahlbeteiligung sinkt, politische Kritik immer gereizter klingt und wenn sich gelegentlich tumultarische Bürgerinitiativen und politische Kleinbewegungen auftun – die verfaßte Demokratie nimmt ja selber keine spontane Volksregung auf.

Politische Kultur besteht übrigens nicht im zärtlichen Umgang der Politiker miteinander – das ist eine unpolitische Vorstellung, die am liebsten eine politische Dynamik auch in den Ausdrucksformen verbieten möchte, die in der

Sache längst verlorengegangen ist –, sondern, als erste Voraussetzung, in wahrheitsgemäßem Umgang mit dem Publikum, also im Verzicht darauf, den Bauern vorzulügen, daß die Landwirtschaft im bisherigen Umfang bestehenbleiben könne, den Stahlkochern in Rheinhausen weiszumachen, ihr Werk hätte noch eine Chance: Sie ist das Gegenstück zur Bonhomie des Scheckbetrügers, der nur sein jeweiliges faules Papier loswerden will, und meint, kommt Zeit, kommt Geld, kommt Rat.

(Januar 1988)

Institutionelle Dummheit

Was ist der Unterschied zwischen mieten und anmieten, programmieren und vorprogrammieren, kontrollieren und nachkontrollieren, verkaufen und abverkaufen, zwischen Stau und Rückstau, zwischen Erinnerung und Rückerinnerung? Gar keiner, aber der jeweils eine Ausdruck ist richtiges, der andere aufgeblähtes und dummes Deutsch.

Diese Sprache, »Sülze, die hochtrabt« (Kurt Hiller), ist ein Zeichen für die *institutionelle* Dummheit. Das ist die Dummheit, die nicht Personen eigentümlich ist, sondern die von Institutionen erzeugt und begünstigt wird und die ganz normale und vernünftige Menschen überfallen und überwältigen kann, sobald sie in den Bannkreis bestimmter Institutionen geraten. Zu Hause, unter Freunden, reden sie nicht so geschwollen daher, wohl aber in ihren Funktionen in Verbänden, Unternehmen, Verwaltungen.

Die institutionelle Dummheit, die erst von jetzt an die erforderliche wissenschaftliche Aufmerksamkeit erfährt, kann sich freilich viel schrecklicher manifestieren. Sie kann nämlich jene, die aus einer gegründeten Existenz (die sie mit Umsicht und Kompetenz innehaben) in der Hierarchie einer Institution nach oben kommen, bis zur völligen Unkenntlichkeit des Charakters und dem Verlust ihrer natürlichen Intelligenz verändern. In aller Regel verläßt jemand, der einen erlernten Beruf erfolgreich ausübt und vielleicht eben wegen seines Erfolges in die Spitze

einer Organisation berufen wird, das Feld der erworbenen Kompetenz und wandelt sich plötzlich in einen Dummkopf und Schwätzer, der sich unter Verzicht auf eigenes Nachdenken den längst formulierten Interessen der Institutionen unterwirft und genauso plattes Zeug daherredet wie irgendein kleiner ungebildeter Funktionär.
Jeder kennt die traurigen Beispiele. Mancher gute Unternehmer, der über Probleme seines Betriebes kenntnisreich und anschaulich zu berichten versteht, wird Präsident von irgend etwas und flugs zum Schwellkopf, der in bedeutungsheischender Dröhnprosa die Meinungen über Gott und die Welt wiederkäut, die ohnedies umlaufen. Ein tüchtiger Arzt verläßt seine Praxis, übernimmt einen hohen institutionellen Posten und verwandelt sich allgemach in einen Unterbezirkssekretär mit persönlichem Referenten und Dienstwagen. Ein Journalist, dessen Reportagen man lieben, dessen Glossen man fürchten gelernt hat, wird Chef einer berufsständischen Gruppierung: Aus ist's mit Einfallsreichtum und Formulierungskunst.
Die institutionelle Dummheit disponiert zum Grämlichen. Mag einer vorher ein heiteres Gemüt, ein famoses Haus gewesen sein, als Haupt einer Institution wird er Klagelaute ausstoßen und Untergänge ankündigen. Denn jeder Verband ist der Tendenz nach ein Geschädigtenverband und verlangt irgend etwas, was ohne die Behauptung von Not und Mißstand nicht zu erlangen ist. Die gewöhnliche Dummheit ist schon mürrisch, die institutionelle führt zu öffentlicher Depression.

(Februar 1988)

Herrschaft der Lüge

Vor einigen Wochen hatte ich auf Einladung von Björn Engholm an einer Diskussion mit Günter Grass und anderen Notabeln des öffentlichen Lebens zum Thema Barschel und die Zerstörung der politischen Kultur teilzunehmen. Zunächst fand ich wenig Beifall mit der These, daß nicht die Untaten eines psychisch gestörten Ministerpräsidenten und der darauf aufbauende Skandal unsere politische Kultur zerstören (ein reinigender Skandal zeugt ja eher für die Vitalität der politischen Verfassung), sondern daß der verbreitete Mangel an Wahrhaftigkeit die Hauptgefahr in unserem politischen Leben darstelle.
Am Tag danach traf ich einen der führenden Politiker der Republik, der in diesem Zusammenhang sicher nicht genannt sein will, der schlichtweg von der Herrschaft der Lüge sprach: Viel mehr als in den ersten Jahrzehnten der Bundesrepublik gebe es heute eine allumfassende Koalition der Verlogenheit.
Die Bemerkung zielt darauf, daß unterschiedslos alle Parteien unangenehme Tatbestände vor den Wählern geheimhalten, verschleiern oder verniedlichen. So weiß jedermann seit vielen Jahren, und jedermann sind auch die Gewerkschaften, daß selbst bei günstiger konjunktureller Entwicklung unsere Arbeitslosigkeit nicht zu beseitigen ist, daß sie höchstens gemildert werden kann. Aber alle versprechen Kampf gegen die Arbeitslosigkeit, beschuldigen einander gegenseitig, nicht das Richtige oder nicht genug zu tun.

Desgleichen hat keine politische Gruppe den Mut zur Ehrlichkeit, wenn es um die Landwirtschaft, die Werften und den Stahl geht. Wider besseres Wissen wird so getan, als könnten wir die bäuerliche Bevölkerung nach Zahl und Struktur in der angestammten Landwirtschaft erhalten. Bei den Arbeitern in den dahinsiechenden Traditionsindustrien werden beim Auftreten jeder Schwierigkeit fabelhafte Grußadressen abgegeben; es wird so getan, als ob entgegen den unausweichlichen Tendenzen der Weltwirtschaft und ihrer Arbeitsteilung die Bewahrung dieser Arbeitsplätze noch auf unabsehbare Zeit möglich sei.

Eine vergleichbare Verlogenheit gibt es in der Sicherheitspolitik. Während in anderen Ländern über das Reagan-Gorbatschow-Abkommen wenigstens diskutiert wird, verlautbaren sämtliche unsere Parteien, im Verein mit fast hundert Prozent der Medien, die unzweifelhafte, ja sittlich gebotene Überzeugung, daß es sich dabei um einen immensen Fortschritt in Sachen Sicherheit und Abrüstung handele. Daß das Abkommen keinen einzigen nuklearen Sprengsatz beseitigt und, wenn es folgenlos bleibt, unsere Sicherheit eher beeinträchtigt, wird nicht gesagt, darf nicht gesagt werden. – Daß bei Themen wie Südafrika oder Aids-Bekämpfung wahre Hochfeste der Verlogenheit stattfinden, soll nur registriert werden.

Wenn kritische Tatbestände, gewissermaßen dank Verschwörung der Macht- und Meinungshaber, vor dem Publikum nicht erörtert werden können, fängt der demokratische Prozeß an, seinen Sinn zu verlieren. Wer glaubt, die Wähler von der Wahrheit verschonen zu müssen, bekundet ihnen gegenüber die fundamentale Verachtung, die sich in der patronisierenden Vokabel vom »mündigen Bürger« so unübertrefflich ausdrückt.

(März 1988)

Falsch verstandene Tarifautonomie

In jedem Frühjahr wiederholt sich in der Bundesrepublik Deutschland das gleiche Ritual: die Tarifrunde. Die Gewerkschaften treten mit großem publizistischen Getöse, Demonstrationen und Warnstreiks für echte oder vorgebliche Interessen der Arbeitnehmer ein. Ihnen erwidern mannhaft die Sprecher der Arbeitgeberverbände mit dem immer gleichen Argument, daß nämlich die Erfüllung der Gewerkschaftsforderungen die deutsche Volkswirtschaft in höchste Gefahr bringe und die ohnedies im Vergleich zum Ausland strapazierten Unternehmen ihre Wettbewerbsfähigkeit nach außen und nach innen einbüßten.
Dann setzen sich die Tarifparteien, die sonst als »Sozialpartner« firmieren, zu tage- und nächtelangen Konferenzen zusammen, die zuweilen dramatisch unterbrochen, dann unter surrenden Fernsehkameras wieder aufgenommen werden, und produzieren am Ende ein Ergebnis, das in aller Regel vorhersehbaren Charakter hat: unter der Forderung der einen und über dem Angebot der anderen Seite.
In Wahrheit bilden schon seit Jahrzehnten die Tarifparteien eine geheime große Koalition, die das wirtschaftliche Leben in unserem Land regiert – vollkommen unabhängig von der politischen Kombination, die angeblich in Bonn das Heft in Händen hält. Durch die Tarifautonomie fühlen sich die Sozialpartner zu Verträgen zu Lasten Dritter legitimiert, die unserem Recht fremd sind: Die Folgen ihrer

Abschlüsse werden entweder von den Konsumenten getragen oder, bei Krisenindustrien, einfach vom Steuerzahler. Die Arbeitgeber stehen anonym mitverantwortlich für die sozialen Errungenschaften, deren die Gewerkschaften sich rühmen. Der Widerstand der Arbeitgeberverbände ist verbal heftig, in der Sache weniger, wie jüngst beim Protest gegen die Arbeitszeitverkürzung im Stahl, desgleichen bei der Aufnahme der Ladenschlußzeiten in den Tarifvertrag in Hamburg.

Sprecher der Arbeitgeberverbände werden nicht müde, über die schwindende Attraktivität des Industriestandorts Bundesrepublik Deutschland zu klagen wegen der Lohnnebenkosten, der Betriebsbesteuerung, der arbeitsrechtlich festgezurrten Immobilität der Personalstruktur. Bei den Klagen wird nie hinzugefügt, daß die Hälfte der Lohnnebenkosten von den Arbeitgebern tarifvertraglich mit vereinbart worden ist. Analoges gilt für die Einführung neuer Technologien oder mannigfacher Versuche, Arbeitsplätze zu humanisieren. Gleichviel, ob irgendeine Regelung in einem Tarif oder in einer Betriebsvereinbarung festgelegt worden ist, eine Arbeitgeberunterschrift ist immer darunter.

Wie jeder halbwegs vernünftige Mensch verlangen auch die Arbeitgeberverbände eine Reform der Rentenversicherung, der Krankenversicherung, der Altersversicherung. In allen Selbstverwaltungs-Körperschaften dieser Sozialversicherungen sitzen die Arbeitgeber zu 50 Prozent und haben all das mit zu vertreten, was den Zwang zur Reform erst ausgelöst hat. Sie halten an dieser Präsenz auch fest, obwohl die Arbeitgeberbeiträge zu den Versicherungen längst wirtschaftlich Lohnbestandteile geworden sind und sie die Körperschaften nicht mitzutragen brauchen, in denen ihr eigentlicher Wille nicht zum Zuge kommt.

Die Arbeitgeberverbände haben es in der öffentlichen Meinung schwer. Mit Recht, denkt manchmal der Zeitgenosse. Die soziale Partnerschaft hat zweifellos zu einem stabilen inneren Frieden beigetragen. Das ist eine große Leistung. Aber wie jeder stabile Frieden enthält auch der soziale ein Element der Ungerechtigkeit. Er schreibt immer einen Status quo fest, ausschließlich zugunsten derer, die Macht haben, ihn abzuschließen.

(April 1988)

Elektronisches Lumpenproletariat

Vor einigen Wochen fand in Cambridge die 38. Königswinter-Konferenz statt, bei der sich Deutsche und Briten über mutmaßliche Zukunftsentwicklungen unterhielten. Eines der Themen war europäische Währung und Notenbank, wovon Stimmen der Bundesregierung ja behaupten, daß sie sozusagen unmittelbar bevorstünden. Natürlich ist das nicht so, weil vor einer weitgehende Harmonisierung der Steuern, der Wirtschafts-, Finanz- und Haushaltspolitik europäische Währung nicht definiert werden kann, und weil die Vorstellungen über Aufgabe und Unabhängigkeit einer Notenbank unter den EG-Mitgliedern weit auseinandergehen.
In einem Gemeinwesen kann eine gemeinsame Währung und Notenbank erst nach Einrichtung einer gemeinsamen Regierung (sie muß nicht so heißen) eingerichtet werden, nicht vorher. Den Engländern sind diese europäischen Selbsttäuschungen so fremd wie der Gedanke an die Autonomie einer Notenbank, die ihrem geheiligten Prinzip von der Souveränität des Parlaments widerstreitet. Erst wenn sie sich davon formell verabschieden, was sie faktisch in Einzelschritten schon längst tun, wird mit ihnen über das gemeinsame Geld zu reden sein.
Eines der anderen Themen war die neue Informationsgesellschaft, in die alle entwickelten Gesellschaften mit unterschiedlicher Behendigkeit hineinströmen. Der Blick in die glänzende technologische Zukunft mit ihren unerhörten Möglichkeiten für private Freiheit und betriebli-

che Produktivität umfaßt allerdings so gut wie nie jene sozialen Ecken, die von ihr ausgespart werden.
Gemeint ist die Tatsache, daß es künftig eine neue Unterklasse geben wird, gewissermaßen ein elektronisches Lumpenproletariat. Neben die jetzt schon strukturell Beschäftigungslosen, deren Zahl sich mit jedem von der Mehrheit erzielten Fortschritt noch vermehrt (Verkürzung der Arbeitszeit, Steigerung der Lohnkosten erzwingt Produktitivätserhöhung, deren überschießende Tendenz Arbeitsplätze vernichtet), tritt die neue Unterschicht derjenigen, die von der Informationsgesellschaft nicht gebraucht werden, die in ihr nicht arbeiten können oder nicht arbeiten wollen.
Viele Berufe, vor allem in der produzierenden Großindustrie, werden verschwinden, zum großen Teil durch Berufe ersetzt werden, die bessere Qualifikation und die Bereitschaft zum permanenten Lernen bedingen. Nicht alle, die heute noch mitarbeiten, können da mitmachen; andere ziehen es freiwillig vor, sich alternativ zu verhalten. Nur wenige werden in den anspruchsvollen Berufen zusätzlich unterkommen, die nicht-digitalisierbar sind, wie die alten Tätigkeiten des Priesters oder Richters oder in Geschicklichkeitsberufen wie der Frisör. Für diese Schicht der Nicht-Integrierbaren, die auf maximal 10 Prozent der Erwerbstätigen geschätzt werden, gibt es auch nicht den generellen Ausweg nachgeholter verbesserter Ausbildung, weil vielen die Begabung und anderen einfach die Bereitschaft fehlt.
Für diese neue Unterklasse, die zu den anderen Belastungen unseres Sozialsystems noch hinzukommt, muß rechtzeitig sozial verträglicher Raum bereitgestellt werden. Etwa durch die Möglichkeit, erwünschte, wenngleich nicht hochwertige Dienstleistungen zu erbringen, aber dafür überproportional belohnt zu werden. Das entsprä-

che nicht der Marktwirtschaft, wohl aber der Humanität. Ein so unverdächtiger Zeuge wie der ultra-liberale Nationalökonom Milton Friedman ist für einen solchen Fall auf den Gedanken der negativen Einkommensteuer verfallen: gestaffelte Steuerzahlungen an diejenigen, deren Einkommen ansonsten unter dem als erträglich definierten Minimum liegen würde.

(Mai 1988)

Wirtschaftswunder wird 40

Diese Überschrift hatte der Londoner »Economist« gewählt, der die Bundesrepublik mit kritischer Sympathie zu beobachten pflegt und der aus Anlaß des 40. Jubiläums des Erhardschen Wirtschaftswunders ein nicht sehr schmeichelhaftes Porträt zeichnete. Einem ausländischen Beobachter, besonders einem britischen, der derzeit das eigene Wirtschaftswunder mit verwundertem Stolz ansieht, fallen vor allem die Symptome der Ermattung unserer Wirtschaftsgesellschaft auf: der kleiner gewordene Produktivitätszuwachs, die schwächere Innovationsbereitschaft, die Umwandlung einer Arbeits- in eine Freizeitgesellschaft, die unter dem Stichwort des Sozialen hemmungslos gewordene Verteilungswut usw.
Für uns Deutsche sollte es mit der Feststellung solcher Symptome (denen auch noch ein paar erfreuliche gegenüberstehen) nicht sein Bewenden haben. Versucht man, die Ursachen für die sklerotische Verfassung unserer prosperierenden Stabilität mit einem Wort zu bezeichnen, so bietet sich eine Vokabel an, die vor langer Zeit schon von den Niederländern für ihren damaligen Zustand geprägt worden war – die Versäulung. Damit ist die politische und gesellschaftliche Erstarrung bezeichnet, das Festgezurrtsein aller Institutionen. Diese Erstarrung hat zur Folge, daß Entscheidungen, außer in Panik oder schwerer Krise, unmöglich werden, Reformen gegen die Einsprüche betroffener Gruppen undurchsetzbar erscheinen und insgesamt alle Initiativen im Immobilismus lähmender Lan-

geweile ersticken. Die Säulen dieser gesellschaftlichen Versäulung sind mit bloßem Auge zu erkennen. Vornehmlich die politischen Parteien, die sich nicht nur ideologisch entleert haben, sondern auch gleich ideell, so daß sie zu bloßen Bestandsverwaltern und Zielgruppen-Parteien heruntergekommen sind – nirgends eine begeisterungsfähige Perspektive, weder eine sozialistische noch eine konservative, noch eine liberale. Auch die Grünen sind nach nur acht Jahren politischer Existenz nicht mehr Revolutionäre oder Reformer des Establishments, sondern nur noch seine Parasiten. Da die Parteien sich aber in den vier Jahrzehnten ihrer Herrschaft nicht nur den Staat, vom Friedhofsamt bis zur Justiz, sondern weite Bereiche der gesellschaftlichen Totalität, von den Medien bis zur Kultur, unterworfen haben, ist die Versäulung zum schlechterdings herrschenden Prinzip geworden. Unter den Säulen ragen hoch die Gewerkschaften auf, die am besten dafür bürgen könnten, daß überhaupt keine Bewegung, überhaupt keine Entwicklung mehr stattfindet, außer der Verfettung des Status quo.
Die Remedur? Man muß die Säulen kappen. Da sie zur Selbstkappung nicht imstande sind, muß das Volk seine übermächtigen und regungslosen Obrigkeiten zwingen. Das erste Signal wäre der Liebesentzug durch Wahlenthaltung und Verbands-Austritt, der zweite Schritt wäre der hin zu der vor 40 Jahren verschmähten und verpaßten direkten Demokratie. Eine Perestroika, die unsere Politiker bei Gorbatschow bejubeln, sollten sie im eigenen Land nicht verhindern dürfen.

(Juli 1988)

Wie man eine moderne Diktatur errichtet

Zu den Verläßlichkeiten der Weltpolitik gehört die politische Gutgläubigkeit oder Naivität des westlichen Publikums und westlicher Führungskräfte, vor allem in den USA und der Bundesrepublik. Für die Amerikaner war die Sowjetunion bis vor kurzem »the evil empire«, das Reich des Bösen. Heute spricht Reagan von seinem Freund Gorbatschow, und bei uns gilt, laut demoskopischen Umfragen, der Sowjetchef für vertrauenswürdiger als der amerikanische Präsident. Dabei hat es Veränderungen der politischen Realität noch nicht gegeben, die solche Umschwünge erklären könnten, sondern nur Vorankündigungen.

Die bis jetzt verabredete Abrüstung bringt Europa kein Quentchen mehr an Sicherheit. Der Abzug sowjetischer Truppen aus Afghanistan ist eine noch rechtzeitige Konsequenz aus einer militärischen Niederlage. Von einer Preisgabe sowjetischer Interessen ist nichts zu sehen, sie ist auch nicht zu erwarten, während auf westlicher Seite ständig Personen und Gruppen hervortreten, welche die Preisgabe westlicher Positionen im vorgeblichen Interesse des Weltfriedens fordern.

Diese Entwicklung wäre unerklärlich ohne das Phänomen Gorbatschow. Er ist zweifellos nicht nur der intelligenteste, sondern auch der sympathischste sowjetische Führer, den es seit der Oktoberrevolution gegeben hat; und vielleicht der beste russische Kenner der westlichen Psyche seit Peter dem Großen. Sein politisches Geschick ist derart, daß er auch alle Kremlexperten außer Tritt gebracht hat, die entweder nicht wahrhaben wollen, daß er ein echter Reformer ist oder daß er als echter Reformer in seinem Land in seinem System dauerhaft Erfolg haben könnte. Dabei gelingt ihm ein Kunststück nach dem anderen. Er verkündet, umjubelt drinnen wie draußen, das Prinzip der Trennung von Partei und Staat und läßt gleichzeitig erkennen, daß er das Amt des Parteichefs (Generalsekretär) behalten und das des Staatspräsidenten übernehmen will – und niemand lacht.

Da er den Staat gegenüber der Partei stärken will, hat er konsequenterweise mehr Machtfülle für den künftigen Staatspräsidenten requiriert; und so wird in seiner Person die größte Machtzusammenballung stattfinden, die das Sowjetsystem seit Stalin gekannt hat – und alle Welt hält die Entwicklung für irgendwie demokratisch und liberal.

Er bedient sich der Prinzipien von Glasnost und Perestroika, und zwar aus Überzeugung. Diese Überzeugung hat er natürlicherweise, weil Glasnost, die offene Kritik, ja der Erblast der Vergangenheit gilt, und Perestroika, die Umgestaltung, die Machtpositionen seiner Gegner ruiniert. Daß die Sowjetunion der Offenheit und der Umgestaltung bedarf, wenn sie modern und konkurrenzfähig werden will, gibt Gorbatschows Reformen den Charakter der Unwiderleglichkeit und der historischen Notwendigkeit.

So erleben wir die Entstehung einer von der Weltöffentlichkeit applaudierten Ein-Mann-Diktatur. Sie bedeutet, wie die Alleinherrschaft Peters des Großen, die Wiederholung eines typischen Abschnitts der russischen Geschichte, nämlich der reformistischen Fortschrittlichkeit und der Öffnung nach Westen nach einer langen Periode mißtrauischer und fremdenfeindlicher Isolation.

Derzeit gibt es aus schlagenden ökonomischen Gründen keine vernünftige Alternative zu Gorbatschows Kurs und Herrschaft, die, wenn alles wie vorgesehen läuft, der Sowjetunion einen Zuwachs an Prestige und Macht einbringen wird und uns, wenn wir aufpassen, auch ein wenig Gewinn; den Frieden, nach dem unsere Schwärmer immer rufen, haben wir ja schon seit 40 Jahren. Der herkömmliche Kommunismus wird unter Gorbatschow auf der Strekke bleiben. Das Vaterland des Sozialismus wird dann so sozialistisch sein wie die EG christlich ist.

(August 1988)

Zum Kleinkrämer erzogen

Industriestandort Bundesrepublik – mit viel Berechtigung und noch mehr Weinerlichkeit wird das Thema erörtert: finanzpolitische Rahmenbedingungen schlecht, hinderliche Sozialgesetzgebung und Arbeitsrechtsprechung, hohe Lohnnebenkosten, fortschrittsfeindliche Gewerkschaften, ein Klagelied ohne Ende. Abgesehen wird bei alldem von dem großen Exporterfolg, von dem immerhin vorhandenen Wachstum ohne Inflation, dem großen Modernitäts- und Rationalisierungsschub, der von der üppigen Sozial- und Tarifpolitik erzwungen wurde (und uns eine hohe Arbeitslosigkeit eingebracht hat).
Es ist aber richtig, daß die Gesellschaft der Bundesrepublik sich in einer gefährlichen Verfassung befindet, die nicht nur für die Zukunft ihres Industriestandorts Negatives befürchten läßt. Denn die genannten Stichworte bezeichnen nur Symptome für einen allgemeinen Tatbestand – Politik und Gesellschaft haben es sich seit einigen Jahren schon auf dem Rastplatz der Geschichte bequem gemacht. Wir wollen eigentlich gar nichts mehr, außer möglichst anstrengungslosen Zuwachsraten.
Diese Kleinkrämergesinnung, die sich in der Temperamentlosigkeit aller Lebensverhältnisse ausdrückt, vertritt sich selbst mit einem feisten guten Gewissen. Über den Bau der Concorde haben wir einst nur (bringt ja nichts! leere Prestigepolitik!) gelächelt, für das europäische Weltraumprogramm möchten wir freiwillig keine Mark herausrücken, die Ariane ist unter unserem mißgünstigen Mißtrauen zu

einem Erfolg geworden, der revolutionierte Finanzplatz London bringt unsere Behäbigkeit nicht außer Tritt. Der Airbus kostet bloß Geld, der Flugzeugmarkt sollte doch Boeing überlassen werden. Wenn Daimler-Benz sich mutig für eine globale Konkurrenz rüstet, wird das Kopfschütteln im Chor geübt wie sonst das Schunkeln beim Karneval. Selbst wenn Deutsche aus der DDR mit einem Heißluftballon oder auf ähnlich abenteuerlich-ideenreiche Weise zu uns flüchten, ruft die ganze Welt: famos! Doch der Kleinkrämer bleibt bedenklich. Ja, der bloße Bau eines Wolkenkratzers ruft den Protest von Bürgern hervor, die selbst im Stadtkern die ländliche Idylle der Urbanität vorziehen. Und lieber läßt man die Bundeswehr vor sich hinvegetieren, funktionslos, wie es aussieht, statt sie an Friedensaktionen zu beteiligen, die ihr ein Ansehen geben könnten.
Ein junger Deutscher wird daran gewöhnt, ja, er wird dazu erzogen, daß Wagemut, Abenteuerlust, Unternehmergeist nur als Schlagwörter für die Freizeitgestaltung ihr Recht haben, aber keinen Platz in der Wirtschaft oder im eigenen beruflichen Leben. Wenn irgendwo eine zündende Idee aufträte, kämen die Kleinkrämer von allen Ecken herbeigeeilt, sie zu löschen; sie stört ja nur. Wie eine Jugend ihre eigene Zukunft soll bewältigen können, der alle Horizonte zugestellt und alle überindividuellen Zwecke lächerlich gemacht werden, ist ganz unerfindlich. Vordem gab es noch einen Enthusiasmus für Europa, für die Wiedervereinigung, auch für individuelle Freiheit. Heute gibt es gar keinen mehr. Jede Aufwallung, jede Emotion gilt als verdächtig. Das ist Politik aus dem Bauch!, rufen alle diejenigen, die nur ihrem Bauch leben.
Ruhe ist das erste Bürgerrecht! Wer so denkt, wird sie nicht lange genießen.

(September 1988)

Wirtschaftsministerium abschaffen

Hiermit wird in allem Ernst der Vorschlag gemacht, das Bundeswirtschaftsministerium wegfallen zu lassen. Der Bundesminister für Wirtschaft, wie die Behörde offiziell heißt, ist kein klassisches Ministerium. Dieses erkennt man sprachlich schon daran, daß es mit dem Genitiv gebildet wird (Bundesminister der Verteidigung, der Finanzen, der Justiz), das neuerfundene hingegen mit »für«. Es hat nie einen geschlossenen Geschäftsbereich besessen, sondern eine Gruppierung von Zuständigkeiten, die anderwärts nicht mehr hineinpaßten oder aus politischen Gründen neu erfunden wurden. Die einzige bedeutende Zuständigkeit mit wirtschaftlichen Gestaltungsmöglichkeiten – Abteilung Geld und Kredit – ist inzwischen längst dem Finanzministerium zugeschlagen worden. Die Wirtschaftsminister haben denn auch nur kraft persönlichen Charismas und Einfallsreichtums Erfolg gehabt.
Dieser Sachverhalt folgt aus der politischen Verfassung unsere Republik, in der ein Bundeswirtschaftsministerium genaugenommen systemwidrig ist; und es ist eben nicht zufällig, daß es in den angelsächsischen Ländern mit freier Wirtschaft und einem geringen Anteil an Staatswirtschaft nie ein Wirtschaftsministerium gegeben hat, allenfalls ein kleines für Außenhandel. Ministerien sind nämlich dazu da, originäre Zuständigkeiten des Staates zu verwalten. Dazu gehören selbstverständlich der Haushalt und die Beschaffung der Finanzmittel, dazu gehören Polizei, Justiz und Armee, die Pflege der auswärtigen Beziehungen und

die öffentliche Wohlfahrt in all ihrer Mannigfaltigkeit, soweit sie nicht von freien gesellschaftlichen Initiativen gesichert werden kann. Es gehören dazu schließlich die Aufsicht über die staatseigenen Unternehmen wie Post und Bahn und die Aufsicht über die Subventionen und Subsidien. Der Staat ist mit seiner Bürokratie legitimerweise überall präsent, wo er für Staatszwecke Geld ausgibt, den Staat nach innen und außen sichert und die Rahmenbedingungen für das Zusammenleben der Bürger festlegt.

Es ist also ganz natürlich, daß es die Ministerien gibt, die wir haben – mit Ausnahme des Bundeswirtschaftsministeriums. Denn die Wirtschaft ist ein freier Bereich gesellschaftlicher Tätigkeit, in dem der Staat zum eigenen und aller Besten nur schiedsrichterliche, ordnende Funktion hat. Analoges gilt auch für die Kultur, wo der Staat nur darum eine bedeutende Stellung innehat, weil bei uns nicht nur das Schulwesen staatlich ist, sondern viele kulturelle Aktivitäten von staatlichen Subventionen abhängen. Die Rahmenbedingungen der wirtschaftlichen Tätigkeit in der Bundesrepublik werden charakteristischerweise im Bundeswirtschaftsministerium nur zum geringsten Teil bestimmt, viel stärker vom Finanzministerium, vom Arbeitsministerium und von der Bundesbank; die verbliebene Zuständigketi für Wettbewerb wandert immer rascher nach Brüssel ab, für die Berufsbildung ist ohnehin im Bildungsministerium Platz.

Nötig wäre hingegen ein Europa-Ministerium. Spätestens 1992 ist die EG nicht mehr ein Thema der auswärtigen Politik, und schon jetzt ist die Zersplitterung der europäischen Zuständigkeiten uns selbst und Europa nachteilig. Der Wirtschaftskraft unseres Landes sollte die politische Präsenz entsprechen.

(Dezember 1988)

Hilfe für Gorbatschow?

Aus Meinungsumfragen in der Bevölkerung geht hervor, daß dem sowjetischen Präsidenten Gorbatschow mehr Vertrauen entgegengebracht wird als irgendeinem westlichen Staatsmann. Aus anderen Enquêten weiß man, daß auch die Elite der deutschen Wirtschaft Gorbatschow und seinen Reformen nicht nur mit Sympathie gegenüberstehen, was selbstverständlich ist, sondern auch ein gewisses affektives Verhältnis zu dem Mann im Kampf mit seinen Schwierigkeiten hat und ihm helfen möchte. Die Zustimmung zu Gorbatschow in unserem Land geht weit über die Wirkung des Phänomens Gorbatschow in anderen Ländern hinaus und enthält nicht nur Ungerechtigkeit in der Beurteilung westlicher Staatsmänner, sondern auch ein Stück politischer Dummheit.

Man weiß, daß Gorbatschow nicht nur als gutgesinnter Mensch das repressive kommunistische System aufbrechen möchte, sondern daß er unter dem Druck massiver Notwendigkeiten steht. Der Afghanistankrieg ist verloren, die Versorgungslage schlecht, und die eigentümliche meteorologische Erscheinung will nicht aufhören, daß ausgerechnet in Rußland Mißernte auf Mißernte folgt.

Nun liegen auch Analysen der Haushaltssituation der Sowjetunion vor, die ein überaus düsteres Bild ergeben. Während die vor aller Welt dieserhalb beschuldigten Vereinigten Staaten in den achtziger Jahren ein Bundeshaushaltsdefizit zwischen 3 und 6 Prozent des Bruttosozialprodukts hatten, ergibt ein genaues Nachrechnen für 1985 eine sowjetische Entsprechungszahl von fast 20 Prozent. Ein Defizit in dieser Höhe heißt nichts anderes, als daß die sowjetische Staatsbank auf jegliche Finanzdisziplin verzichtet und hemmungslos überall subsidiert und praktisch Kostenineffizienz begünstigt, während vernünftiges Wirtschaften auch weiter ohne Belohnung bleibt. (Zahlen nach Judy Shelton, »The Coming Soviet Crash«)

Daß dieser Zustand im Westen bisher nicht erkannt wurde, liegt einfach daran, daß die sowjetischen Behörden nicht anständig bilanziert und die Welt getäuscht haben. Erst letzten Herbst hat die Sowjetunion zum erstenmal überhaupt ein Defizit zugegeben – in Höhe von 58 Milliarden Dollar für das Haushaltsjahr 1988. Inoffiziell war damals schon zu hören, daß das Defizit in Wahrheit dreimal so hoch sei. Im Januar offenbarten die Sowjets schließlich, daß ihr Defizit 1990 auf 162 Milliarden steigen könne, nach ihren eigenen Zahlen 11 Prozent des Sozialprodukts; die USA erwarten 1990 4 Prozent.

Nun kann man mit der Rubel-Flut zwar die Taschen der Arbeiter füllen, aber eben nur mit Rubeln, nicht Gütern, die dafür zu kaufen wären. Zwischen 1970 und 1986 sind die persönlichen Sparguthaben von Sowjetbürgern um das Fünffache angestiegen. Die amerikanische Analytikerin Shelton sagt dazu: »Wenn das sowjetische Volk gänzlich aufhören würde zu arbeiten, könnte es von seinen Ersparnissen länger als sieben Monate leben.« Das ist natürlich Theorie oder bitterer Hohn, weil das sowjetische Volk sein derzeitiges Arbeitseinkommen nicht ausgeben kann. Angesichts dieser Zahlen sollte die begeisterte Unterstützung für Gorbatschow modifiziert werden. Wir sollten ihm politisch und wirtschaftlich beistehen – ganz gewiß aber nicht jenseits aller Grenzen von Vernunft.

(März 1989)

Manager oder Eigentümer

Die Großindustrie ist, von wenigen Ausnahmen abgesehen, nicht mehr in der Hand tätiger Eigentümer, sondern von Loyalität und Effizienz angestellter Manager abhängig. Auch im Mittelstand nehmen die von Angestellten geführten Betriebe zu.
In unserem ökonomischen System hat nur der Eigentümer eine Chance, es zu wirklichem Reichtum zu bringen. Die ganz großen Belohnungen des Kapitalismus stehen nur dem selbständigen Kapitalisten bereit. Der Vorsprung, den der Eigentümer gegenüber jedem Angestellten dadurch hat, daß er für sich persönlich und für seinen Vorteil andere arbeiten läßt, ist, wie die Erfahrung gezeigt hat, durch nichts anderes aufzuholen oder auszugleichen: Tausenden von erfolgreichen Eigentümer-Unternehmern steht nur eine verschwindend geringe Anzahl von Menschen gegenüber, die es lediglich durch Nutzung ihres persönlichen Talents zu außergewöhnlich ertragreichen Positionen gebracht haben. Insbesondere gilt das in neuesten Zeiten für solche Personen, die irgendein Massenpublikum mit einer von diesem geschätzten Leistung zu erfreuen vermochten.
Viel größer als die Chancen der Eigentümer im Vergleich zu angestellten Kadern sind allerdings auch die Risiken. Freilich, wie ich glaube, nicht in der gleichen Weise. Geht ein Unternehmen zugrunde, so erleidet der Eigentümer einen Verlust in der Höhe des Wertes des Unternehmens, darüber hinaus verliert er in den freilich seltenen und fast immer ver-

meidbaren Fällen, wo er eine persönliche Haftung zugelassen hat. Demgegenüber verliert beim Scheitern eines Unternehmens der darin bloß Angestellte persönlich nichts, beruflich aber alles, was ihm tatsächlich »gehört«, nämlich seinen Arbeitsplatz und die auf dem innegehabten Arbeitsplatz beruhenden vertraglichen Ansprüche und Hoffnungen. In absoluten Zahlen ist das natürlich viel weniger, mag aber in der Relation durchaus gleichbedeutend sein.

Daß das Engagement des Eigentümer-Unternehmers in aller Regel größer ist als dasjenige seiner Angestellten, scheint mir richtig, aber auch selbstverständlich, da angestellte Manager ja am Gewinn selbst bei guter Gewinnbeteiligung immer in unvergleichlich viel geringerer Weise beteiligt sind als die Eigentümer. Die Aussicht auf finanziellen Zuwachs, auf geschäftlichen Erfolg mit allen nebenherlaufenden Emolumenten, die solchen Erfolg begleiten, gehört ohne Zweifel zu den stärksten Motivationselementen, die es überhaupt gibt, nur noch übertroffen vom Machtbewußtsein der Politiker und der Forschungsleidenschaft bei großen Gelehrten.

Eine Volkswirtschaft, in der der Typus des Eigentümer-Unternehmers selten wird oder gar nicht mehr vorkommt, verdient keine günstige Prognose. Insofern sind die Anonymisierungen der Eigentumsverhältnisse problematisch und werden es vollends, wenn man die Ausbreitung von Stiftungen betrachtet, deren Verwalter so loyal sein können, wie man nur wünschen mag, die aber per saldo doch eher zur Risikominderung als Geschäftsprinzip neigen statt zu wirklich unternehmerischem Handeln. Aber den Eigentümer-Unternehmer mit einer besonderen Gloriole auszustatten, ist nicht vonnöten, denn die Marktwirtschaft hält für ihn Belohnungen genug bereit.

(März 1989)

Verlust der Mitte

Nach den Berliner Wahlen und den Kommunalwahlen in Hessen haben Politiker und Kommentatoren übereinstimmend festgestellt, die bisher gültige »Lagertheorie« gelte nicht mehr. Wieso eigentlich? Sie ist gleich richtig geblieben, nur hat sich das Gewicht der beiden Lager verschoben.

Die Lagertheorie, die schon vor geraumer Zeit von dem CDU-Generalsekretär Geißler formuliert worden war, einem Mann, dem noch kein Kritiker intellektuelle Kraft hat absprechen können, besagt nichts anderes, als daß die Bundesrepublik von zwei politischen Lagern bestimmt wird, die einander an der Macht ablösen, deren einzelne Teilnehmer aber nicht beliebig kombiniert und ausgetauscht werden können; also hier SPD und Grüne, da Union und Liberale.

An dieser Aufteilung in zwei Lager, die genau dem Schema Regierung/Opposition entspricht, hat sich durch die Wahlen nichts geändert, denn weder ist auf absehbare Zeit ein Bündnis der CDU/CSU mit den Grünen denkbar noch ein Zusammengehen von SPD und FDP. (Das gilt natürlich auch für die Bundesrepublik. In den Ländern und Kommunen ist beinahe alles möglich.)

Die Verschiebung, die in den beiden Wahlen sichtbar geworden ist, betrifft nur das eine Lager, nämlich, wenn man es so nennen will, das rechte (nach der politischen Zweiteilung von Alexander Herzen wäre das die Partei des *Geizes* im Unterschied zu der des *Neides*, nach derjenigen von R. W. Emerson der *party of memory* gegenüber der *party of hope*). Das Lager aus Union und FDP ist empfindlich geschwächt durch das Auftreten der Republikaner, die überwiegend nur ihnen Stimmen weggenommen haben und mit denen nach absolut herrschender, historisch begründeter Meinung in der Bundesrepublik – wo die Verdammungen nach rechts radikaler ausfallen als die nach links – nicht koaliert werden kann.

Demgegenüber ist die langsame Schwächung der Sozialdemokraten zugunsten der Grünen politisch eher belanglos, weil das Gesamtgewicht des Lagers nicht abnimmt, während dem Regierungslager eben solide 6 bis 11 Prozent wegbrechen können.

Von einem viel wichtigeren Aspekt der Lagertheorie ist selten die Rede. Wenn es nämlich richtig ist, daß die Bundesrepublik von zwei »Parteien« regiert wird, die jeweils aus zwei oder mehr selbständigen Parteien bestehen, dann folgt daraus, daß die beiden Hauptbestandteile nicht miteinander koalieren, daß also Union und SPD sich nicht zu einer Großen Koalition zusammenfinden.

So ist es in der Tat, und so ist es auch gut. Merkwürdigerweise erwecken die beiden großen Parteien aber den Eindruck, als seien sie halb identisch.

Beide nehmen in Anspruch, Volksparteien zu sein, beide wollen die politische Mitte besetzt halten. Die CDU/CSU behauptet zwar mit einigem Grund, die SPD habe sich seit Helmut Schmidt nach links wegbewegt, doch kann man auch mit einigem Grund sagen, die CDU habe sie dorthin gedrückt, weil sie selber unmerklich nach links geglitten sei – tatsächlich ist sie nach der ersten Periode der Konsolidierung nach Übernahme der sozialdemokratischen Erblast zu einer staatlichen Verteiler- und Beglückungspolitik zurückgekehrt, in die sich ihre Steuer-, Renten-, Gesundheitsreform psychologisch nicht hat einfügen kön-

nen (die darum auch politisch erfolglos geblieben ist). Nur der von ihr selbst heftig dementierte Ruck nach links kann auch ihre jüngsten Mißerfolge erklären, die sich in Stimmen für die Republikaner einerseits und Stimmenthaltungen andererseits ausdrücken.
Die Mitte ist für die Politik kein Aufenthaltsort. Wer sich dort aufhalten will, verzichtet auf Entscheidungen und läßt die Ränder ausfransen.

(Mai 1989)

Der Aufstieg der Privatsender

Bevor wir, wiederum als verspätete Nation, mit dem privaten Fernsehen anfangen konnten, war die Bundesrepublik erfüllt von Mahnungen und Warnungen der Pädagogen, Medienforscher, Kirchenführer und der links, sprich: staatsmonopolistisch gesinnten Politiker. Es werde die intellektuelle und moralische Verderbnis über unser Volk und die Jugend hereinbrechen, amerikanische Zustände stünden bevor, denn im Wettkampf der öffentlich-rechtlichen und privaten Sender und der Privaten untereinander gehe es künftig nur um Einschaltquoten, nicht mehr um Qualität und Verantwortung.
Dahinter stand, freilich unausgesprochen, die für Demokraten kuriose Überzeugung, daß den Bürger vor allem nach niedriger Unterhaltung gelüste, nach Befriedigung jener Instinkte, deren Vorhandensein der anständige Deutsche zu leugnen pflegt, und die ihm deshalb von der Obrigkeit vorenthalten werden müßte.
Inzwischen kann sich jedermann ein Urteil darüber machen, was eingetroffen ist. Die Antwort lautet: gar nichts. Eine Voraussetzung der Düsterprognosen war schon immer falsch: nämlich der Vergleich mit den USA. Denn dort hatte es nie ein öffentlich-rechtliches Fernsehen gegeben (Public Television ist bedeutungslos geblieben), so daß das amerikanische Fernsehen nie einen anderen Orientierungsmaßstab gehabt hat als den Hollywood-Film auf der einen und den Provinzialismus des Landes auf der anderen Seite; gleichwohl ist dem amerikanischen

TV mancherlei geglückt, etwa in der aktuellen Nachrichtengebung, was die Öffentlich-Rechtlichen bei uns nicht einmal versucht haben.

Eine richtige Vergleichung wäre die mit Großbritannien gewesen, wo vor vielen Jahren schon kommerzielle Gesellschaften neben die BBC getreten sind. Die Konsequenz war dort in der ersten Phase der Kampf der Privaten um Einschaltquoten mit allerpopulärsten Mitteln, dann eine Angleichung der BBC an den Publikumsgeschmack bei gleichzeitiger umgekehrter Anhebung der Programmqualität der Privaten, und in der dritten Phase ein gleich gutes Unterhaltungs- und Informationsprogramm in beiden Systemen mit einem zusätzlichen Elitärprogramm der BBC.

Bei uns hat sich Ähnliches, nur viel rascher, vollzogen. Der Start insbesondere von RTL plus (SAT.1 stand besser da) war jämmerlich. Mit einer verläßlichen Empfangbarkeit ist aber die Programmqualität angestiegen, was in der Unterhaltung weniger deutlich sichtbar wird als in den selbstproduzierten aktuellen Sendungen. Die Unterhaltung hängt in allen Systemen vom Einkauf bei den großen Filmproduzenten ab, und es liegt nur am Geldbeutel und am Geschick des Einkäufers, wer wann welche Filme senden kann. Immerhin senden die Öffentlich-Rechtlichen jetzt unter Konkurrenzdruck mehr Filme als vordem (und veranstalten auch mehr Wett- und Spielsendungen, die so einfältig sind wie sonst überall). Ein wirklicher Wettbewerb findet in den aktuellen Sendungen und ihrer Präsentation statt. Und hier haben die privaten Sender längst gezeigt, daß sie ein legitimes Informationsbedürfnis so zuverlässig befriedigen wie die alten Anstalten – und es menschenfreundlicher präsentieren, ohne den Volkshochschulton, den die Öffentlich-Rechtlichen bevorzugen. Man vergleiche die Nachrichtensendungen, denke an das »Spiegel-TV«-Magazin, an die Sendung »Explosiv«, an die Wirtschaftssendungen »Netto« oder »Tele-Börse« – alles besser, frischer als bei den Alten. Alexander Kluges Kultursendung bei RTL ist nicht ein fades Kulturberichtsmagazin, sondern selber ein Stück Filmkultur, dem Medium so auf die Haut gemessen wie sonst nur Fernsehclips.

Wenn sich nun noch die Politiker daran gewöhnen könnten, daß Privatfernsehen tatsächlich privat ist und daß sie nicht medienpolitisch darin herumrühren sollten, wäre festzuhalten: Es ist ein Stück Freiheit realisiert worden, ohne daß die Deutschen Schaden an ihrer Seele genommen haben.

(August 1989)

Hunger in der Welt

Die Bundesrepublik gehört zu den Ländern der Erde, deren Bevölkerung sich durch Spenden besonders hervortut, wenn es darum geht, den an Hungersnot Leidenden in der Dritten Welt zu helfen. Eine große Anzahl verläßlich arbeitender Hilfswerke, der kirchlichen zumal, tun ihr Bestes; der Staat, bis hin zum Bundespräsidenten, hilft nach Kräften mit. Trotzdem richten all diese Initiativen im Weltmaßstab, vervielfacht durch die Anstrengungen anderer wohlhabender Länder, nur wenig und vor allem wenig Dauerhaftes aus. Wenn der Welthunger besiegt wird, dann offenbar nicht durch diese humanitären Aktionen.

Dieser Tage ist in Großbritannien ein Buch mit dem Titel »Hunger und Public Action« erschienen, das erklärt, warum das so ist und welche anderen Wege beschritten werden könnten. Die Autoren, die Wirtschaftswissenschaftler Amartya Sen und Jean Drèze, kommen schon durch bloßen geopolitischen Vergleich zu bündigen Ergebnissen. So hat Indien seit der Unabhängigkeit die Gefahr der Hungersnöte praktisch gebannt. Das gleiche gilt für China, Costa Rica, Südkorea und Sri Lanka. Diesen Ländern ist eins gemeinsam: Die Regierungen haben geraume Zeit dem Kampf gegen den Hunger politische Priorität gegeben, zum Unterschied von vielen Ländern in der Dritten Welt, die es für richtig halten, erhebliche Teile des Staatsbudgets für Rüstung etc. auszugeben.

Der Ausbruch von Hungersnöten hat nach wissenschaftlichen Erhebungen relativ wenig zu tun mit Niedergang oder Ausfall landwirtschaftlicher Produktion. Bei den großen Hungersnöten in Äthiopien 1973 oder in Bangladesch 1974 wurden genausoviel Nahrungsmittel produziert wie in den Jahren zuvor: Nur die Verteilung war gestört – oder verzerrt, weil einzelne Bevölkerungsgruppen mehr Nahrung kaufen und verbrauchen konnten und dafür andere leer ausgingen.

Die Autoren weisen nach, daß die Lieferung von Nahrungsmitteln in Hungergebiete nicht die beste Lösung zur Bekämpfung der Hungersnot ist, wenngleich sie natürlich im akuten Fall notwendig sein kann. Statt dessen ist es meist gescheiter, für die Hungernden Geldmittel zur Verfügung zu stellen – dann kann das einheimische Händlernetz die Distribution besorgen, in aller Regel effizienter als die Regierung mit einer häufig korrupten Beamtenschaft – und es werden nicht durch regelmäßige und kostenlose Naturallieferungen die Chancen der örtlichen Landwirtschaft zerstört, wie es in manchen Teilen Afrikas schon geschehen ist. Während wir beispielsweise in die notleidende äthiopische Provinz Wollo Nahrungsmittel schickten, von denen niemand weiß, ob sie die Hungrigen erreichten, hat der Exporthandel in der Provinz gut funktioniert und Lebensmittel in andere Landesteile Äthiopiens und ins Ausland geliefert.

Doch nicht nur der Markt im wirtschaftlichen Sinn kann notleidenden Ländern helfen. Auch der politische Markt kann es. Je freier ein Land verfaßt ist, je mehr die Regierenden von einer Öffentlichkeit abhängig sind, je deutlicher politische Alternativen bereitstehen, desto leichter ist es möglich, das Hauptproblem der Bevölkerung ernst zu nehmen und zum Gegenstand politischen Handelns zu machen. In Demokratien sind Hungersnöte selten, sie finden sich in aller Regel in Ländern ohne politische und wirtschaftliche Freiheit.

(September 1989)

Wiedervereinigung

WvFF – das war Ende der fünfziger Jahre, als ich in Bonn als Zeitungskorrespondent anfing, das selbsterfundene Kürzel für »Wiedervereinigung in Frieden und Freiheit«. Ich hatte nie Stenographie gelernt, was von Vorteil war, weil die Versuchung nicht aufkam, Unwesentliches in Pressekonferenzen zu notieren, aber ich brauchte für sehr häufig vorkommende Namen und Begriffe Kurzformen, und einer der am häufigsten vorkommenden Begriffe war damals die Wiedervereinigung.

Nach dem Mauerbau wurde es still um sie. Es ging nur noch darum, die »Mauer zu überwinden«, humanitäre Erleichterungen im Verkehr der Deutschen zu bewirken. Einige intelligente Träumer wie Egon Bahr redeten vom »Wandel durch Annäherung«, der freilich nie stattfand. Humanitäre Erleichterungen hingegen sind in großer Menge herbeigeführt worden, aber sie haben die deutsche Frage nicht beantwortet.

Nun ist die WvFF wieder am fernen politischen Horizont aufgetaucht. Die DDR hat dank ihrer weniger tiefgreifenden ökonomischen Krise und ihrer führenden Betonköpfe die historische Chance versäumt, sich an die Spitze der Glasnost- und Perestroika-Bewegung zu stellen und hat sich damit die Massenflucht und eine internationale Blamage eingehandelt. Ihr Fortbestand ist an ihrem 40jährigen Jubiläum unsicherer als vorher. Im Ostblock selbst ist die Vereinigung der deutschen Staaten wieder erwähnungsfähig geworden.

Im Westen auch. Unsere Verbündeten hatten sich völkerrechtlich verpflichtet, für die WvFF einzutreten, würden aber auch kein welthistorisches Unglück darin sehen, wenn sie nie zustande käme. Nun müssen sie sich mit der fernen Realisierungschance befassen und sie in Überlegungen einbeziehen. Das geschieht in der englischen, französischen und amerikanischen Presse bereits mit weit größerer Energie als in der deutschen, wobei die Addition der ökonomischen Ist-Leistung der Bundesrepublik mit einer Soll-Leistung der DDR zu einem für Briten und Franzosen beklemmenden Ergebnis führt: Deutschland, jetzt schon weitaus am stärksten, würde vereinigt schlechthin übermächtig.

Nun ist die WvFF nur innerhalb der Europäischen Gemeinschaft möglich und wünschbar, doch sollte sehr frühzeitig von uns eine *politische* Dominanz ausgeschlossen werden. Auch ein wirtschaftlich mächtiges *Gesamtdeutschland* sollte in den Institutionen der EG nicht mehr als die politische Parität mit Frankreich, Britannien, Italien anstreben, die die *Bundesrepublik* jetzt schon hat. Das ökonomische Übergewicht würde an Bedeutung graduell verlieren, je mehr Europa sich zu einer echten Föderation entwickelt.

Je mehr der Ostblock sich reformiert (oder zerfällt), je stärker wir uns an der Rekonstruktion Osteuropas beteiligen, desto höher wird die deutsche Frage auf der Tagesordnung der internationalen Politik rutschen. Das wird sich kaum abrupt vollziehen, sondern in vielen kleinen Schritten, die ihre Zeit brauchen. Dieser Prozeß wird auch die Themenstellung der deutschen Innenpolitik verändern. Wer da glaubt, er könne allein mit dem Versprechen eines ökologischen Umbaus unserer Gesellschaft die Wahlen gewinnen, dem steht eine Überraschung bevor.

(Oktober 1989)

Marshallplan für den Osten

Seit der Wirtschaftswissenschaftler Alfred Savry 1953 die Bezeichnung »Dritte Welt« für die aus dem Status des Kolonialismus entlassenen Länder Asiens, Afrikas und Lateinamerikas prägte, stellt sich der Begriff »Hilfe« bei uns als ebenso zwangsläufige wie pflichtgemäße Assoziation ein. Zwingende Logik scheint in der Tat zu gebieten, daß, wer durch das Glück des Tüchtigen die erste dreier Welten sein eigen nennen darf, den offensichtlich Hilflosen und Ungeschickten am lower end Fürsorge angedeihen lassen muß.

Aus dieser Geisteshaltung, in der sich christlich gemeinte Philanthropie, postkoloniale Schuldgefühle, missionarischer Eifer und nicht wenige Eigeninteressen zusammenfanden, ist ein Hilfeleistungssystem erwachsen, dessen hauptsächliches Verdienst nicht in konkreten Verbesserungen der Lage in jenen Ländern, sondern in dem von westlicher Seite geleisteten Aufwand liegt.

Das jüngste Buch des britischen Journalisten Graham Hancock belegt: 60 Milliarden US-Dollar fließen jährlich über Weltbank, UNO und ihre Töchter von Nord nach Süd. (Daneben erscheinen die privaten und kirchlichen Anstrengungen wie ein kaum sichtbares Rinnsal des guten Willens.)

Allzuviel dieses immensen Aufgebots dient Projekten, die gewaltig, aber den jeweiligen Bedürfnissen des bedachten Staates nicht angemessen sind, weil sie nicht gebraucht beziehungsweise nicht unterhalten werden können. Vor allem aber stärken die Mittel häufig unfähige oder unwillige Regierungen und halten sie zum Nachteil der volkswirtschaftlichen Entwicklung am Leben. Zuvor allerdings kommt ein Vielfaches den eigentlichen »Herren der Armut« zugute, indem beispielsweise die Vereinten Nationen 80 Prozent aller ihrer Ausgaben für Personal- und Unterhaltskosten aufwenden.

Gewiß sind auch wirklich produktive Ansätze erkennbar: so das von der EG initiierte Lomé-Abkommen, das einer großen Anzahl von Staaten des afrikanischen, pazifischen und karibischen Raums Zugang zu europäischen Märkten und stabile Exporterlöse garantiert.

Insgesamt aber gilt: Der Riesenaufwand soll sich als solcher rechtfertigen; nicht durchs Ergebnis. »Hilfe zur Selbsthilfe« ist eine Propagandalüge. Sie hat noch in keinem Fall eine Selbständigkeit in der Dritten Welt begründet.

Manche Verlautbarungen, die hier angesichts des Wandels in Osteuropa ertönen, lassen befürchten, daß wir in wirtschaftlicher Hinsicht auf die Zweite Welt, die offiziell kommunistische, das gleiche Rezept anwenden wollen wie auf die Dritte: Mittels großer Summen, die in die Nachbarhälfte des Kontinents gepumpt werden sollen, hoffen wir, die Armut zu lindern und eine politische und wirtschaftliche Entwicklung in Richtung auf ein freiheitliches und einigermaßen marktwirtschaftliches System herbeifinanzieren zu können.

Mit der ungestümen Überzeugung des Nachahmungswohltäters sprechen wir von einem »Marshall-Plan für Osteuropa« und vergessen dabei, was die größte Tugend seines westeuropäischen Gegenstücks damals ausmachte: 1945 hätte der Marshall-Plan keinerlei Nutzen gehabt. 1948, *nach* der Erhardschen Währungsreform und der Stabilisierung marktwirtschaftlicher Strukturen in der

Bundesrepublik und Westeuropa, war dagegen eine Vermehrung des Einsatzes zum Wohl der Bürger sicher. In Ungarn, Polen, der Tschechoslowakei und namentlich der DDR sind die materiellen Voraussetzungen für eine marktwirtschaftliche Entwicklung in vieler Hinsicht ungleich besser als in der Dritten Welt.
Etwas weniger Hilfsbeteuerungen und mehr ökonomische Intelligenz sind nicht so schmeichelhaft für das Gewissen. Sie könnten aber wirkliche Hilfe sein.

(November 1989)

Priorität Europa

Auf die Stürze und Umstürze in der DDR reagiert das westdeutsche Establishment überwiegend mit Sprachlosigkeit, freilich mit einer Sprachlosigkeit besonderer Art – der sprachlosen Geschwätzigkeit. In dem inhaltsleeren Geräusch tauchen immer wieder die gleichen bedeutungsleeren Formeln auf: Die Übersiedler sind willkommen, sollen aber besser drüben bleiben, von der Wiedervereinigung soll man nicht reden (während die ganze Welt nichts anderes diskutiert) etc. Eine besonders trübe Rolle spielen evangelische Kirchenführer und unsere Linken, die offenbar alle Orientierung verloren haben.
Die allerbetrüblichste hat der saarländische Ministerpräsident Lafontaine gespielt, der ausgerechnet jetzt mit der Forderung hervortrat, die amerikanischen Truppen könnten aus Europa abgezogen werden. Er hat damit immerhin indirekt auf das Hauptproblem aufmerksam gemacht, das sich derzeit für die Bundesrepublik stellt: ihre Verläßlichkeit als westliche Bündnismacht über allen Zweifeln klarzumachen.
Lafontaine hat mit seiner politischen Eselei solche Zweifel genährt und überdies in anderer Hinsicht außenpolitische Ignoranz bewiesen, denn gerade in einer Situation des unkontrollierbaren Umbruchs in Osteuropa ist eine stabilisierende Präsenz der Vereinigten Staaten erforderlich, ja liegt gegenwärtig sogar im sowjetischen Interesse.
Alle westliche Unterstützung oder mindestens Duldung der ostdeutschen Freiheitsbewegung und der mit ihr

unweigerlich verbundenen Hinwendung zur Bundesrepublik, die irgendwann zu einer politischen Verknüpfung führen kann, hat die wie selbstverständliche Verankerung der Bundesrepublik im Westen, vornehmlich der EG, zur Grundlage und Voraussetzung. Über eine Neutralisierung der DDR läßt sich reden, über eine Neutralisierung der Bundesrepublik nicht. Sie wäre das Ende aller europäischen Hoffnung.

Das gilt auch für die Hoffnungen der Bevölkerung in Polen, Ungarn und der sogenannten DDR, die ein freies, einiges Europa ersehnt und von einem durch deutsche Sonderwege fragmentierten nichts halten kann.

Daß das mit Deutlichkeit derzeit aus Dresden, Leipzig und Ost-Berlin noch nicht zu vernehmen ist, darf nur politisch Naive verwundern. Dort steht auf der Tagesordnung zunächst die Ablehnung jener korrupten Herrschaftsgruppe von Krenz bis Gerlach, die alle Verbrechen der letzten Jahrzehnte mit verantwortet haben und sich nun als Reformer aufspielen – so glaubwürdig, wie wenn ein Reichskanzler Goebbels im April 45 die Meinungsfreiheit ausgerufen hätte.

An positiven Zielen formuliert die sichtbare Opposition den Wunsch nach einem freiheitlichen »Sozialismus« mit Rechtsstaatlichkeit und ein wenig Marktwirtschaft. Mehr ist von der ersten Welle, die keine Volksführer trägt, sondern eine amorphe Intellektuellenschar, nicht zu erwarten.

Von uns ist hingegen zu erwarten, daß wir die Hoffnungen nicht verraten, die Landsleute und Nachbarn im Osten in uns setzen. Also: Die europäische Integration mit Enthusiasmus und Energie fortsetzen, von der Steuerpolitik bis zur Währungsunion – und gleichzeitig die Freiheitsliebenden hier willkommen heißen und drüben unterstützen.

(Dezember 1989)

Die neunziger Jahre

Die Weltenwende, die Anfang der neunziger Jahre hereinbrach, wurde in Deutschland, mit unterschiedlichen Konnotationen in Ost und West, begleitet von einer Larmoyanz, die auf die ohnehin verhaltene Begeisterung über die Wiedervereinigung folgte, und einen Pessimismus, der den Untergang der Sowjetunion einläutete. Die Veränderung der Republik ist im Gange. Sie erfolgt unter dem Druck außenpolitischer und wirtschaftlicher Zwänge. Die Politik erhält ihren Primat zurück, ein Geschenk, das die Parteien nur zaghaft annehmen. Hier muß sie Normalisierung bewirken, dort Modernisierung. Beides verrät eine neue, eine realistischere Sicht der Dinge. Die neunziger Jahre versprechen ein spannungsreiches Jahrzehnt zu werden. Es steht zu erwarten, daß es Europa eine Renaissance, Deutschland die Versöhnung, der Welt eine Weltordnung des ökonomischen und sicherheitspolitischen Realismus in sich selbst protegierenden Großräumen bringt. Man darf den Tag zu jeder Stunde loben; das Abgangszeugnis stelle der Abend aus.

Thesen zur Einigung Deutschlands

① Das deutsche Volk hat 1830, 1848 und 1918 den selbständigen Eintritt in die Geschichte erreichen wollen – ohne nachhaltigen Erfolg. Nun versuchen die Deutschen in der DDR sich zum Subjekt der Geschichte zu erheben und machen die Erfahrung, daß nach den ersten großen Erfolgen ihnen Mißtrauen begegnet, das sich als Vorsicht und Besonnenheit verkleidet – von seiten der Siegermächte des ein halbes Jahrhundert zurückliegenden Weltkrieges, von seiten der Interimsmachthaber in der DDR und auch vieler Führungsdemokraten in der Bundesrepublik (mit Ausnahme des Kanzlers Kohl, zu seinen Ehren sei's gesagt). Niemand hatte damit gerechnet, daß die Völker des Ostblocks, darunter das der DDR, ihre Angelegenheiten in ihre eigenen Hände nehmen könnten, vor allem diejenigen nicht, die über das Schicksal von Völkern zu disponieren ein Mandat in Anspruch nehmen.
② Das Drängen des Volkes in der DDR geht auf Freiheit, Recht und Wohlstand und auch auf Vereinigung mit der Bundesrepublik. Letzterem stemmen sich die entgegen, die von der Vereinigung nichts zu erhoffen haben: die SED, die privilegierten Intellektuellen und jene, die vom Sozialismus mit menschlichem Antlitz träumen und nicht wahrnehmen können, daß es das nicht gibt, es sei denn, man verstehe darunter Sozialdemokratie oder soziale Marktwirtschaft. Die Vereinigung mit der Bundesrepublik ist schon im ökonomischen Interesse, von dem legitimen nationalen Bedürfnis ganz abgesehen, für die DDR geboten. Ohne sie

wäre die DDR für uns wie Ungarn und Polen und würde jene heroische Hilfe – sehr aufwendig, sehr schnell und unter Opfern – nicht erhalten können, die wir einem Teil des eigenen Landes selbstverständlich schulden.

③ Die Vereinigung, längst nicht mehr denkbar als Beitritt der ostdeutschen »Länder« zu den elfen der Bundesrepublik (Art. 23 GG), würde von der DDR wenig mehr verlangen als die Anpassung an die Normen, die innerhalb der Europäischen Gemeinschaft überall gelten: also Freiheit, Rechtsstaat, Privateigentum mit mehr oder weniger großem Staatsanteil, Wettbewerb, konvertible Währung. Denen, die den Anschluß an die EG wollen, aber der deutschen Vereinigung skeptisch gegenüberstehen, fehlt mithin jedes politische Argument: im Gegenteil, zwei deutsche Mitglieder in der EG würden die deutsche politische Dominanz eher befördern als verhindern.

④ Gegen einen entschiedenen Volkswillen zur Selbstbestimmung hilft kein abwiegelndes Zureden noch die Drohung mit Machtmitteln. Den Westmächten mag die Entwicklung unbequem sein, auf das Ziel der Vereinigung haben sie sich in völkerrechtlichen Verträgen festgelegt (die oft verspottete Vertragspolitik der Bundesrepublik war doch klüger als ihre Kritiker). Sie können auch aus Tradition und Überzeugung sich dem Selbstbestimmungsrecht nicht versagen, sowenig wie Präsident Michail Gorbatschow nach den selbstverkündeten Grundsätzen.

⑤ Für uns könnte der Weg zur Vereinigung mit einer neuen, vom Volk beschlossenen Verfassung auch eine Chance zur Reform bedeuten – mehr Rechte für das Volk und weniger für die Parteien und die alteingesessenen Großinteressen.

(Januar 1990)

Falsche Propheten

Der Prophet gelte nichts im eigenen Vaterland, heißt es in Erinnerung an die Propheten des Alten Testaments, die es in der Tat schwer hatten. Die Übernahme des geflügelt gewordenen Wortes in unsere Gegenwart empfiehlt sich aber nicht: Denn der Prophet gilt viel, wenn auch zu Unrecht. Vor allem ist in Deutschland die Kassandra beliebt. Mit der Vorhersage von Katastrophen kann man ein ganzes Leben fristen, und es schadet nicht das Geringste, daß keine der vorhergesagten Katastrophen eintritt. Die Marktchancen für einen Propheten des Optimismus wären bei uns ungleich schlechter, denn es will zwar jeder glücklich sein, doch hat das Glück kein moralisches Prestige, und wer sich am »Pursuit of Happiness« orientiert, hat unter ernsthaften Deutschen keine seriöse Chance.

Das Berufsbild der Kassandra ist aber längst international geworden. Der internationale Marktführer dürfte wohl Henry Kissinger sein, der vor Jahren schon weissagte, daß Spanien und Portugal nach dem Niedergang ihrer Diktaturen dem Kommunismus anheimfallen würden und das übrige Europa sukzessiv nachfolge. Der ehemalige Außenminister betreibt ein politisches Beratungsinstitut, für dessen Geschäft es in der Tat gescheiter ist, Krisen vorherzusagen und Krisenvorsorge zu verkaufen, als optimistische Einschätzungen zu verlautbaren, die dann weitere Beratung entbehrlich machen. Unvergessen ist auch Herman Kahn vom Hudson-Institut, der leider zu früh gestorben ist, um noch von all seinen Prophezeiungen

eingeholt werden zu können; der geistvolle Mann hatte für spätestens Ende der achtziger Jahre vorausberechnet, daß Frankreich die Bundesrepublik technologisch und in der Produktivität bei weitem überholt haben werde.
Unter den falschen Propheten treten auch große Namen der Nationalökonomie glanzvoll hervor. Der Nobelpreisträger Paul Samuelson ließ bis zur 12. Auflage in seinem Lehrbuch »Economics« die Erkenntnis stehen, »es ist ein großer Fehler, zu glauben, daß es den meisten Leuten in Osteuropa wirtschaftlich schlecht geht«. In der jetzigen Auflage stellt er die nicht weniger absurde Frage, ob die politische Unterdrückung der Sowjets durch »die wirtschaftlichen Gewinne« gerechtfertigt sei.
John Kenneth Galbraith, der eleganteste der Ökonomen, verkündete 1984, die sowjetische Volkswirtschaft habe große materielle Fortschritte gemacht: »Man bemerkt sie im Erscheinungsbild des soliden Wohlergehens der Leute auf den Straßen, dem beinah mörderischen Verkehr, dem unglaublichen Aufblühen von Appartementhäusern.« Klar, warum: »Zum Teil hat das russische System deshalb Erfolg, weil es im Gegensatz zu den westlichen Volkswirtschaften vollen Gebrauch von der verfügbaren Arbeitskraft macht.« Kurz darauf mußte Michail Gorbatschow das völlige Scheitern der sowjetischen Wirtschaftspolitik öffentlich zugeben.
Ich hatte vor einem Jahr auch Prophezeiungen gewagt und Bußfertigkeit für den Fall gelobt, daß ich mich irrte. Mit meinen Voraussagen, die nicht aus Kassandrarufen bestanden, hätte ich wenig Grund, unzufrieden zu sein, wenn nicht eines wäre – das Hauptereignis der Revolution in der DDR kommt darin nicht vor. Eine Prophetie, die das Wesentlichste nicht greift, ist keine.

(Februar 1990)

Was will Gorbatschow?

Der sowjetische Präsident Michail Gorbatschow vereinigt in seiner Person eine Machtfülle wie kein anderer Staatsmann der Erde. Aber wie will er sie nutzen? Was sind die Absichten seiner Politik? Die Frage wird von seinen Feinden im Ostblock ebenso dringlich gestellt wie von seinen Freunden in Ost und West. Sein politischer Start war fulminant; und Außenminister Genscher hat recht behalten mit der These, daß man ihm vertrauen solle – eine These, mit der er zunächst in Washington Mißtrauen erregt hatte, wo man sich von den Schemata des kalten Krieges nicht lösen konnte. Gorbatschow hat unter dem Druck der wirtschaftlichen Notwendigkeit Reformen in der Sowjetunion und im ganzen Ostblock eingeleitet, die das Angesicht der Weltpolitik von Grund auf verändert haben. Doch kann niemand wissen, wie dieses Angesicht einmal aussehen soll, wie sich Gorbatschow selber den Fortgang der Geschäfte denkt.

So ist bisher völlig unklar geblieben, wie Gorbatschow die wirtschaftliche Misere der Sowjetunion heilen will. Wenn er ein Konzept hat, so hält er es geheim. Niemand weiß, wieviel Marktwirtschaft, wieviel Wettbewerb, wieviel Privateigentum er zulassen will, mit wieviel Energie er der tötenden Bürokratie zu Leibe rückt, ob er die Apathie des russischen Zentralvolkes beseitigen kann, wie er die Währung sanieren, das Budget ausgleichen will. Solange er seine wirtschaftlichen Absichten nicht offenbart, kann es kaum westliche Wirtschaftshilfe für die Rekonstruktion des maroden Landes geben. Es ist nicht zu erkennen, wie er das immer drängendere Problem der Nationalitäten angeben will, wenn die ideologische Klammer des Kommunismus immer brüchiger wird. Schon die Gewährung weitgehender Autonomie birgt in den Teilrepubliken die Gefahr, daß sich die Antipathie gegen die Russen in konkrete Politik umsetzt. Und man wird dem russischen Patrioten Gorbatschow kaum unterstellen dürfen, daß er sezessionistische Bestrebungen hinnehmen würde, die das Reich an seinen Rändern hinter die Zarenzeit zurückwürfen. Er könnte versuchen, aus der Sowjetunion eine echte Bundesrepublik zu machen – aber dann müßte er bald anfangen.

Wie denkt sich der sowjetische Präsident die Zukunft Osteuropas? Wir wissen, daß er die Vereinigung der beiden deutschen Staaten nicht wünscht; wir wissen nicht, ob er glaubt, sie verhindern zu können und welches Instrumentarium er zu besitzen meint. Was soll aus dem Warschauer Pakt werden, einem Bündnis, dem allmählich alle politische Homogenität abhanden kommt? Er hat dankenswerterweise eine Anti-Breschnew-Doktrin formuliert, nämlich das Prinzip der Nichtintervention verkündet, nach dem jede europäische Nation ihren politischen Weg selber wählt. Hat er sich insgeheim damit abgefunden, daß es einen Ostblock künftig nicht mehr geben wird, daß sein Reich, wie Rußland im 19. Jahrhundert, ohne einen Kranz von Satelliten lebt? Im Vertrauen darauf, daß dann auch die Nato, um ihre Funktion gebracht, sich auflöst, die USA sich militärisch und politisch von Europa entfernen und wieder eine ganz altmodische, aber friedlich prosperierende europäische Staatenwelt entsteht? Vielleicht denkt er so, aber das würde man doch gern wissen.

Undeutliche oder geheimgehaltene Absichten haben den

großen Nachteil, daß niemand ihnen zustimmen, niemand sie unterstützen kann. Die ersten Anläufe Gorbatschows hin zu Freiheit und Menschenrecht waren unterstützungsfähig, weil klar, plausibel und öffentlich. Derzeit sieht Gorbatschow aus wie der bloße Moderator, ja Kommentator einer Entwicklung, die er nicht mehr steuert. Auch das kann, eine Weile lang, sinnvolles Verhalten sein. Aber die Weile geht zu Ende. Wenn Gorbatschow Erfolg will, muß er offenbaren, welchen.

(März 1990)

Tyrannen sterben aus

Das Ende des Jahrhunderts bringt erfreulicherweise auch das Ende einer politischen Einrichtung, die für es typischer war als für die vorangehenden: der Diktatur.
Als vorläufig letzter Tyrann ist Noriega gestürzt worden, Pinochet ist auf dem Abmarsch, Stroessner ist schon fast vergessen. Baby Doc Duvalier genießt den langen Lebensabend irgendwo in Frankreich, der Kinderfresser Bokassa ist verurteilt, Idi Amin auf Sparflamme gesetzt, Ceausescu von der Revolution hingerichtet. Gewalttätige Einmanndiktaturen gibt es nur noch auf Castros Kuba, in Gaddafis Libyen und im Nordkorea des famosen Kim Il Sung. Gewalttätige, freiheitsfeindliche Regime kommen zwar noch in größeren Stückzahlen vor: in Mittelamerika, Südostasien, auch Afrika, vor allem China, Irak und Iran, aber die nackte, blutrünstige Willkür eines einzelnen Volksbeglückers ist selten geworden, der Typus des Tyrannen vom Aussterben bedroht.
Von Albanien abgesehen, wo die Umwandlung noch aussteht, ist ganz Osteuropa auf dem Weg in freiheitlichere Zustände. Mit durchaus unterschiedlichem Elan, Ungarn an der Spitze, die DDR derzeit am Schluß, wo sich die bislang diktatorisch herrschende Staatspartei mit rattenhafter Wut an Macht und Privilegien klammert. Aber wie unterschiedlich die kommunistischen Restsysteme auch sein mögen: sobald Glasnost hergestellt ist, muß irgendeine Perestroika folgen. Der grundlegende Wandel in der politischen Welt wird besonders deutlich, wenn man an die

erste Hälfte des Jahrhunderts denkt. Nach dem Ersten Weltkrieg war die Welt mehrheitlich diktatorisch verfaßt: die Dritte Welt in der Form des Kolonialismus niedergehalten. In Europa waren nur die klassischen Demokratien – England, Frankreich, Skandinavien, Benelux – demokratisch und liberal geblieben, fast ausnahmslos überall sonst regierten Faschisten, Kommunisten, Militärs.

Demokratisch und liberal – im Auge der Zeitgenossen ist es fast dasselbe. Das stimmt aber nicht. Viele Diktatoren konnten sich mindestens im Anfang auf mehrheitliche Unterstützung ihrer Völker berufen. Südafrika ist demokratisch verfaßt und unterdrückt eine Mehrheit von Schwarzen. Die Türkei ist eine Demokratie, die die Existenz der kurdischen Minderheit einfach leugnet. In Bulgarien will mit der Demokratisierung die Mehrheit die türkischen Minderheiten niederhalten. Das schlagendste Beispiel: Noch vor einer Generation konnten in der größten Demokratie der Erde, den USA, gewählte Machthaber mit demokratischer Zustimmung den schwarzen Mitbürgern Menschen- und Bürgerrechte vorenthalten.

Der Gegensatz von Diktatur ist mit dem Wort Demokratie nicht ausreichend bezeichnet, Demokratie *und* Rechtsstaat muß es sein. Das vergißt man in Deutschland leichter als anderswo, weil wir immer eher demokratische als rechtsstaatliche Defizite hatten; bei den Angelsachsen ist es umgekehrt (dort gibt es heute noch, beispielsweise, kein dem unseren vergleichbares Verwaltungsrecht).

Gibt es einen Fortschritt in der Geschichte? Seit dem Ende der Aufklärung ist die Frage bei uns eher skeptisch gestellt worden. Zum Ende des zwanzigsten Jahrhunderts, nach dem Jahr 1989, können selbst Konservative sie mit einem Anflug von Hoffnung stellen.

(April 1990)

Überflüssige Quotenfrauen

Nicht alle Parteien haben Frauenquoten, aber alle haben Quotenfrauen.
Keine unserer Parteien würde heute eine Liste zu präsentieren wagen, auf der nicht spätestens an dritter Stelle ein weiblicher (Doppel-)Name steht, keine Partei würde mehr eine Regierung bilden, der nicht an gut sichtbarer Stelle Frauen angehören; wenngleich noch immer vornehmlich in den weichen Ressorts: Finanz-, Innen-, Verteidigungsministerinnen sind nicht üblich geworden. Und eine Regierungschefin wie in England, Israel, Norwegen, Indien, Pakistan, den Philippinen hat es bei uns noch nie gegeben, ebensowenig wie Parteiführerinnen.
Oberflächlich betrachtet sind die Chancen der Frauen in der Politik bei uns in den letzten Jahren gewaltig gestiegen; man kann sogar mit Stolz Länderkabinette präsentieren, die zur Hälfte aus Frauen bestehen. Sieht man jedoch genauer hin, so ist leicht festzustellen, daß von weiblicher Gleichberechtigung in der Führung des Gemeinwesens nicht die Rede sein kann, daß sich im Vergleich zu früheren Jahrzehnten wenig geändert hat. Denn gute Parlamentarierinnen, tüchtige Chefinnen in der Kommunalpolitik gab es auch früher schon – man denke nur an Louise Schröder in Berlin.
Unvermeidlich ist die schmerzliche Feststellung, daß die Frauen in der Politik noch immer schlecht vertreten sind, wenn auch der Zahl nach viel stärker. Während die Frauen langsam, aber sicher, sich im Wettbewerb der früher rei-

nen Männerwelt in Verwaltung und Justiz, in Wissenschaft, Wirtschaft und Kultur nach vorn und nach oben gekämpft haben, mit Elan eine Bewegung begonnen haben, die sich unaufhörlich fortsetzt, stellen sie in der Politik Leitungspersonen, die es häufig nur der Titulatur nach sind. Da gibt es unzählige Beauftragte für Spezialfragen, mit jeweils kleinen Apparaten ausgestattet, von denen man außer einer matten Betroffenheitsprosa nichts mehr hört. Unsere weiblichen Bundesminister Lehr, Wilms und Hasselfeldt sind ohne alle politische Autorität. Es gibt ein paar Ausnahmen in diesem Bild, das aber insgesamt nur die Lage zeigt: Politik wird von Männern gemacht.

Was ist der Grund für dieses auch im internationalen Vergleich nicht eindrucksvolle Ergebnis? Eben die Einrichtung der Quotenfrau. Die in der Politik bereits engagierten Frauen haben es verstanden, sich die Frauenbewegung nutzbar zu machen, ihre Ansprüche auf deren Erfolge aufzusatteln und sie gewissermaßen parasitär zu nutzen. Mit Ausnahme der Grünen ist es beim Closed Shop der Honoratiorenfrauen geblieben von jenem Typus, der sich vordem schon zu öffentlichen Ämtern und Ehren gerufen fühlte.

Mit Hilfe der offiziell oder inoffiziell eingeführten Quoten kann dieser durchaus nicht immer unsympathische Typus Frau sich vom politischen Wettbewerb mit den Männern freistellen, muß nur den stark reduzierten Wettbewerb unter Mitbewerberinnen bestehen und ist fortan in Partei und öffentlicher Meinung privilegiert. Das ist ganz anders als in den anderen traditionell männlichen Lebensbereichen, wo die Frau, die an die Spitze gelangt, auch selber Spitze ist.

(Mai 1990)

Was deutsch bedeutet

Mit der Volkskammerwahl für die Freiheit, die Marktwirtschaft und die Einheit ist zugleich mit einem Schlag die Wehleidigkeit der deutschen Identitätssuche obsolet geworden, die zum eigentlichen Inhalt der uns sonst nach eigenem Bekunden abgehenden politischen Kultur geworden war.

Die selbstquälerische Frage, was es eigentlich mit »deutsch« auf sich habe, die schon seit Luthers Zeiten viele große Geister und mittlerweile unzählige kleinere beschäftigt hat, ist von den Deutschen in der DDR stellvertretend für alle Deutschen beantwortet worden.

Die Unbestimmtheit des Begriffes »deutsch«, die Unberechenbarkeit Deutschlands, les incertitudes allemandes, sind mit einem Schlag ausgeräumt. Die quälend-lustvolle Selbstverstrickung der Deutschen in sich selber wird gewiß noch weitergehen, aber braucht nur noch als Thema der evangelischen Akademien und braucht von niemand drinnen oder draußen mehr ernstgenommen zu werden.

Das liegt vornehmlich daran, daß den deutschen Unsicherheiten die objektiven Tatbestände entzogen wurden, die vor der beginnenden Vereinigung der beiden deutschen Staaten bestanden haben.

1. Zum ersten Mal in unserer Geschichte ist klar, was wir als deutsches Territorium betrachten – die Bundesrepublik plus DDR, nicht weniger und nicht mehr. Die Einigung selbst beruht auf der Voraussetzung, daß dies das Land der Deutschen ist und bleibt.

2. Die »völkische« Frage, die uns soviel Ungemach bereitet hat, ist endgültig geklärt. Wir haben alle Auslandsdeutschen, die es wünschten, ins Land geholt und setzen das noch fort. Eine »Volkstumspolitik« gibt es nicht mehr. Wir wissen, wer und wo die Deutschen sind, daß Schweizer, Österreicher, Südtiroler, Nordschleswiger, Ostbelgier nicht dazugehören. Wer gern von »Kulturnation« redet, mag es weiterhin tun – kein Engländer ist je auf die Idee verfallen, von englischer Kulturnation zu reden, um Kanadier, Neuseeländer, Australier, Amerikaner zu benennen.

3. Im Zuge der Einigung ist alles Rufen nach einem »dritten Weg« zwischen Ost und West, zwischen Kapitalismus und Sozialismus, deutscher Tiefe zwischen östlicher Weite und westlicher Klarheit verstummt. Selbst der Traum von Neutralität ist ausgeträumt; wir haben für den Westen im politischen Sinne optiert und den Platz in der Mitte geräumt.

Zum ersten Mal in der Geschichte hat sich das ganze deutsche Volk für eine politische Form entschieden, die die des Westens ist, liberal, demokratisch, parlamentarisch – mit einem identischen Parteienspektrum, konservativ, liberal, sozialistisch.

Seit dem 18. März sind wir Deutschen nicht mehr im Ausnahmezustand. Der Abschied von der bisherigen Bundesrepublik bedeutet einen Abschied von dem aus ihr bezogenen Recht auf Selbstmitleid und Weinerlichkeit.

Der Abschied kann eine Chance für die Zukunft sein, wenn das Neue rational und föderativ bleibt – wie es eben die Bundesrepublik war, zum Glück ihrer Bürger, zum angestrengten Leidwesen ihrer Intellektuellen.

(Juni 1990)

Ein gesamtdeutsches Grundgesetz

Im Vorfeld der Volkskammerwahl war von Sprechern in der DDR, vor allem geistigen und geistlichen Wegbereitern der Wendung zur Freiheit, klagend zu vernehmen, man stelle sich unter Einheit nicht bloß einen Anschluß, eine Vereinnahmung der DDR vor, sondern habe mancherlei Eigenständiges einzubringen oder zu bewahren. Konkretes dazu war selten zu vernehmen, das Anklammern an »soziale Errungenschaften« zumal hat sich längst als reine Nostalgie erwiesen, als eine Furcht vor dem Verlust an Heimatgefühl (bei privilegierten Intellektuellen auch Angst vor Verlust an Privilegien), eine überwiegend aus Unkenntnis gespeiste Besorgnis, einfach ein politisches und soziales System übernehmen zu sollen, statt nach einem neuen, dritten, einem besseren Weg zu suchen.

Tatsächlich bieten Verhandlungen über die staatsrechtliche Zusammenführung von DDR und Bundesrepublik nun Gelegenheit, einige Revisionen am westdeutschen Status quo zugunsten der gesamtdeutschen Verfassung einzubringen. Unstreitig wird es im wesentlichen bei der Verfassung bleiben, die das Grundgesetz entwickelt hat. Das GG muß aber ohnedies revidiert werden (Präambel, Art. 23, 146 zum Beispiel), und die DDR-Regierung täte gut daran, in den Verhandlungen mit der Bundesregierung einige Punkte zur Diskussion zu stellen, aus der bessere Lösungen hervorgehen könnten.

Als Exempel: In der weiblichen Bevölkerung der DDR

besteht eine lebhafte Abneigung gegen die westdeutsche Regelung des Schwangerschaftsabbruchs. Die jüngeren Frauen in Ostdeutschland, wo die Abtreibungszahl leider noch viel höher ist als in der Bundesrepublik, seit Jahren freilich deutlich sinkt, empfinden die bei ihnen bestehende Regelung als liberaler und den westdeutschen Zwang zur Beratung pp. als entwürdigend.

Die so ungemein umstrittene Frage legt die andere nahe, warum es eigentlich in solchen Fragen einer nationalen Rechtseinheit bedürfe. Es gibt sie im Strafrecht anderer Bundesstaaten auch nicht, wie etwa in den USA. Die DDR könnte verlangen, daß bestimmte Strafrechtsmaterien der Landeskompetenz zugeordnet werden, ja durchaus legitim die weitere Frage aufwerfen, ob nicht der Anlauf zu einem echten Föderalismus gewagt werden solle, der den Ländern erlaubt, ihre eigene Identität zu pflegen, um vom Schrecken der Bundeseinheitlichkeit wegzukommen – von den Besoldungsordnungen bis zur Polizeiuniform.

Umgekehrt könnte die DDR auf den Einfall kommen, dem Bund Kompetenzen zuzuweisen, die jetzt den Ländern zustehen, obgleich großräumige Regelungen der Sache besser entsprächen, wie das Recht der elektronischen Medien. 16 Länder mit unterschiedlichen Gesetzen, eigenen Medienanstalten für Programme, die national und international verbreitet werden! Das muß nicht sein. Oder: In der DDR gibt es kein Staatskirchenrecht wie in der Bundesrepublik. Die DDR könnte verlangen, ihren Status zu behalten, ja vorschlagen, im deutschen Gesamtstaat eine Trennung von Staat und Kirche vorzusehen wie sonst in aller Welt.

Vermehrte Rechte für den Bundespräsidenten, etwa bei der Besetzung des Verfassungsgerichts und seine Direktwahl durchs Volk, Streichung des Art. 18 und Art. 5

Abs. 3 GG, Beseitigung der Diskriminierung der jungen Männer durch erzwungene Dienstzeit: eine kleine, aber gehaltvolle Liste.
Die Chance, die wir der DDR verdanken, ist historisch einmalig – über eine gute Verfassung zum Besseren nachzudenken.

(Juli 1990)

Unabhängige Bundesbank

Seit Jahr und Tag sagen wir aller Welt, die Bundesbank mit ihrer gesetzlichen Unabhängigkeit müsse das Vorbild für alle anderen sein, insbesondere für eine künftige europäische Zentralbank. Das ist auch ganz richtig. Die Autonomie der Notenbank ist allerdings nicht absolut. Sie muß die allgemeine Politik der Bundesrepublik unterstützen, wenngleich sie an Weisungen nicht gebunden ist. Regierungsmitglieder können an den Sitzungen des Zentralbankrats teilnehmen, vor allem: Mit der persönlichen Unabhängigkeit der Zentralbankratsmitglieder ist es höchst unterschiedlich bestellt. Nicht ganz selten sorgen die Ministerpräsidenten und damit die politischen Parteien dafür, daß über ihre Landeszentralbankpräsidenten Personen von zweifelhafter Würdigkeit in das erhabene Gremium gelangen.

Die Präsidenten der Bundesbank selber, die von der Bundesregierung bestellt werden, haben sich bisher von Wilhelm Vocke bis zu Karl Otto Pöhl als wirklich unabhängige Köpfe bewährt und die Hauptaufgabe der Bundesbank, die Sicherung des Geldwertes, trotz gelegentlicher Pressionen aus Bonn verläßlich verfolgt.

Doch zeigt es sich, daß in großen politischen Entscheidungsmomenten alle Regelungen zur Unabhängigkeit der Bank nicht mehr greifen. Als Bundeskanzler Kohl die Diskussion um die Währungsunion an sich zog und – politisch völlig richtig – mit einem Umtausch 1:1 Stimmung machte und Hoffnungen begründete, wurde die Bundesbank gar nicht gefragt. Als durch die Indiskretion aus dem Zentralbankrat deutlich wurde, daß sie andere Vorstellungen hatte, war das zu spät und politisch vergeblich; für die Bundesbank war die Indiskretion, die als Mine gegen die Bundesregierung gedacht war, damit überaus schädlich.

Aus dem Vorgang ist eine doppelte Lehre zu ziehen. Die erste: Bei den großen politischen Entscheidungen ist die Politik immer stärker als eine sich an Sachgründen orientierende Institution. Das gilt für die Bundesbank und wird auch für eine künftige europäische Notenbank gelten. Daraus den Schluß zu ziehen, die gesetzlichen Vorkehrungen für eine Weisungsunabhängigkeit der Bank seien nutzlos, wäre allerdings ganz falsch, denn in Fällen politischer Normalität funktioniert die Unabhängigkeit. Nur im politischen Ausnahmezustand, wie wir ihn gegenwärtig zum ersten Mal in der Geschichte der Bundesrepublik haben, greift sie nicht.

Zum zweiten: Die Zusammensetzung unseres Zentralbankrats, des wichtigsten Steuerungsgremiums unserer Geldpolitik, ist nicht optimal.

Abgesehen davon, daß die Landeszentralbanken im übrigen überflüssig sind, könnte der föderativen Staatsverfassung dadurch Rechnung getragen werden, daß Mitglieder des Zentralbankrates nicht nur von der Bundesregierung, sondern, sogar überwiegend, vom Bundesrat bestellt werden. Damit fände das Bestellungsverfahren auf Bundesebene statt, im hellsten Licht der Öffentlichkeit, und der Bürger könnte die Hoffnung hegen, daß die Auswahl mit der gleichen Sorgfalt geschehen würde, wie die der obersten Richter der Republik.

(August 1990)

Ungetüm Sozialwirtschaft

Der Kommunismus windet sich geschlagen am Boden – aber die Marktwirtschaft, die Freiheit, hat noch nicht gewonnen. Immer deutlicher treten die Zeichen hervor, die die Bewahrung des erledigt Geglaubten und Widerstand gegen wirkliche Freiheit ankündigen.
Fast könnte man vermuten, dem Westen sei das Verschwinden des Kommunismus nicht gut bekommen. Er beginnt, sich auf dem Lorbeer auszuruhen und übersieht, daß die liberalen Prinzipien in der Praxis der Interessen immer gefährdet sind und daß Westeuropa sich noch immer im Zustand einer reglementierten Marktwirtschaft befindet und es nach wie vor viel leichter ist, Freistellung vom Wettbewerb durchzusetzen als Einführung von Wettbewerb.
»Mit der Marktwirtschaft ist es wie mit der Schwangerschaft – man kann nicht ein bißchen schwanger sein.« Dieser verbrauchteste aller politischen Vergleiche wird nicht richtiger mit seiner gedankenlosen Wiederholung. Die reine Marktwirtschaft gibt es nirgends, schon Erhards soziale Marktwirtschaft war eine wohlbegründete Modifikation; und überall im Westen gibt es die mehr oder weniger großen Segmente der Volkswirtschaften, die von der Marktwirtschaft ausgenommen sind; der Gesamtbereich des Öffentlich-Rechtlichen, die riesigen Subventionsindustrien, die Landwirtschaft. Doch kommt es nicht darauf an, das ökonomische Modell der Marktwirtschaft nach einem Reinheitsgebot durchzusetzen; *wenn nur die*

Grundintention aller Veränderung auf Freiheit und Wettbewerb geht und nicht auf das Gegenteil davon.

Ungarn und die Tschechoslowakei sind auf gutem Weg, Polen auch, wenn man von Walesa absieht. Der ist ein Freiheitsheld und zugleich ein großer Stänkerer mit wirtschaftlichen Einsichten, die eine ganze osteuropäische Seelenlandschaft erleuchten. »Wir müssen das Beste aus Sozialismus und Kapitalismus verbinden«, sagt er: »Im Kapitalismus ist das Effizienz, im Sozialismus braucht man nicht viel zu arbeiten. Mit Computern ist das zu schaffen.«

Verwandtes tönt aus der DDR. Dort haben sich unsere Landsleute zunächst als Übersiedler, dann auf den eigenen Straßen zur Freiheit bekannt – mit einer Entschiedenheit, die niemand mehr wahrnimmt, der den jetzigen Fürsprechern lauscht. Das sind einmal die vielen Intellektuellen, die dem SED-Regime zwar gelegentlich kritisch gegenüberstanden, aber sich doch von ihm aushalten ließen und denen im Angesicht der Freiheit ihrer Märkte bänglich wird; die vielen Pastoren, die im Herzensgrund sich nicht viel von bürgerlicher Freiheit und Massenwohlstand versprechen und die politischen Führungen – fast alle ihre originären Initiativen sind nicht in Richtung auf rasche Befreiung gegangen, sondern waren von Angst vor der Freiheit inspiriert.

Es ist grotesk, wird aber nicht mehr so empfunden, daß ausgerechnet in jenem Gebiet, das die beste Währung der Welt zum Geschenk erhält und das es leichter haben wird als alle Nachbarn (auch als die Bundesrepublik in ihrer Gründerzeit), Panikstimmung herbeigeredet wird.

Sozialwirtschaft statt Marktwirtschaft. Das Ungetüm ist fatalerweise keineswegs undenkbar, doch muß es als Ungeheuer bekämpft werden, im Westen wie im Osten.

(September 1990)

Neuer Hitler?

Wir Deutschen haben uns – vielleicht aus einer Art perverser Selbstverliebtheit, vielleicht aus tiefer Kollektivscham – eingeredet, das dämonische Ungeheuer Hitler sei und bleibe ein ganz einzigartiges Satanikum in der Geschichte der Menschheit, niemand könne auch nur als entfernt vergleichbar je gefunden werden. Nun war das im Falle Stalins ohnedies schon zweifelhaft geworden, bei Ceaucescu war es eher eine Frage der Quantität als der Qualität; doch jetzt wird jemand Hitler gleichgesetzt: Saddam Hussein, der irakische Diktator.

Der neue Hitler überfällt, wie einst der alte Polen, ein Nachbarland und annektiert es. Damit nicht genug, bedroht er weitere Gebiete und meldet einen Anspruch auf Vorherrschaft in seinem Großraum an, wie der alte Hitler getan. Jetzt erinnert man sich auch, daß Saddam Hussein alles, was ihm im Innern im Wege stand, brutal hatte liquidieren lassen, daß er Giftgas gegen die einheimischen Kurden und gegen die Iraner im erst jüngst beendeten Krieg eingesetzt hatte. Zu beachten ist freilich: Wenn Saddam Hussein ein neuer Hitler ist, dann sind die westlichen Staatsmänner allesamt neue Chamberlains.

Es ist ja falsch, daß aus der Geschichte gelernt würde. Wie ein Generalstab, der immer lernt, wie man den letzten Krieg hätte gewinnen können, aber auf den nächsten nicht vorbereitet ist, wissen Völker und Politiker sehr gut, wie sie einem alten Hitler, träte er noch einmal auf, würden begegnen müssen, sind aber ganz außerstande, einen

neuen Hitler-Nachahmer auszumachen, ernst zu nehmen und rechtzeitig zu bekämpfen.
Gegen Saddam Hussein wird seit Jahren das klassische Repertoire des Appeasement durchgespielt, über seine Greuel wird nur wenig berichtet, die Schreckensherrschaft wird verharmlost, die Politiker beschwichtigen und vor allem: die Kaufleute verdienen.
Diesem Appeasement kommt eine dem Westen eigentümliche Weltsicht zustatten: Schandtaten der Dritten Welt sind eigentlich keine, weil nur die entwickelte Welt von ihren Intellektuellen und moralischen Wortführern unter Anklage gestellt werden darf, und schließlich das ökonomische Prinzip, das im Westen den Primat der Politischen so gut wie abgeschafft hat: Geschäftemachen ist gut, denn Industrie und Handel haben eine moderierende Wirkung; wo der Kaufmann redet, da schweigt der Soldat.
In einem Falle wie dem des Irak, Länder der Dritten Welt, die zugleich Großabnehmer sein konnten, bündelten sich die Motive der Linken, die die Moral verwalten, mit denen der Rechten, die das Geschäft besorgen, zum unwiderstehlichen Appeasement. Wie wurde nicht Reagan beschimpft, als er Gaddafi durch ein Bombardement still stellte! Welche Schmähung ging auf Israel nieder, als die Luftwaffe 1981 die irakische Atombombenfabrik zerstörte! Solange die Geschichte währt, wird es Gewaltmenschen geben, denen der Sinn nicht nach Profit, sondern nach Macht steht und die nicht mit gutem Zureden im Zaun zu halten sind, sondern nur mit größerer Macht.
Solche Naturen gibt es schon sichtbar auf offener Bühne von Castro über Gaddafi bis Samuel Doe. Viele kleine Hitler warten noch in der Kulisse auf ihre kleinen Chamberlains.

(Oktober 1990)

Fürsorge für Randgruppen

In keiner deutschen Großstadt findet man freie Parkplätze, aber in jeder deutschen Großstadt gibt es doch welche – für Behinderte. Offenbar ist diese bedauernswerte Gruppe von Menschen weniger stark als die Aufmerksamkeit, die ihnen die Verkehrsplanung in den letzten Jahren zugewendet hat. Ein Beispiel nur und kein gravierendes für einen Tatbestand, der für unser öffentliches Leben charakteristisch geworden ist: die Obsorge der demokratischen Obrigkeit für kleine Zielgruppen, meist dem Rand der Gesellschaft zugeordnet, der eine wachsende Gleichgültigkeit für die weit überwiegende Mehrzahl der Bürger gegenübersteht, aller jener, die nichts Besonderes als Anspruchsmerkmal vorzuzeigen haben, also einheimisch sind, Steuerzahler, drogenresistent und nicht vorbestraft.

Wer die öffentliche Fürsorge registriert, die den Roma und Sinti zugewendet wird (die noch überall Zigeuner heißen, nur bei uns nicht mehr heißen dürfen), den Asylanten aus der Dritten Welt, den mißhandelten Frauen, den Süchtigen aller Art, den Aidskranken, wird sich noch nicht sehr wundern, weil es ja dafür ausgezeichnete Gründe, moralische Legitimationen gibt; er wird aber beim Nachdenken dahinterkommen, daß die gleiche Fürsorge auch mobilisiert werden kann für Radfahrer, fanatische Nichtraucher, ein tausendfach verästeltes System von Grüppchen, die neben einem ideellen Hauptzweck den wichtigen Nebenzweck verfolgen, auf Kosten der Allgemeinheit einen irgendwie begünstigten Sonderstatus zu erlangen.

All diesen Randgruppen ist gemeinsam, daß sie selber oder, häufiger, ihre Fürsprecher einen leichten Zugang zur Öffentlichkeit gewinnen können und ihr Interesse als ein gesellschaftlich gerechtfertigtes lautstark vertreten. Ihnen gegenüber steht nur die berühmte schweigende Mehrheit, die eben darum so still erscheint, weil sie sich nicht durch Sonderwünsche hervortut.

Die Obrigkeiten, Parteien und Parlamente definieren sich zwar alle (mit Ausnahme der Grünen und der Republikaner) als der Mitte zugehörig und der Mitte verpflichtet, verhalten sich aber nicht so – sehr zum Unterschied zu den alten Demokratien, wo die großen Mehrheitsparteien viel weniger geneigt sind, auf Sonderwünsche zu reagieren und insbesondere nicht daran denken, Nichtwählern oder Gegenwählern irgendeine Förderung angedeihen zu lassen.

Solange die Randgruppen zum eigenen Wählerpotential beitragen können, ist selbst übertriebene Fürsorge verständlich – die Stammwählerschaft hat man ja im Sack, und es mag schon lohnen, für das letzte Prozent, das den Wahlsieg bedeuten kann, mehr aufzuwenden als proportional für die vielen. Aber auch die Rücksicht auf politische Gruppen, die einem politisch nicht helfen, ist bei uns erklärlich – auf ihnen lassen sich innerparteiliche Karrieren aufbauen und auch eine Menge Betreuerjobs bei Behörden und Kirchen begründen; nicht selten können zehn Betreute einen Betreuer ernähren.

Vor allem: Bei uns hat, Folge des jahrhundertelangen Obrigkeitsstaates, der Bürger kein Selbstbewußtsein in seiner Eigenschaft als Steuerzahler. Die Tatsache, daß die Obrigkeit sich von dem ihm abgepreßten Geld ernährt, stärkt ihm nicht das Rückgrat; und so muckt er auch nicht auf, wenn aus seinem Säckel selbst soziale Parasiten befriedigt werden.

(November 1990)

Rhetorische Regime

Beim Lesen der Tagesnachrichten ist mir eine Unterscheidung in den Sinn gekommen, die vielleicht für die Bewertung von Politik nützlich sein kann: die Unterscheidung von rhetorischen und nichtrhetorischen Regimen. Wie jede Typologie, die eine Realität fassen will, treten die beiden Typen nicht in völliger Reinheit, sondern nur schwergewichtsweise auf, sind aber doch beim bloßen Hinsehen voneinander abzuheben. *Rhetorische* Regime sind solche, die vornehmlich durch Kommunikation wirken, sich dadurch umgekehrt von öffentlicher Meinung abhängig machen und in Wirkung und Bestand abhängig bleiben.

Die *nichtrhetorischen* Regime wirken nonverbal, sind kommunikationsschwach, stützen sich auf ein stillschweigendes Einverständnis mit einer stillschweigenden Mehrheit unter ziemlicher Außerachtlassung der öffentlichen Meinung. Die rhetorischen Regime können rasch bedeutende Leistungen erzielen, die nichtrhetorischen sind viel stärker in der Bestimmung langfristiger Trends.

Einige Beispiele: Die verflossenen Machthaber Nehru in Indien, Tito in Jugoslawien, Nyerere in Tansania waren Paradeexempel im Rhetorischen – an ihre Regierung band sich ein globales Prestige, haben aber in der Substanz ihren Ländern gar wenig eingespielt. Dem rhetorischen Typus ist auch die Herrschaft Gorbatschows oder Reagans oder Thatchers zuzuordnen, doch immerhin mit dem großen Unterschied, daß Reagan zwar einen Berg von Problemen hinterließ, aber die USA nach dem unfähigen Carter innerhalb von Jahresfrist wieder auf die Beine gestellt hat, daß Gorbatschows Rhetorik den Ostblock und die Weltpolitik hat verändern, zum Besseren öffnen können, während die katastrophale Lage des eigenen Landes nicht einmal im Ansatz behandelt wurde, daß Margaret Thatcher den sozialistischen Kleister abzuätzen gelungen ist, während strukturell so wenig verändert wurde in Britannien, daß bei einer Labour-Regierung die alte Malaise sich leicht wieder einfinden kann.

Für die nichtrhetorischen Regime haben wir das erfolgreichste Beispiel bei uns zu Hause, nämlich Helmut Kohl; ein anderes zeigt sich in Japan. In beiden Ländern richten die Institutionen der öffentlichen Meinung wenig aus. Das hat den Nachteil eines ständigen öffentlichen Unbehagens, weil die politische Führung sich um Meinungsführerschaft nicht kümmert.

Im vergangenen Jahr ist der Bundeskanzler bei seiner entschiedenen Deutschlandpolitik überwiegend ohne Unterstützung der öffentlichen Meinung zielstrebig vorangegangen, hat keinen der Fehler gemacht, zu dem ihm die öffentliche Meinung geraten hatte. Er hat aber auch den Nachteil der nichtrhetorischen Regierung nicht wettmachen können, nämlich die völlig ungenügende Steuerung von Hoffnungen, Befürchtungen, Mentalitäten.

In Amerika ist eine erfolgreiche Präsidentschaft wegen der Allgewalt der Medien und der kurzen Amtszeit als nichtrhetorische kaum noch vorstellbar. Das ist bedenklich, wie man am Golf- und am Budgetkonflikt sehen kann: Es werden ganz rasch eindrucksvolle rhetorische Positionen eingenommen, als politische durchgesetzt, und dann sind sie kaum noch rücknehmbar und verhandelbar, ohne daß das Regime einen Gesichtsverlust erleidet.

(Dezember 1990)

Etikettenschwindel

Schon im Wahlkampf zum 12. Bundestag war ein trostloses Phänomen zu beobachten. Parteien, Verbände, Gewerkschaften treten mit Vorschlägen hervor, die Lage der Deutschen in der Ex-DDR zu verbessern – in der unausgesprochenen Absicht, die eigene zu fördern. Sie sagen Gott und meinen Kattun, klagte Theodor Fontane vor hundert Jahren.

Alle wesentlichen Vorstöße unserer Gewerkschaften, die den öffentlich bekundeten Zweck hatten, die Lage der Arbeitnehmer in den neuen Bundesländern zu stabilisieren, waren zugleich nicht nur solche, die ihnen den Aufbau einer Mitgliedschaft erlauben würden (auch das ist selbstverständlich höchst legitim), sondern ebensolche vor allem, die ihnen in der westdeutschen Öffentlichkeit und bei ihren westdeutschen Altmitgliedern Punkte einbringen. Exakt das gleiche gilt für die Parteien, auch für jene, die in West und Ost am 2. Dezember siegreich geblieben sind.

Man nehme die Wirtschaftsförderung durch steuerliche Anreize. Es ist jedem Menschen klar, daß in den neuen Ländern für die Industrie Standortvorteile geschaffen werden müssen, um die bekannten und beträchtlichen Standortnachteile auszugleichen. Unter dieser Überschrift haben sich dann vornehmlich die Freien Demokraten stark gemacht, die neuen Bundesländer zu einem Territorium zu erklären, wo insgesamt niedrigere Unternehmenssteuern gelten. Diesen Vorschlag mit ihr unter dem Gesichtspunkt der Sachgerechtigkeit zu diskutieren, fällt aber schwer, weil

der Vorschlag für die FDP zugleich den Vorteil hat, an ihr altes Wahlkampfversprechen – das nicht unbegründet ist – eine Reform der Unternehmensbesteuerung anzuknüpfen: Gelingt es nämlich, die ehemalige DDR unter dem vorgeblichen Gesichtspunkt der Existenzsicherung von vielen zum Niedrigsteuerland zu machen, so ist der Schritt zur Ausweitung des Niedrigsteuerlandes auf das ganze Territorium der Bundesrepublik gewissermaßen vorgegeben, in der zweiten Phase nämlich ein Gebot der Steuergerechtigkeit und der Beseitigung von Wettbewerbsverzerrung.
In Wahrheit ist durchaus dubios, ob den Menschen in den neuen Bundesländern mit der Proklamation eines Niedrigsteuerlandes am besten geholfen wäre. Die kriminellen oder nichtkriminellen Streuverluste wären enorm; die Einführung einer Lohnsteuerpräferenz, die unter dem Etikett Niedrigsteuerland unvermeidbar wäre, wäre zwar den einzelnen Arbeitnehmern angenehm, aber nicht der wirtschaftlichen Verfassung, weil die Mittel allesamt in den Konsum gingen und den neuen Bundesländern strukturell kaum etwas einbrächten.
Bedeutend vernünftiger wäre es, für diejenige Industrie (also vor allem die produzierende), die arbeitsplatzrelevant ist, die Sondervergünstigung der Abschreibung von Investitionen in zwei Jahren einzuführen: Damit würden nicht die todgeweihten Industrien künstlich beatmet, davon könnten nur gesunde aussichtsreiche Unternehmen profitieren, diese aber würden gestärkt für den nationalen und internationalen Wettbewerb und würden expandieren und Arbeitsplätze schaffen können.
Aber ein solcher Vorschlag hat keine richtige Lobby, weil er tatsächlich nur dem ostdeutschen Publikum hilft, ohne beim westdeutschen sonderlichen Effekt zu machen.

(Januar 1991)

Die Zukunft der SPD

Es lohnt nicht, sich lange mit dem Wehklagen über die jungen Taugenichtse aufzuhalten, die sich von der SPD in hohe, aber bequeme Ämter haben bringen lassen und nach der verlorenen Wahl vom 2. Dezember pflicht- und verantwortungslos den Gang nach Bonn ablehnen, weil der Vorsitz der traditionsreichsten deutschen Partei zwar die allerhöchsten Ehren verheißt, aber zugleich und vor allem richtige Arbeit.

Zu solchen parasitären Erscheinungen, für die sich der Name Lafontaine einbürgern kann, ist es ja in der gleichen Generation und im gleichen ideellen Umfeld häufiger gekommen – die Lifestyle-Propheten mit ihrem spießbürgerlichen, am Lebensideal junger Volksschullehrer orientierten Schlicht-Hedonismus haben noch die Chance, in der Nachholwoge der neuen Bundesländer sich eine Weile zu halten, werden aber dann der allgemeinen Verachtung anheimfallen. Im Westen ist es ja jetzt schon so: Die mittelalten, flippig auftretenden Herrschaften, des Italienischen nicht kundig, aber mit Häuslein in der Toskana ausgestattet, den schlechteren italienischen Kreszenzen zugetan, werden von den Jüngeren schon mit Naserümpfen begutachtet.

Das Problem der SPD sind sie nicht; das ist ein anderes. Der SPD geht es wie einer Kirche, die den Glauben an Erlösung, an das Jenseits, das Neue Jerusalem verloren hat. Sie kann sich eine ganze Weile in Anstand erhalten; die Kirchensteuern gehen ja ein; die öffentliche Geltung

der Feiertage und der kirchlichen Verrichtungen ist unangefochten. Nur das Publikum bleibt immer mehr weg, und irgendwann wird die Krise sichtbar und das prachtvolle Domgebäude als fleckige Ruine erkennbar.
Ähnlich verhielt es sich mit der SPD. Sie war als Partei auf einem Glauben aufgebaut, einem diffusen zwar, aber doch auf einer echten über Generationen tradierten Überzeugung, daß der Mensch zu Besserem geboren und begabt sei, als was ihm die herrschenden Klassen und die herrschenden Umstände gönnen. Ideale von Freiheit, noch mehr von Gleichheit, von Frieden, von Herrschaft der Vernunft statt der Gewalt schon hier auf Erden spielten eine Rolle.
Während andere Parteien sich besser auf die Geschäfte dieser Welt verstehen, Macht und Geld erringen und verwalten können, war es die Herzenssache der Sozialdemokraten, die edleren Zwecke der Menschheit darzustellen. Das gab ihnen ihre eigentümliche moralische Überlegenheit und Anmaßung, den bewundernswerten Elan, der sie durch hundert Jahre getragen hat. Damit ist es vorbei.
Der Zusammenbruch des undemokratischen Sozialismus hat auch den demokratischen getroffen. Die alten Ideale sind mit Hilfe anderer Parteien so nah an die Realität gekommen, daß sie als Leitsterne am Firmament nicht mehr dienen können. Nun muß sich die SPD ohne die Chance einer Utopie auf Erden, in Gesamtdeutschland einrichten. Ihre derzeitige Nichtführungselite hat es im Konsumverhalten schon geschafft, ihre nachwachsende Generation muß es in Leistung versuchen.

(Februar 1991)

Politisches Versagen: Steuerlüge

Von Steuerlüge möchte ich nicht reden. Eine Lüge ist eine bewußte Unwahrheit, die in Kenntnis der Wahrheit zum Zweck der Täuschung ausgesprochen wird. Dergleichen ist Kohl, Waigel, Lambsdorff & Co schwerlich vorzuwerfen – sie werden tatsächlich gehofft haben, angesichts ohnedies gestiegener Steuereinnahmen ohne förmliche Erhöhungen auszukommen, mag die Hoffnung auch waghalsig und fahrlässig gewesen sein.
Aber der Steuerdummheit haben sie sich in massiver Weise schuldig gemacht, und zwar gleich in mehrfacher Hinsicht.
Zum ersten war es fundamental falsch, dem deutschen Volk zu erzählen, das überhaupt bedeutendste Ereignis seiner Geschichte, nämlich die Wiedervereinigung, sei gewissermaßen zum Nulltarif zu haben. Das hat das große Ereignis moralisch und politisch entwertet, auf den Rang des Alltäglichen hinabgedrückt und bei den Westdeutschen die Empfindung, sie trügen eine Mitverantwortung für das vereinigte Schicksal und seien auch ihrerseits aktive Teilnehmer an diesem historischen Vorgang, gar nicht erst entstehen lassen. Dieser fundamentalen Dummheit schloß sich dann unvermeidlich die Peinlichkeit an, daß die notwendigen Steuererhöhungen zum schlechten Ende mit dem Golfkrieg und anderen außenpolitischen Notwendigkeiten begründet werden mußten: Für die Einheit braucht ihr, liebe Deutsche, nichts zu zahlen, aber für den Golfkrieg müßt ihr die Börse öffnen! Törichter kann man mit dem Opfersinn des Bürgers gar nicht umgehen.

Eine andere Dummheit lag in dem unbegreiflichen Kleinmut, der in der falschen Einschätzung der Wählerschaft sich ausgedrückt hat. Aus repräsentativen Umfragen der Forschungsgruppe Wahlen wissen wir, daß mit Steuererhöhungen zur Finanzierung der Einheit vor dem 3. Oktober 1990 48 Prozent der Bundesbürger einverstanden waren, während sie 50,7 Prozent ablehnten. Also vor der Einheit und vor Beginn der Steuerdiskussion hätte sich die ungefähre Hälfte der Wählerschaft zustimmend verhalten; zwischen Tag der Einheit und Wahl am 2. Dezember fiel die Zustimmung auf 45,6 Prozent, die Ablehnung stieg auf 52,7 Prozent (alles dies gilt für Steuererhöhungen *auf Zeit*). Interessant ist, wie sich diese Zahlen auf die Parteien verteilen. 66 Prozent derjenigen, die FDP wählen wollten, akzeptierten Steuererhöhungen, 53 Prozent mit Unionswahlabsicht desgleichen, während Kohl und Lambsdorff heftig gegen Steuererhöhungen polemisierten. Und während umgekehrt Lafontaine für Steuererhöhungen namentlich zu Lasten der Besserverdienenden eintrat, lehnten 61 Prozent mit SPD-Wahlabsicht und 54 Prozent Grüne solche Steuererhöhungen ab.
Kohl selbst hat mit seiner Polemik die Wählermeinung umgedreht: Die Opferbereitschaft seiner Wähler war vorhanden, aber sie wurde nicht angenommen. Ende Februar, also noch vor den Steuerbeschlüssen, hatte sich die Einstellung kaum verändert: mit Steuererhöhungen einverstanden 51 Prozent, Unionswähler aber nunmehr 67,4 Prozent und FDP-Wähler 63,2 Prozent; dagegen SPD-Wähler mit 64,2 Prozent und Grünen-Wähler mit 53,9 Prozent. Die Zahlen lassen nur den Schluß zu, daß Kohl nach dem Sinneswandel in der Regierung keine lahmen Entschuldigungen hätte vorzubringen brauchen – in seinem Wählerpublikum war die Einsicht verbreitet, daß die Kalkulation der Kosten für die Einheit variable Posten ja nach Erkenntnis sind.

Eine Umfrage vor einigen Wochen hatte die jetzt öffentlich dominierende These von der »Steuerlüge« als nur von 40 Prozent des Publikums akzeptiert ausgewiesen; daß es sich bei der »Steuerlüge« um ein Medienphänomen handelt, wird durch die allerneueste Umfrage bestätigt, nach der die öffentliche Dauerthematisierung nicht ohne Wirkung geblieben ist. Dennoch könnte die Steuerlüge die Regierung nicht dauerhaft beschädigen. Aber anders steht es mit der Führungslosigkeit und der politischen Dummheit, die sie bei dem ganzen Vorgang offenbart hat.

P.S. Alle Zahlen gelten für die alten Bundesländer. Bei den neuen Wählern, die von den Steuererhöhungen praktisch nicht erfaßt werden, denen sie aber zugute kommen, wären die Zahlen noch aussagekräftiger.

(März 1991)

Die neue Weltordnung

Präsident Bush hat für die Zeit nach dem Golfkrieg (und ihm nachredend auch Bundeskanzler Kohl) von einer neuen Weltfriedensordnung gesprochen. Doch hat niemand gesagt, was darunter vorzustellen sei. Einige Skepsis ist angebracht. Es ist nicht das erstemal, daß während Kriegen eine stabile Friedensordnung verheißen wird. Dergleichen wollte der amerikanische Präsident Wilson 1918 mit seinen 14 Punkten, dergleichen wollte auch Präsident Roosevelt mit der Verkündung der »Vereinigten Nationen«. Aus beiden Nachkriegs-Friedensordnungen ist nicht viel geworden.

So dürfte es auch nach dem Ende des Golfkriegs gehen. Das Versprechen des ewigen Friedens ist all jenen lieb, die mit dem Status quo zufriedengestellt sind und sich mit einem Ende der Geschichte zu ihren Bedingungen ganz gut abfinden können. Es gibt aber immer Länder und Völker, die sich benachteiligt fühlen, um einen echten oder vermeintlichen Platz an der Sonne kämpfen und ihn mit friedlichen, notfalls unfriedlichen Mitteln anstreben. Angesichts dieses unabänderlichen Tatbestandes wird man mit einer Weltordnung zufrieden zu sein haben, die Weltenbrände verhindert, größere regionale Konflikte allenfalls polizeilich beenden kann (wie jetzt am Golf) und rein lokale Auseinandersetzungen zu mildern versucht, sie sich im übrigen selbst überläßt. Eine künftige Weltordnung wird nicht auf den Vereinten Nationen basieren können, die, wie das Beispiel des Golfkriegs zeigt, nur dann machtvoll tätig werden können, wenn sie als Mantel einer ohnedies schon vorhandenen Weltkoalition genutzt werden. Auch eine Gleichgewichtsordnung wie im Europa des 19. Jahrhunderts oder nach 1945 wird es nicht sein, weil die USA keinen gleichwertigen Partner mehr haben – die Sowjetunion ist es nicht mehr, Europa ist es noch nicht. Die neue Weltordnung wird also von den USA dominiert sein, der künftige Weltfrieden wird darauf beruhen, daß die Amerikaner und ihre Verbündeten bereit sind, Verantwortung vielfältiger Art in aller Welt zu übernehmen.

Wir Deutschen werden fürs erste genug damit zu tun haben, den Unfug ungefähr auszugleichen, den die groteske Gedankenlosigkeit, Mutlosigkeit und Indolenz der deutschen Politik angestellt haben. Dazu gehört zum ersten, daß die verbale Solidarität mit der westlichen Welt in eine wirkliche umgesetzt wird und die deutsche Drükkebergerei ein Ende hat. Hat sie kein Ende, dann wird es auch mit unseren ökonomischen Chancen auf dem Weltmarkt rasch eine böse Wende nehmen.

Der zweite Beitrag, den wir erbringen müssen, ist ein Überdenken unseres Verhältnisses zu Israel. Die wohlwollende, beschwörungsreiche Neutralität, die wir dem Existenzkampf dieses Landes bisher zugewendet haben, wird sich für alle Zukunft verbieten. Der Bundeskanzler Erhard hatte einst in einem mutigen Schritt die politische Krise, die sich durch Strauß' Waffenlieferung ergeben hatte, beendet durch die Aufnahme diplomatischer Beziehungen zu Tel Aviv. Ein ähnlich mutiger Schritt ist heute erforderlich.

So wäre es angezeigt, endlich Jerusalem als Hauptstadt des jüdischen Staates anzuerkennen, von der famosen Resolution 242 des Sicherheitsrats langsam abzurücken, die den Israelis zu weitgehende Bedingungen auferlegt, einzusehen, daß es angesichts der in dieser Generation nicht mehr überwindbaren Feindschaft zwischen Israelis und Palästinensern sinnlos ist, Friedenskonferenzen zu propagieren, auf denen die eine Seite nur mit friedlichen Mitteln reinholen will, was sie mit militärischen Aktionen nicht hat erreichen können. Die deutsche Politik liebt traditionell das Sowohl-Als-auch und verabscheut die klare Entscheidung. Aber gerade die ist die Voraussetzung für eine Weltordnung, in der wir einen eigenen Platz haben.

(April 1991)

Kopflose Parteien

Denkt man sich Bundeskanzler Kohl weg, hat die CDU keinen eminenten Kopf mehr. Die SPD hat so wenige, daß sie kaum einen Kandidaten zum Parteivorsitz finden konnte. Die CSU hat nach Strauß keinen Kopf mehr, sondern einen Doppelkopf: Waigel und Streibl. Bei der FDP ist nach Genscher und Lambsdorff nur Möllemann zu sehen. Alle Parteien habe Pöstchenjäger, aber kaum Talente. Warum ist das so?

Der große Soziologe Max Weber hat das Parlament als die Schule der Politik beschrieben. Das ist unser Bundestag keineswegs – schon allein deswegen, weil die Schüler viel zu alt sind. In den letzten Parlamenten hat es nur im Gefolge der 68er Unruhen eine wirkliche Verjüngung gegeben. Derzeit nähert sich der Durchschnitt wieder den 50ern, ein Alter, in dem Hans nicht mehr lernt, was Hänschen vergessen hat. Im letzten Bundestag war nur noch ein Zehntel der Abgeordneten im halbwegs jugendlichen Alter, die gesetzten Polithonoratioren bildeten die überwältigende Mehrheit. Schon von der Zahl her gibt es also praktisch keinen Nachwuchs der Parteien.

Und die Qualität des jungen, des älteren Nachwuchses? Fast jeder Abgeordnete ist irgendwo Experte, ganz selten ist der politische Kopf, der mit eigenen Gedanken in Debatten um Außen-, Wirtschaftspolitik oder was auch immer eingreift, der die öffentliche Meinung erregt, der ausspricht, was das Volk empfindet, und dem das Volk daher vertraut.

Die CSU ebenso wie die FDP sind als kleine Parteien noch

am ehesten zur Nachwuchsförderung bereit – schon weil sie pro Mitglied viel mehr Posten in Politik und Verwaltung zu besetzen haben als die Großen. Die beiden Volksparteien SPD und CDU sind längst geschlossene Herrschaftsapparate mit festgelegten Parteikarrieren und einem hohen Abstoßungspotential gegenüber Leuten, die sich dem internen Konformitätsdruck widersetzen. Die Großen wollen das auffällige Talent nicht mehr, das aus der Schar der schon vorhandenen Funktionäre herausragt.
Im letzten Bundestag sind schon über ein Drittel der Mandatsträger Angehörige des öffentlichen Dienstes. Echte Arbeiter gibt es so gut wie gar nicht, wenige Hausfrauen, ein paar Landwirte. Nur 14 Prozent gehören den freien Berufen an, die in allen anderen Parlamenten der Welt den Löwenanteil ausmachen. Zählt man zu den Abgeordneten noch die Angestellten von Gewerkschaften, Parteien und Verbände hinzu, so ist die glatte Hälfte des Bundestags politische Selbstversorgung der Parteien und hat mit Berufsverteilung in der Bevölkerung nicht mehr das Geringste zu tun.
Die Parteiführungen reden immer davon, unabhängige Köpfe zu suchen, aber in Wahrheit wollen sie sie gar nicht. Sie wollen den Abgeordneten, der auf das Mandat angewiesen ist und nicht aus der Reihe tanzt. Wer durch seinen Beruf unabhängig ist, über ein nichtpolitisches Einkommen verfügt, gilt schon als verdächtig, weil er sich nicht jedem Kommando der Parteiführung unterwirft. Die Partei soll ein Profil haben, der einzelne Politiker am besten nicht. Aber wirkliches Profil gewinnt eine Partei nur dadurch, daß ihre Vertreter in Parlament und Regierung selber ein Profil haben. Kein Wunder, daß es begabte Leute, die überall ihr Brot verdienen können, nicht mehr in die Politik treibt.

(Mai 1991)

Unerträglicher Tugendterror

Die Amerikaner, dachte ich bisher, brauchen alle 60 Jahre zu ihrem sittlichen Wohlbefinden eine Prohibition. In den zwanziger Jahren war der Alkohol verboten, in den achtziger Jahren kam das Nikotin dran. Bei der ersten Prohibition handelte es sich um eine staatlich verordnete, bei der zweiten um eine, die auf sozialem Terror beruht, der sich medizinische Erkenntnisse zunutze macht.
Der amerikanische Kolumnist Russell Baker hat nun (in der »New York Times«) den Nachweis erbracht, daß die Tabakprohibition aber mehr ist, nämlich eine insgesamt neue Moral anzeigt, mit der zu jeder Moral gehörigen Heuchelei und die auch die ungenierte Intoleranz erzeugt, die unerläßliche Begleiterscheinung jeder Moral und ihrer Träger ist. Es ist die Moral, die eine bestimmte Art von Gesundheit zum Lebensprinzip erhebt und die Verlängerung des Lebens und nicht etwa Lebensgenuß und Lebenserfüllung als obersten Zweck des Menschseins betrachtet. Wer krank ist, ja sogar, wer stirbt, dem wird noch bedeutet, daß, hätte er nur die richtige Luft geatmet, das richtige Wasser getrunken, Körner gegessen und Fleisch gemieden, nicht geraucht und nicht getrunken, ordentlich gejoggt, geschwommen, gesquashed, ihn weder Krankheit noch Tod hätte ereilen können. Er muß die Kalorien zählen wie seinen Cholesterin- und Zuckerspiegel beachten, zweimal täglich den Blutdruck messen: Mit all dem weist er sich als würdiges Mitglied der amerikanischen Gesellschaft aus. Mehr bedarf's nicht. Eine

Nebenerscheinung der neuen Moral gibt es in Sexualibus – während an die Schulkinder Kondome verteilt werden und die Unterweisung im Gebrauch derselben (um Aids und Schwangerschaft zu verhüten), wird den Älteren die Freiheit der Promiskuität nicht zugestanden, sie sollen monogam sein – das gilt selbstredend nicht für Priester und Schwule, bei denen sexuelle Betätigung ja ein emanzipatorischer Akt ist.
Diese amerikanischen Verhältnisse sind längst nach Europa übergeschwappt, besonders in den angelsächsisch-germanischen Kulturkreis. Während die Rauschgiftabhängigen als eine Art Behinderte gelten, denen Verständnis und Hilfe zugewendet werden muß, werden Raucher und Übergewichtige als undiszipliniert, ja verworfen und verächtlich betrachtet. Wildfremde Menschen, ansonsten wohlerzogen, haben keine Hemmung, einen Zeitgenossen, den sie beim Genuß antreffen, auf das Unziemliche seines Tuns anzusprechen und ihm nahezulegen, an »seine Gesundheit« zu denken!
Daß eine Gesellschaft, die auf dem Automobil aufbaut, den Rausch verpönt, ist schon recht, nur noch die Räusche der Angst und der Betroffenheit gelten als sittlich hochwertig. Doch sollte man sich daran erinnern, daß die Menschheit dem Genuß, ja seinem Exzeß in rauschhaften Zuständen nicht zur Unglück verdankt, sondern höchste Leistungen, wofür allein im 19. Jahrhundert die Namen Poe, Baudelaire, De Quincey und van Gogh stehen mögen. Das wird die neuen Sittenblockwarte wenig beeindrucken: Die Moral der Lebensverlängerung durch Verzicht gibt ja gerade den einfältigeren Gemütern endlich Gelegenheit zum Auftrumpfen jenen gegenüber, die noch anderes im Kopf haben.

(Juli 1991)

Wettbewerbsverbote in der EG

In den nächsten Monaten steht eine Auseinandersetzung über den Vorschlag einer Richtlinie bevor, die im Schoß der EG-Kommission in Brüssel schon diskutiert worden ist, deren Behandlung im Europäischen Parlament und im Ministerrat noch aussteht. Sie wird, und das ist das gefährliche daran, vielen Zeitgenossen als harmlos, wenn nicht gar als positiv vorkommen: Es soll europaweit die Werbung für Tabakerzeugnisse verboten werden.

Bisher schon gibt es keine Zigarettenreklame in Rundfunk und Fernsehen, nun soll sie auch aus Zeitungen, Zeitschriften, von Plakatwänden, aus den Kinos verschwinden; nur noch in geschlossenen Räumen, die nur dem Tabakverkauf dienen, soll Werbung gestattet sein.

Hochbedenklich ist die vorgeschlagene Richtlinie aus zwei prinzipiellen Gründen. Erstens nimmt sich die europäische Obrigkeit das Recht heraus, die Bürger in der Weise zu bevormunden, daß sie ihre Konsumgewohnheiten durch direkte Eingriffe in die Wirtschaft steuert. Zweitens verletzt das Vorhaben der Europabürokratie (gegen das sich bisher die der Marktwirtschaft aufrichtig verpflichteten Länder wie Deutschland, Großbritannien, die Niederlande und Dänemark zur Wehr gesetzt haben) die Wettbewerbsfreiheit, ohne die eine freie Wirtschaft gar nicht möglich ist.

Zum ersten: Europa hat Institutionen und eine große leistungsfähige Bürokratie, aber keine Verfassung und keine Erklärung der Bürger- und Menschenrechte, auf die sich

die EG-Bürger stützen könnten, wenn sie ihre Freiheit zur eigenen Entfaltung, zur Meinungsäußerung, zur ungehinderten Information durch europäische Regelungen gefährdet sehen. Dagegen ist nicht geltend zu machen, daß die Abwehr von Gefahren, auch gesundheitlichen Gefahren, zu den legitimen Staatsaufgaben gehört – denn wenn die Behörde aufgrund unwiderleglicher Erkenntnisse zum Ergebnis kommen sollte, daß der Gebrauch oder Verbrauch eines bestimmten Gutes die Volksgesundheit und das soziale System in katastrophaler Weise unterminiere, dann hat sie die Pflicht, dieses Gut zu verbieten, aber nicht bloß die Werbung dafür.
Zum zweiten: Das Werbungsverbot kommt einem Wettbewerbsverbot gleich. Es bedeutet nichts anderes, als daß die vorhandenen Marktanteile eine Bestandsgarantie erhalten, weil nur durch Werbung neue Marken durchgesetzt und die Positionen der alten verändert werden können. Da ist es denn auch, wo der Hase im Pfeffer liegt. Manche unserer Nachbarn haben noch staatliche Tabakmonopole, deren Ergiebigkeit für den Staatssäckel durch die Werbung privatrechtlicher Tabakfirmen gefährdet wird – es ist ein hübscher Einfall, die Ertragskraft dieser Regiebetriebe unter dem Stichwort der Volksgesundheit zu sichern. Nur am Rande sei angemerkt, daß diese Tabakmonopole vornehmlich die schweren, kraftvollmännlichen Produkte in den Markt bringen; die neuen Leichtzigaretten, die sich so gut durchgesetzt haben, hätten beim Publikum nicht die geringste Chance haben können, wenn es ein Werbeverbot schon gegeben hätte.
Sollte dieser erste, unverfänglich aussehende Anschlag auf Bürgerfreiheit und Marktwirtschaft durchgehen, dann sind die nächsten schon programmiert. Dann kommen die jetzt noch verkäuflichen Pharmaka dran, die Spirituosen; jede Volksbeglückungslobby wird Verbote pro-

pagieren, Tierschützer gegen Pelze, radikale Datenschützer gegen Direktwerbung, Feministinnen gegen die erotischen Stimulanzien in der Werbung, Umweltschützer gegen Tourismus in gefährdeten Regionen etc.
Gerade in der freien Gesellschaft hat Freiheit keine Lobby; auch in einer freien Gesellschaft will Obrigkeit Vormund sein.

(August 1991)

Westintegration Ostdeutschlands

An dem Ossi-Wessi-Gerede wird sich kein Verständiger beteiligen wollen. Der angeblich tiefe seelische Graben zwischen der alten Bundesrepublik und der verendeten DDR ist längst zu einem Thema verkommen, das publizistische Geschäftemacher bewirtschaften. In Wahrheit weiß jedermann, der es wissen will, daß es im alltäglichen Verkehr zwischen Westdeutschen und Ostdeutschen kaum mehr Probleme als zwischen Nord- und Süddeutschen gibt und nur wenige, die sich nicht mit guten Manieren und gutem Willen vermeiden lassen.

Aber jenseits der vielbeschwatzten persönlichen Probleme gibt es solche der seelischen Kollektivverfassung, von denen niemand redet. Die Westdeutschen haben sich lange von der Weinerlichkeit ostdeutscher Intellektueller beeindrucken lassen, die nie ein echtes eigenes Publikum hatten, denen aber eins von der SED als Pfründe zugeteilt war und die den Deutschen nach der Wende einreden wollten, sie hätten unschätzbare Eigenheiten, ein besonderes Erbe von politischer und moralischer Empfindsamkeit ins vereinigte Deutschland einzubringen. Bisher ist dergleichen nicht vorgezeigt worden; das spezifische DDR-Erbe, das eben nur Ansprüche begründen soll, gibt es nicht.

Dafür gibt es etwas anderes, gewissermaßen das Gegenteil. Die alte Bundesrepublik hat sich zwar immer staatsrechtlich und politisch in der Kontinuität der deutschen Geschichte gesehen, ihre Rechte verteidigt und ihre Lasten getragen, aber sie hat sich in Wahrheit innerlich sehr verändert im Vergleich zum früheren Deutschland; sie ist, anders als die Weimarer Republik oder das Bismarckreich, ein westlicher Staat geworden. Diese von Adenauer begonnene bewußte Umkehr und Abkehr muß nun an Ostdeutschland, das leider vier Jahrzehnte ausgeschlossen war, weitergegeben werden.

Ostdeutschland war von der Hinwendung zum Westen nicht bloß ausgeschlossen, sondern einem entschieden antiwestlichen Einfluß ausgesetzt. Wenngleich unsere Landsleute sich dem durch passiven Widerstand weitgehend entzogen haben, hat doch die 40jährige Fremdherrschaft, die eine echte *Fremd*herrschaft war, tiefe Spuren hinterlassen. Rußland ist schließlich dasjenige Land, das zwar geographisch zu Europa gehört, aber den Großteil der europäischen Überlieferung nicht teilt, es hat nie zur lateinischen Christenheit gehört, was sich schon in der kyrillischen Schrift ausdrückt, es hat nicht am Humanismus teilgenommen, nicht an der Renaissance, nicht an der Reformation, hat nie eine Aufklärung erlebt, nie ein Bürgertum, nie Bürgerrechte oder Parlamentarismus gekannt. Es hat eine außerordentlich bewundernswerte, hochstehende Zivilisation entwickelt, aber eine durchaus eigene, die mit der gemeineuropäischen viele Berührungspunkte hat, doch ihr nicht angehört.

Es ist an der Zeit, diese Hinterlassenschaft in Ostdeutschland so zu ergänzen, daß eine Heimkehr ins westliche Europa stattfindet und sich die kommende Generation der Ostdeutschen im Westen zu Hause fühlt. Dazu gehört nicht nur, daß die westlichen Sprachen gelehrt werden, sondern die alten Sprachen im Lehrkanon wieder Platz finden und überhaupt der Blick auf die Ursprünge unserer Kultur in Rom, in Griechenland, im christlichen Mittelalter wieder möglich wird. Auch die Einsicht, daß unsere Zivilisation eine christliche ist, wird Kraft gewinnen müssen, wenngleich nicht erwartet werden kann, daß die Bevölkerung in großen Scharen ins Landeskirchentum zurückkehrt. Und schließlich: Die Tugenden der Armut, die von den Preußen wie von den Kommunisten gepredigt wurden, weil sie Besseres nicht anzubieten hatten, sollten der reicheren, freieren Ethik der Selbstverantwortung weichen. Dem Armen werden nur Pflichten gepredigt, aber Pflicht nicht im goethischen Sinne als Forderung des Tages, sondern als die Weisung eines Vorgesetzten – hinzutreten müssen die Tugenden, die sich auf Neigung gründen, Dynamik erzeugen und Leistung hervorbringen, weil ihnen Belohnung winkt.

(September 1991)

Asylantenhaß gibt es nicht

Schon die Wörter sind falsch, die uns täglich um die Ohren und ins Gesicht geschlagen werden. Ausländerfeindlichkeit, Asylanten und Asylantenhaß – gibt es das überhaupt? Sind die Deutschen, wie diese Vokabeln behaupten, Fremdenhasser geworden? Eben nicht. Die sprachlich gestützte Unterstellung paßt nur denen gut ins Konzept, die seit Jahrzehnten von der Bewirtschaftung deutscher Schuld und deutschen Schuldgefühls leben. Das sind die Politiker, die sich aufs Moralpredigen verstehen, wenn auch auf sonst nicht viel, und die Medien, die nicht analysieren, sondern nur richten gelernt haben.

Die aktuelle Verwendung der Wörter Ausländer und Ausländerfeindlichkeit umgreift generalisierend alles, was nicht deutsch ist, also Engländer, Franzosen, Amerikaner und all die anderen mit, denen immer schon überwiegend deutsche Zuneigung und Bewunderung, doch keinesfalls Feindseligkeit gegolten hat. Aber es gibt auch keine Feindseligkeit unterschiedsloser Art gegen Ausländer aus dem Orient, aus Afrika oder Arabien. Chinesische Köche fallen so wenig darunter wie arabische Prinzen, afrikanische Musiker so wenig wie persische Ärzte oder japanische Kaufleute. Auch die vielen hunderttausend Gastarbeiter sind nicht Gegenstand des Hasses der auf deutscher Seite finanziell und geistig Benachteiligten (denn nur diese treten als Träger des »Ausländerhasses« bösartig und gewalttätig auf).

Geht es aber um Asylanten? Nein, auch hier der falsche

Begriff. Das Asylrecht ist seit der Antike allen zivilisierten Gemeinschaften heilig und all jenen zugedacht, die von einem Machthaber verfolgt werden, obgleich sie nichts verbrochen haben, sondern nur, weil ihre religiösen oder politischen Auffassungen ihm nicht passen oder sie einer Volksgruppe angehören, die ausgestoßen, ausgemerzt werden soll. Dieses echte Asylrecht ist im demokratischen Deutschland nie im Zweifel, nie in Gefahr gewesen. Weder Lew Kopelew noch Ota Sik, noch irgendein anderer von den Kommunisten verfolgter Intellektueller hat je »Asylantenhaß« zu spüren bekommen. Die armen und hilfsbedürftigen Menschen, die im immer stärker werdenden Strom sich hoffnungsfroh nach Deutschland wenden, sind so gut wie nie Asylanten; fast alle dieser »Asylanten« sind durch Umstände verfolgt, die sie mit der Mehrheit der Daheimgebliebenen teilen, aber nicht wegen irgendwelcher Eigenschaften oder Überzeugungen von einem auswärtigen Machthaber zur Verfolgung ausgewählt.

Was sind die falsch benannten Ausländer und Asylanten in Wahrheit? Es sind Einwanderer, Einwanderungswillige. Franzosen und Engländer, die das gleiche Problem haben wie wir, aber nicht die gleiche Leidenschaft für die nationale Selbstanklage, sprechen richtig von immigrés oder immigrants und würden Politiker davonjagen, die das ganze Volk wegen der Ausschreitungen gegen Einwanderungssuchende der »Ausländerfeindlichkeit« bezichtigten. Die politische Grundlüge, auf die wir uns dank der falschen Etikettierung eingelassen haben, hat zur Folge, daß wir das Problem nicht mehr rational bewältigen können, weil als moralisch nur noch die Zulassung, die Abweisung aber als unmoralisch gilt. Die Gewalttätigkeit deutschen Gesindels gegen die Einwanderungssuchenden beruht nicht auf Asylantenhaß, denn sie wissen nichts davon, was Asyl bedeutet (würden auch nie eins in Anspruch nehmen müssen, weil kein Machthaber auf Erden sie je wegen etwas anderem als schlicht krimineller Akte verfolgen würde) – sie prügeln und brandschatzen, gedeckt von einer dumpfen Gesinnung der hier schlecht Weggekommenen, die weitere seelische oder materielle Einbußen befürchten: Wer nie Herr war im Haus, will wenigstens den anderen die Tür weisen.

(November 1991)

Das sogenannte Asylantenproblem

Schon vor vielen Jahren ist beobachtet worden, daß unter der politischen Munition in Deutschland sich der Rohrkrepierer einer besonderen Beliebtheit erfreut. Offenbar wird bei Politikern der Wunsch, Eigentore aufzustellen und hineinzuschießen, um so lebhafter, je schwerer es fällt, die zur Lösung anstehenden Probleme anzugehen.
Dazu gehört die derzeit nicht zu realisierende Pflegeversicherung, die nur zum Sprengsatz für die Koalition taugt, ebenso wie der Milliardenplan einer Wohnungsbauförderung, der nur bei völlig anderer konjunktureller Situation Chancen hätte – während gleichzeitig auch nur die allerbescheidensten Ansätze zum Subventionsabbau und zur Haushaltskonsolidierung unterbleiben. Zur größten Falle, die sich die deutsche Politik derzeit stellt, ist das sogenannte Asylantenproblem geworden: Weil unsere Verantwortlichen sich weigern einzusehen, daß Deutschland wie Frankreich, Großbritannien zum Einwanderungsziel vieler Hunderttausender geworden ist, wird das Problem zu dem des politischen Asylantentums verfälscht, mit dem Stichwort Ausländerfeindlichkeit besetzt und dergestalt moralisiert, daß eine Lösung beinahe unmöglich wird – echten Asylbewerbern kann nicht zügig geholfen werden, und unter den Einwanderungssuchenden kann nicht zwischen jenen unterschieden werden, die wir sinnvoll aufnehmen und integrieren können, und jenen, für die im Lande kein Platz gefunden werden kann.
Schon werden am Horizont neue Fallen sichtbar, die unse-

re Politiker sich stellen können. Es ist die alte Volkstumspolitik im neuen Gewand. Das Grundgesetz war von der richtigen Überlegung ausgegangen, daß eine Verpflichtung der Deutschen in Deutschland gegenüber jenen im Ausland benachteiligten Deutschen bestehe, die in die Heimat der Vorväter zurückkehren wollen. Diese Aufnahmepolitik gegenüber den (fälschlich benannten) Aussiedlern stellte einen klaren Bruch mit der alten Volkstumspolitik dar, die insbesondere seit dem Ende des Bismarckreichs auf Stärkung des Deutschtums in nichtdeutschen Staaten abstellte und dadurch zum europäischen Unfrieden einiges beigetragen hatte, obgleich sie auch einer edlen Motivation nicht entbehrte. Entgegen dem richtigen Ansatz des Grundgesetzes, Minderheitenprobleme im Interesse guter Nachbarschaft möglichst zu beseitigen, treten neuerdings immer häufiger Politiker hervor, die sich am Schicksal einer deutschen Wolgarepublik interessiert zeigen oder die Minderheitsrechte der Deutschen in Polen und anderswo angestrengt thematisieren. Dabei könnte jedermann klar sein, daß dergleichen Initiativen vor allem so lange spannungsfrei aufgenommen werden, solange sie sich in flankierende Finanzzuschüsse umwandeln lassen; daß aber im übrigen solche völkisch motivierten Interventionen in die Innenpolitik anderer Länder nur begrenzt auf Verständnis hoffen dürfen und ganz sicher nicht zu den Elementen einer normalen Außenpolitik gehören.

Der Weitblick ist eine schöne Eigenschaft, die den Politiker ziert. Er kann auch dazu dienen, das Nächstliegende zu übersehen, liegenzulassen und sich mit Projekten zu profilieren, die Prestige verheißen, auch wenn Ergebnisse nicht zu erwarten sind.

(Dezember 1991)

Außenpolitik: Fehlanzeige

Ein Zyniker könnte sagen: Die politische Union Europas ist deshalb leicht zu verwirklichen, weil keine europäische Nation noch eine Außenpolitik hat, und da, wo nichts ist, kann leicht integriert werden. Tatsächlich hat niemand in Europa eine kohärente Außenpolitik. Wohl aber können Franzosen und Briten noch außenpolitische Interessen definieren und verfolgen. Die Bundesrepublik Deutschland, das wichtigste und potentiell mächtigste Mitglied der Europäischen Gemeinschaft, kann nicht einmal dies. Nach der Einheit, dem Erreichen des letzten nationalen Ziels unserer Geschichte, verhalten wir uns so, als seien wir aus ihr ausgetreten.
Selbst dort, wo Lebensinteressen Deutschlands betroffen sind, lehnen wir es ab, politisch zu handeln oder auch nur nachzudenken. Gegenüber der drohenden Einwanderungswelle fällt unseren Politikern nichts Besseres ein als kraftloses Moralisieren und der Hinweis, man müsse eine gesamteuropäische Regelung abwarten. Gegenüber dem militärischen Chaospotential nach dem Verfall der Sowjetunion gefallen wir uns in der Forderung nach einer gemeinsamen europäischen Sicherheitspolitik, lehnen aber gleichzeitig deren erste Voraussetzung ab, nämlich die Bereitstellung militärischer Einheiten für Sicherheitseinsätze auch außerhalb der Nato (für die Vorstellung, längerfristig zur Sicherung Westeuropas die Nato durch Hereinnahme Polens, Ungarns, der Tschechoslowakei zu vergrößern, reicht die politische Phantasie nicht aus).

Eine außenpolitische Freund-Feind-Unterscheidung lehnt die deutsche Politik als unsittlich ab, betreibt stattdessen eine selektive Menschenrechtspolitik, die unsittlich und dumm zugleich ist. So kritisieren wir anhaltend Menschenrechtsverletzungen der Türkei, die als Verbündeter angesichts der politischen Ansprüche der islamischen Ex-Sowjetrepubliken immer unentbehrlicher wird (unternehmen im Inland aber recht wenig gegen terroristische Auftritte der ansonsten mit Recht bedauerten Kurden), während wir mit dem Iran, der der Verbündete des Westens nicht ist, vorzügliche Geschäftsbeziehungen pflegen und dabei über die viel schwerwiegenderen Verhöhnungen der Menschenrechte hinwegsehen. Die Diktatur Fidel Castros auf der Zuckerinsel Kuba ist zum beliebten Ausflugsort deutscher Politiker geworden, China hingegen werden die Ausschreitungen am Platz des Himmlischen Friedens ewig vorgehalten. Und in der Heimat selber werden, wie sich absehen läßt, die unsäglichen Menschenrechtsverletzungen der SED straflos bleiben. So sieht eine Politik aus, die sich an Phrasen orientiert, statt an Interessen.

Die Verweigerung von Außenpolitik wird um so gefährlicher, als die Vereinigten Staaten diejenigen Territorien, von denen für uns unmittelbar Beunruhigungen und Bedrohungen ausgehen, aus ihrer eigenen Aufmerksamkeit entlassen, sie unserer und der europäischen Verantwortung überlassen haben. Während die USA im Nahen Osten entscheidend engagiert sind, bleiben sie im jugoslawischen Konflikt abwesend.

Die Entwicklungen in den baltischen Staaten, in Polen, Ungarn und der ČSFR begleiten sie mit höflichem Desinteresse, unternehmen aber gar nichts. Selbst die hochbedenkliche Aufteilung der Nuklearmacht auf Rußland, die Ukraine, Weißrußland und Kasachstan beschäftigt Amerikaner wenig, noch weniger der Aufbau von Milizen, die wie kräftige Armeen aussehen, in praktisch allen Republiken der untergegangenen Union. Sie denken, wir seien Manns genug, die eigenen Interessen zu schützen. Wir sind es nicht.

(Januar 1992)

Irrwege nach Europa

Die amtliche deutsche Politik, an deren guter Europagesinnung kein Zweifel ist, hat einen Weg zur europäischen Einigung eingeschlagen, der mit Sicherheit nicht weit führt und auch von solchen hätte vorgeschlagen werden können, die ein einiges Europa nicht wollen.
Der erste Kardinalfehler in der deutschen Europapolitik liegt in der Priorität, die sie der gemeinsamen Währung und der gemeinsamen Notenbank gegeben hat. Darauf ist die Bundesregierung nicht selber verfallen; noch vor ein, zwei Jahren galt es als ausgemacht, daß man zuerst eine gemeinsame Steuer-, Finanz- und Wirtschaftspolitik, mindestens ihre weitgehende Harmonisierung herbeiführen müsse, ehe an eine förmliche gemeinsame Währung zu denken sei, die ja über das derzeitige europäische Währungssystem weit hinausgeht.
Auch galt es als ausgemacht, daß das Modell Bundesbank in seiner Reinheit von Europa akzeptiert werden müsse, also eine Notenbank, unabhängig von Weisungen der Regierungen und per Gesetz auf Geldwertstabilität verpflichtet. Von diesem Standpunkt hat sich die deutsche Politik allmählich abbringen lassen und sich französischen Gedankengängen genähert in der Hoffnung, Unvollkommenheiten in der Harmonisierung von Finanzpolitik und Finanzverfassung hinnehmen zu können, wenn nur die Bundesbank als europäisches Ideal Anerkennung finde.
Das Ergebnis ist schon abzusehen: Die Harmonisierung bleibt stecken, und eine wirklich autonome europäische

Zentralbank als Garant von Stabilität ist zunächst nicht durchsetzbar. Das letztere scheitert noch auf absehbare Zeit an Großbritannien, für welches eine unabhängige Notenbank einen Fundamentalbruch in der politischen Verfassung bedeutet, die auf dem Anspruch unbeschränkter Souveränität des Parlaments beruht.

Die gegenwärtige internationale Krise könnte die Deutschen und ihre Nachbarn lehren, wie Europas Einigung voranzubringen ist. Nicht Wirtschaft und Geld stehen im Vordergrund, wenn es um existentielle Bedrohung geht, sondern Außenpolitik und die Organisation der eigenen Sicherheit. Der Themenkatalog der deutschen Parteien, der vornehmlich auf Umweltschutz und soziale Wohltaten abstellt, wird in Spannungszeiten der Weltpolitik absurd – so notwendig diese langfristigen Zielsetzungen auch sind.

Der europäischen Einigung wäre derzeit am besten gedient, wenn die EG sich außenpolitisch zusammenraffte, eine Kanzlei für auswärtige Politik unterhielte und Vereinbarungen herbeiführte, die das gemeinschaftliche Auftreten Europas in der internationalen Politik bedeuten.

So müßten prinzipiell (also mit jenen wenigen Ausnahmen, die auf auswärtigen Sonderinteressen einzelner Mitglieder, vornehmlich Englands oder Frankreichs beruhen) die EG-Staaten bei der UNO und ihren Unterorganisationen en bloc abstimmen. Sie müßten gemeinsam den Plan für den Wiederaufbau Osteuropas erstellen und gemeinsam den Versuch machen, durch Rat und Tat in der Sowjetunion noch zu retten, was zu retten ist. So würde gemeinsame Außenpolitik entstehen, so könnte der europäischen Einheit auf die Beine geholfen werden.

Die zweite Fehleinschätzung in deutscher Europapolitik liegt in dem Liebäugeln mit neuen Mitgliedern. Dabei macht jedes neue Mitglied den Prozeß der Einigung schwieriger; der Hinzutritt von neutralen Staaten wie Schweiz, Österreich, Schweden würde der EG als politischem Projekt den Garaus machen – dann wäre sie in der Tat nur eine große Freihandelszone, ohne die Chance eines gemeinsamen politischen Willens, Europa als Hoffnung wäre tot.

(Februar 1992)

Inflation im Wandel der Geschichte

Angesichts der grundunsoliden Finanzpolitik der Bundesregierung gewinnt ein Stichwort wieder an Aktualität, das man voreilig zur deutschen Vergangenheitsbewältigung gerechnet hatte: die Inflation. Gegenwärtig liegt sie bei uns näher an fünf als an vier Prozent. Das wäre weder besorgniserregend noch sensationell, wenn nicht inflationsunempfindlichere Länder wie Frankreich es uns besser vormachten und wenn nicht der Verdacht begründet wäre, daß angesichts der schamlosen Verschuldungspolitik der öffentlichen Hand mindestens diese Inflationshöhe von langer Dauer sein wird.

Nicht alle Zeitgenossen machen sich klar, daß über Inflation zuverlässige Auskunft nur im Einzelfall gegeben werden kann – doch berechnet sie kein Mensch für seinen Einzelfall. So darf vermutet werden, daß derzeit die Inflationsrate für niedrige Einkommen eher höher ist, als die Warenkorbermittlung des Statistischen Bundesamts andeutet. Die höheren Einkommen partizipieren überproportional an stabilen oder sinkenden Preisen für Hochtechnologie, für Unterhaltungselektronik und vom Flugtourismus bis zum Champagner.

Andererseits hat unsere statistisch ermittelte Inflationsrate auch eine schwer einschätzbare Tendenz zur Übertreibung, weil sie auf einem Index von 1985 beruht und Änderungen des Konsumverhaltens in den letzten sieben Jahren, also die Hinwendung zur Alternative niedrigerer Preise, nicht berücksichtigt. Eine offizielle Inflationsrate

von Null bedeutet tatsächlich, daß Preise nicht gleich geblieben, sondern eher gesunken sind.
Es soll nicht von der Misere der amtlichen Wirtschaftspolitik ablenken, wenn darauf hingewiesen wird, daß die bisherige Entwicklung in Deutschland sich vorteilhaft von der unserer Partner unterscheidet. Seit Einführung der D-Mark im Sommer 1948 hat sie etwa zwei Drittel ihres Wertes verloren; im gleichen Zeitraum sank der Wert anderer Währungen viel stärker, was sich in den Wechselkursen auch noch immer widerspiegelt. So sind seit 1933 die Verbraucherpreise in den USA um 950 Prozent gestiegen und um 4000 Prozent in Großbritannien.
Seit der Zeit des Ersten Weltkrieges hat sich die Menschheit daran gewöhnt, eine mehr oder minder große Inflation als schicksalhaft anzusehen. Eine Langfristbetrachtung weist nämlich nach, daß die permanente schleichende oder rennende Inflation ein Phänomen unseres Jahrhunderts, des demokratisch initiierten Massenwohlstands, ist. In Zeiten annähernder Normalität ist vordem der Geldwert über Jahrhunderte stabil geblieben.
Das ist für England von 1661 bis zu den Napoleonischen Kriegen nachweisbar, die einen kleinen inflationären Schub brachten. Dann war der Geldwert wieder aufs vormalige Niveau gestiegen, um beim Ersten Weltkrieg nach unten durchzubrechen und nach dem Zweiten Weltkrieg ins vergleichsweise Bodenlose zu sinken. Ähnliches ist für die USA seit 1820 feststellbar – inflationäre Unterbrechung durch den Bürgerkrieg und den Ersten Weltkrieg und der unaufhörliche Inflationsschub nach dem Zweiten Weltkrieg.
Auf die Alternative von absoluter Geldwertstabilität und Massenwohlstand gibt es nur eine Antwort. Sie ist aber für die Deutschen 1992 keine Beruhigung.

(April 1992)

Interne Stasi-Akten

In Westdeutschland macht sich eine Stimmung breit, vornehmtuerisch und menschlich-rücksichtsvoll auftretend, die von hoher moralischer Warte die Arbeit der Gauck-Behörde in Berlin abschätzig betrachtet und am liebsten erreichen möchte, daß die Stasi-Akten vor der Bevölkerung verschlossen werden. Im Ton aufrichtiger Besorgtheit gibt man zu verstehen, daß der Einblick in die eigene Vergangenheit und das Kennenlernen von Verfolgern und Denunzianten dem inneren Frieden schade und daß im Interesse der deutschen Einheit selber ein Schlußstrich gezogen werden solle.

Als Zusatzargument muß herhalten, daß doch die Stasi-Akten recht eigentlich der Glaubwürdigkeit entbehrten, daß die Helfershelfer der Stasi auch nur schwache Menschen seien, die aus begreiflicher Angst beim Verbrechen mitgetan hätten, und daß ja niemand im Westen sicher sein könne, wie er selber in schwieriger Zeit und Situation sich verhalten haben würde. Das sind vorgeschobene Gründe, papperlapapp.

Bislang ist die Glaubwürdigkeit der internen Stasi-Akten, die ja nicht Privataufzeichnungen der Stasi-Offiziere zur Förderung der eigenen Karriere gewesen sind, in keinem Fall erschüttert worden; sie wurde nur in wenigen prominenten Fällen bezweifelt, wo es politisch opportun erschien und wo man sich auch nicht genierte, späte Leumundszeugnisse ehemaliger Stasi-Offiziere zur Entlastung, dann aber ohne alle Bezweifelung von Glaubwürdigkeit, beizubringen.

Der Hinweis darauf, daß die inoffiziellen Mitarbeiter oft aus Angst mitmachten und daß auch Westdeutsche sich in der Situation einer Diktatur hätten anwerben lassen, ist zweifellos richtig, taugt aber nicht viel, weil er die Bewältigung jeder Vergangenheit unmöglich machen und immer dazu führen würde, Täter und Mittäter dauerhaft gegenüber den Opfern zu privilegieren.
In Wahrheit verlangt der innere Frieden die Aufräumarbeit, die mit Hilfe der Stasi-Akten (aber auch der Bezeichnung anderer hochgestellter Übeltäter aus dem SED-Regime) geleistet werden muß. Sonst bleibt eine ewig schwärende Wunde, die begründete Empfindung bei den Hunderttausenden der Opfer, daß die Herstellung von Freiheit und Rechtsstaat nicht ihnen, sondern ihren Peinigern zugute gekommen sei; und es bleibt auch konkret dabei, daß die Seilschaften, die sich einstmals privilegieren konnten, ihre bevorzugte und ungerechtfertigte soziale Stellung ungehindert weiter innehaben, weiter auf Posten sitzen, die den Unterdrückten von einst nicht zur Verfügung stehen.
Der Wunsch, den Mantel des Verschweigens und Vergessens über den SED-Übeltaten auszubreiten, paßt mühelos in die deutsche Tradition, über Bewältigung von Vergangenheit andauernd zu reden, sich aber vor ihr zur drücken.
Er paßt auch in die Tradition, daß bei uns »wohlerworbene« Rechte über jeden Regimewechsel hinaus weitervererbt werden, in eine Republik, die sich die Fürstenenteignung nicht zutraute und die noch Entschädigungen für Säkularisierungen aus dem Reichsdeputationshauptschluß von 1803 zahlt. Der Wunsch paßt auch gut in die trotz aller Demokratie antirevolutionäre Grundstimmung einer Honoratiorengesellschaft, die zwar Freiheit und Einheit wollte, aber deren führende

Notabeln doch nicht wenig erschrocken waren, als das ostdeutsche Volk so dreist war, selber kämpferisch dafür einzutreten.
Gaucks Behörde leistet eine gute, eine nützliche Arbeit.

(Mai 1992)

Ende des Parteienstaates

Einige Ereignisse der jüngsten Zeit lassen den Schluß zu, daß es mit dem Parteienstaat, wie er sich in vier Jahrzehnten Bundesrepublik entwickelt hat, gemach zu Ende geht. Das ist gut so.

Dieser Parteienstaat war in seiner im Vergleich zu übrigen Demokratien feststellbaren Einmaligkeit durch eine Reihe von Tatbeständen charakterisiert, die sich immer mehr zur Lästigkeit, zur Schädlichkeit, zur Unerträglichkeit entwickelt hatten. Alles fängt damit an, daß die alten Parteien älter waren als der Staat, dem sie dienen sollten – sie sind von den Besatzungsmächten lizenziert worden, verstanden sich in ihrer Gesamtheit unausgesprochen als die in Wahrheit einzig demokratischen, denen gegenüber neue Parteigründungen recht eigentlich als illegitim zu gelten hatten, und sie verstanden sich zugleich nicht so sehr als Instrumente des Volks- und Wählerwillens, sondern als Organisationen, die den Nachkriegsdeutschen im Zuge demokratischer Umerziehung erst einmal Demokratie beizubringen hatten.

In der Geschichte unseres Parteienstaates war mithin dreierlei angelegt. Erstens sahen sich die Parteien, deren Gründung derjenigen der Länder und der Bundesrepublik voraufgegangen war, als Herren der staatlichen Apparate, es konnte ihnen nicht unnatürlich sein, Staatsämter und Staatsbefugnisse als Pfründen und Mittel der Selbsterhaltung zu nutzen. Zweitens waren sie ebenso unausgesprochen davon überzeugt, daß es über das 1946/47 einmal festgestellte Parteienspektrum demokratische Parteineubildungen nicht geben könne; zu diesem Urparteienspektrum hatte auch die extreme Linke, die KPD, gehört, aber nach dem Ende des NS-Regimes natürlich keine Rechte. Bei dieser Privilegierung der Linken und der Perhorreszierung der Rechten ist es bis heute geblieben. Drittens sind unsere Parteien, sich von Anbeginn im Besitz eines pädagogischen Auftrags wähnend, nicht nur vergleichsweise resistent gegenüber Empfindungen und Bedürfnissen in der Wählerschaft, sondern auch noch stolz darauf. Die alten Parteien haben das imperative Mandat mit Recht abgelehnt, aber an seiner Stelle zu Unrecht immer mehr das autonome Mandat eingeführt: Wir machen alles richtig, das Volk braucht bloß zuzustimmen.

Nun, eben das tut es immer weniger. Bei den letzten beiden Landtagswahlen hat sich die Abkehr der Wählerschaft von diesem Parteienstaat dramatisch in der Stimmabgabe für die beiden törichten Rechtsgruppen ausgedrückt und weniger dramatisch im Sinken der Wahlbeteiligung, die vordem als eine Art Bürgerpflicht gegolten hatte. Wenn auch die ersten Reaktionen der alten Parteien von nichts anderem Zeugnis ablegten als von ihrer alten Kommunikationsunfähigkeit, ja ihrem Hochmut dem Wähler gegenüber, ist unverkennbar, daß es dabei nicht bleiben wird. Einmal fängt das Bundesverfassungsgericht an, der Selbstbedienungsmentalität der Etablierten Zügel anzulegen. In einigen Ländern sind andere Selbstbedienungen am öffentlichen Protest gescheitert. Bei der Kommunalreform in NRW hat zwar noch einmal die alte Garde gegen den Versuch einer Demokratisierung sich durchsetzen können, doch war der Sieg als Pyrrhussieg schon erkennbar.

Unter dem Druck der Überlebensangst wächst in den Parteien die Einsicht, daß sie von Pfründenverteilung und Einflußallmacht ablassen müssen. Das Ende des Parteienstaats ist abzusehen.

(Juni 1992)

Unsinnige Zwangsanleihe

Die hohen Priester im alten Delphi haben der modernen Kommunikationsgesellschaft eine Prognosetechnik hinterlassen, die sowohl als Erklärungsansatz für das Funktionieren der Massenkommunikation dient wie auch der eigenen Arbeitsplatzsicherung.

Es ist der Satz von der sich selbst erfüllenden Prophezeiung: Setz eine politische Forderung in die Welt, und auch wenn sie erkennbar unsinnig ist, wird sie doch auf manche ein solches Maß an Faszination ausüben, daß sie am Ende erfüllt wird. Notwendige, aber leicht herzustellende Bedingungen für das Funktionieren sind nur ein diffuses Gefühl von Ungerechtigkeit; und natürlich muß die Forderung für Politiker einfach umzusetzen sein – einfacher jedenfalls, als echte Reformen zu unternehmen.

Wolfgang Schäuble und Günther Krause haben eine Zwangsanleihe gefordert – ein für jedermann erkennbarer Unsinn, da diese Anleihe gegen die Verfassung verstößt, das benötigte Kapital über die Grenzen vertreibt. Der Finanzminister selbst sagt, daß er kein Geld brauche, und im übrigen nicht ersichtlich sei, wofür die Mittel verwendet werden sollen. Trotzdem, die deutsche Politik diskutiert seither nur noch die unterschiedlichsten Formen zusätzlicher Besteuerung, und eine scheinbare Gerechtigkeit ist auf der Seite der Steuereintreiber: Die Besserverdienenden, und das sind alle mit einem 5000 Mark übersteigenden Monatseinkommen, die Beamten, Selbständigen, überhaupt die Bewohner der alten Bundesländer

seien zwecks Wahrung der sozialen Symmetrie zur zusätzlichen Zahlung verpflichtet.
Solange es noch irgend jemand gibt, dem es irgendwie besser geht als irgend jemand anderem – solange ist das Gerechtigkeitsargument in der Steuerdebatte geradezu totrichtig. Um so mehr, als es heute auf eine Vorurteilsstruktur trifft, wonach die Wiedervereinigung etwas gewesen sei, was die neuen Bürger so schädige, daß die alten Bürger dafür zur Ausgleichszahlung geradezu verpflichtet seien. Das Gefühl der Benachteiligung bei der Ost-CDU, kombiniert mit dem grundlos schlechten Gewissen der West-CDU ihren neuen Parteifreunden gegenüber (in Wahrheit zurückzuführen auf ihre völlige wirtschaftliche Einfallslosigkeit) und verbunden mit der Vorliebe der SPD für die finanzpolitische Entmündigung der Bürger wird dazu führen, daß wir alle mehr zahlen.
Es kann nur wiederholt werden: Geld ist genug da für unseren Osten, was tatsächlich fehlt, sind sinnvolle Ideen, wie die Finanztransfers in einen selbsttragenden wirtschaftlichen Aufschwung umzusetzen seien. Und es fehlt auch die echte Bereitschaft der Politiker, das Volumen der Steuererhöhung aus bestehenden Mitteln einzusparen: Es ist allemal bequemer, allen Bürgern vergleichsweise vorsichtig in die Tasche zu fassen, als einigen gutorganisierten Lobbyisten und Subventionsempfängern massiv die Milliardendroge zu entziehen.
Am Ende also werden die Abgabenerhöher recht bekommen. Nur, besser wird es keinem gehen, sondern allen schlechter.

(Oktober 1992)

Das Prinzip der Subsidiarität

Seit nach dem kühlen Maastricht-Votum der Dänen, dem lauwarmen der französischen Nachbarn und den um so schriller geführten monetären Wortgefechten zwischen Britannien und Deutschland die bisher bezeugten Gemeinsamkeiten in EG-Europa immer spärlicher zu werden drohen, hat sich die politische Zunft der Alten Welt auf eine zunehmend heftiger akklamierte Gemeinsamkeit geeinigt: Das Prinzip der Subsidiarität.

Die Formel soll nicht nur Dänen und Briten, sondern Zweifler und Euroskeptiker jeglicher Provenienz und Schattierung wieder auf den Weg nach Europa zurückführen. Denn Subsidiarität postuliert größtmögliche Freiheit von den obersten gemeinschaftlichen Instanzen, steht für den derzeit größten gemeinsamen Nenner der Europäischen Gemeinschaft: den Wunsch nach sowenig Gemeinsamkeit wie möglich.

Vieles spricht aber dafür, daß der freiheitliche Anschein trügt und daß Subsidiarität gerade denen am wenigsten zugute kommen wird, denen sie nur Eigenständigkeit verheißen soll, den europäischen Bürgern selbst. Die Vokabel ist in dieser Hinsicht bezeichnend: Eine Befragung durch das führende deutsche Meinungsforschungsinstitut ergab kürzlich, daß 97 Prozent der Bundesbürger mit »Subsidiarität« keine konkrete Vorstellung verbinden.

Die Nebulosität des Begriffes scheint jedoch bei denen, die sich des politischen Placebos Subsidiarität bedienen, durchaus nicht unerwünscht zu sein. Denn das, was eigentlich dahintersteckt, die Eigenverantwortung und weitestmögliche Selbsthilfe, vom Individuum über die Familie bis zu den nächsthöheren gesellschaftlichen Gruppen und Organisationen, soll ja beileibe nicht gemeint sein.

So hat noch niemand vom Recht auf Subsidiarität im Zusammenhang mit der Reduzierung der EG-Agrarsubventionen gehört. Die großangelegten und verdienstvollen Brüsseler Struktur- und Sozialfonds sind auch nach dem Gezerre um das Maastrichter Vertragsdickicht völlig unumstritten. Genausowenig ist bei Subsidiarität etwa primär an die angelsächsisch-amerikanische Tradition der Wahrung des Privaten und Privatwirtschaftlichen vor dem staatlich-institutionellen Zugriff gedacht. Im Namen der Subsidiarität werden zum Beispiel von Frankreich gerade auch jene Kommissionsvorschläge als exzessiv in Frage gestellt, die eine Liberalisierung der Gas- und Elektrizitätswirtschaft und damit größere privatwirtschaftliche Kompetenzen ermöglichen sollen. Die zu erwartende und zu erhoffende Annullierung des unsinnigen Vorschlags für ein EG-weites Tabakwerbeverbot mag als Triumph zugewonnener Selbstbestimmung gefeiert werden. Doch nur solange, bis im Namen ebendieser Selbstbestimmung auf Staatsebene, wie in Belgien geplant, oder auf Länderebene, wie in Deutschland bereits vorgeschlagen, mindestens gleichermaßen entmündigende Prohibitionen erlassen werden.

Subsidiarität ist nicht automatisch der Königsweg zu mehr Freiheit und Bürgernähe, sondern allzu häufig der letzte Ausweg nationalstaatlicher, regionaler und lokaler Instanzen, die bürokratischen Machenschaften Brüssels durch eigene Regelungswut zu ersetzen. Doch die Allzweckwaffe Subsidiarität macht eine freiheitliche und in wesentlichen Punkten für alle Mitglieder der EG ausnahmslos geltende Verfassung keineswegs überflüssig. Darin sollte von Subsidiarität weniger die Rede sein, weil diese nie mehr ist als Kompetenzzuweisung an eine bürokratische Ebene, ob unten oder oben, und möglichst viel von Freiheit, Freiheit für die Völker, Freiheit für die Bürger.

(November 1992)

Dem Freund und langjährigen Weggefährten, Dr. Hans Ziegler, danke ich sehr für guten Rat bei der Auswahl der Beiträge; ebenso Herrn Max Höfer für die kritische Durchsicht.

Personen- und Sachregister

Wenn Sie Fragen, Anregungen oder Beschwerden haben, rufen Sie uns bitte an: ECON Verlagsgruppe, Telefon 02 11/43 90 60, Fax 02 11/ 4 39 06 68

Die Deutsche Bibliothek – CIP-Einheitsaufnahme
Gross, Johannes: Wie das Wunder in die Jahre kam: Essays zu Deutschland / Johannes Gross. – Düsseldorf; Wien; New York; Moskau: ECON Verl., 1994. ISBN 3-430-13559-1

Dokumentation: Max A. Höfer. Lektorat: Dr. Wolfgang Stock. Gesetzt aus der Century, Linotype. Satz: Lichtsatz Heinrich Fanslau, Düsseldorf. Papier: Papierfabrik Schleipen GmbH, Bad Dürkheim. Druck und Bindearbeiten: Ebner Ulm. Printed in Germany. ISBN 3-430-13559-1